U0659965

北方更北——

AMAZING
HEILONGJIANG

中华人民共和国年鉴社　编

新 华 出 版 社

图书在版编目（CIP）数据

北方更北，AMAZING 黑龙江 / 中华人民共和国
年鉴社编 . -- 北京 : 新华出版社 , 2024. 12.
-- ISBN 978-7-5166-7692-9

Ⅰ. D619.35

中国国家版本馆 CIP 数据核字第 202476TV83 号

北方更北，AMAZING 黑龙江

中华人民共和国年鉴社　编

责任编辑：刘　芳

编　　务：褚阳波　王　涵　罗　澜　孟子涵

出版发行：新华出版社有限责任公司

（北京市石景山区京原路 8 号　邮编：100040）

设计：四川远近文化有限公司

印刷：河北鑫兆源印刷有限公司

成品尺寸：170mm × 240mm　1/16　　**印张**：27.25　　**字数**：350 千字

版次：2024 年 12 月第 1 版　　**印次**：2025 年 4 月第 2 次印刷

书号：ISBN　978-7-5166-7692-9　　**定价**：98.00 元

前　言

黑龙江冰雪文旅火爆出圈的“尔滨现象”，仍然历历在目，而新的冰雪季已经翩然而至，第九届（哈尔滨）亚冬会开幕的日子也越来越近了。长年扎根黑土地的新华社记者，选择在此时奉上一本新书《北方更北——Amazing黑龙江》，希望为所有想了解、走进、读懂龙江的朋友，提供一份可靠的指南。

这本书基于记者的新闻报道。2023年，新华社黑龙江分社推出“这就是黑龙江”全媒体传播项目，旨在为黑龙江的高质量发展和可持续振兴鼓舞信心、树立形象、宣推品牌、助力产业、服务群众。项目传播效果颇佳，省委领导希望持续巩固拓展好的做法，进一步扩大影响力和传播力。于是，“这就是黑龙江”第二季在2024年推出，《北方更北——Amazing黑龙江》一书的主要内容即来自新华社黑龙江分社的报道。

同时，本书并非报道的简单集纳。“干有意义的事，把有意义的事干出成效”，倡导这一理念的省委领导建议我们，在“这就是黑龙江”第一季同名图书的有益探索基础上，进一步强化读者导向，展开创意策划，推出一本兼具可读性、实用性且有一定深度的新书。由此出发，本书编者先梳理出“这就是黑龙江”“尔滨万种风情”“极致大地体验”“寒地铁血热土”“冰雪激情澎湃”的大框架；再以读者喜闻乐见为标准，从新华社的大量报道中遴选相关内容，按书稿要求进行创造性改写，又新写了书中不应缺少而现有报道不足的一些篇目。书中穿插了“攻略”和“相关链接”，为深读龙江提供专门的指南。读者也会在字里行间和图片中发现许多线索和关键词，从而自己再去搜索更多感兴趣的信息。编辑团队中专设图片总监，负责为文字阅读增添具有冲击力的视觉体验，绝美星空图就是一例。本书的装帧设计，也是反复琢磨、数易其稿的优选。

新华社黑龙江分社与新华出版社共同组建了本书编委会，下设双方业务骨干组成的执行编辑部，以便更加专注、专业地展开编辑工作。在数月时间里，执行编辑部就图书编辑的大问题与小细节反反复复讨论。大家共同经历了一本书从设想、成形、细化到出版的全过程，付出了辛苦与努力，更收获新知与成长，体验弥足珍贵。到了终于面对读者的时候，我们也自知，书中一定有不足甚至错漏之处，敬请批评指正。

本书的编辑出版，得到了有关部门和相关方面的大力支持以及不少朋友的热情相助，在此一并表示衷心的感谢。

英文里常用Amazing表感叹，意为“令人惊喜的”或“非常好的”。为本书起名《北方更北——Amazing黑龙江》，想表达的就是我们对黑龙江省的形容，并且向读者发出真诚的邀请：一路向北，来遨游中国最东最北这片神奇的天地吧！

2024年12月

目 录

这就是黑龙江

尔滨万种风情

极致大地体验

寒地铁血热土

冰雪激情澎湃

攻略

这就是黑龙江

黑龙江，地处中国东北角，自古被认为是蛮荒之地，所谓“北大荒”是也。事实上，早在帝舜时代，这片土地上的满族先祖肃慎人就“来朝，贡弓矢”了，鲜卑、渤海国、金源、女真等光辉灿烂的文明，对统一的多民族国家形成和中华文明演进作出了重要贡献。大森林、大界江、大湖泊、大湿地、大粮仓、大油田……这里风光物产丰富，奋斗精神赓续，英雄人物辈出，中西文化交融，怎不令人心驰神往！

神奇中国东北角

这里是中国东北角，“神州北极”“中国东极”皆位于此，既可来“找北”，也可迎沐中国第一缕晨光。从“封禁地”到“鱼米乡”，由“北大荒”变“北大仓”，这片寒地“热土”数千年来书写了中国历史上独具光彩的篇章，现代更是孕育了抗联精神、北大荒精神、大庆精神（铁人精神）等一座座精神丰碑，最早挺起新中国工业脊梁，一个个“中国之

游客在漠河市“中国最北点”标志前留影。图：新华社/许丛军

这是大兴安岭地区南瓮河湿地。图：新华社

额尔古纳河（左）与石勒喀河在漠河市洛古河村附近汇合形成黑龙江干流。图：新华社/王凯

最”拔节生长，见证了中华民族在筚路蓝缕中奔向伟大复兴的沧桑巨变。

黑龙江之由来

位于中国边陲的黑龙江省，版图形似一只昂首高翔的天鹅，加之三江地区和乌裕尔河等地是天鹅度夏地，天鹅形象也被作为富饶美丽黑龙江省的象征。不过，外地人耳熟能详的，多是齐齐哈尔扎龙湿地的丹顶鹤，以及那首歌和护鹤女孩一家人的动人故事。

黑龙江省由本省最大河流得名。黑龙江是中俄界江，也是我国仅次于长江、黄河的第三大河，古称“完水”“黑水”，汉称“弱水”，唐称“望建河”，清代始称“黑龙江”，南源额尔古纳河、北源石勒喀河。满语称这条江为“萨哈连乌拉”，“萨哈连”是“黑”的意思，“乌拉”是“江”的意思，“因其水呈黑色，状似游龙而得名”。

省境内还有松花江、乌苏里江、嫩江、牡丹江和绥芬河等河流。松花江是黑龙江右岸最大支流，魏称“速末水”，唐称“粟末江”，辽称“混同江”，金、元称“宋瓦江”，明朝始称“松花江”，南源起于长白山天池、北源起于大兴安岭嫩江，满语称“松阿哩乌拉”，意为“天河”，从西南流向东北，汇入黑龙江。

元古代时期，黑龙江地区为海洋环境。元古代末期，由于部分地壳回返和相应的造山运动，使现在的老爷岭、松辽平原、三江平原和乌云地区（含嘉荫）形成了古陆地。古生代后期，黑龙江地区大地构造已基本确定。有研究显示，松辽盆地就是由古大湖演变而来，大庆市被誉为“百湖之城”也与此有关。正因这些特殊地质构造，黑龙江省内不仅水系遍布，而且湖泽星罗，除中俄界湖兴凯湖外，知名的还有镜泊湖、五大连池等。

全省地貌特征为“五山、一水、一草、三分田”。西北部为大兴安岭北段，北部是沿黑龙江右岸自西北向东南延展的小兴安岭山地。东南部是由张广才岭、老爷岭、太平岭和完达山等构成的东部山地，属于长白山

这是在牡丹江市镜泊湖熔岩台地拍摄的极光。图：新华社/王宝勋

系北延部分，张广才岭南部大秃顶子山是黑龙江省最高山峰。东部山地是《林海雪原》故事主要取景地，在今牡丹江市境内。影视剧和史料中的“宁古塔”，多指宁古塔将军驻地，旧城遗址位于牡丹江市所辖海林市海长公路古城村。

山地与平原相接，三江平原、松嫩平原、穆棱河一兴凯湖平原等，俱是东北大平原的重要组成部分。如今保障国人饭碗的“大粮仓”，在古籍中却是亘古荒原。“北大荒”一词，即源于《山海经·大荒北经》——“大荒之中，有山曰不咸山（即长白山），有肃慎氏之国。”

彩绘中国历史

早在帝舜时代，即有“息慎氏来朝，贡弓矢”（据《竹书纪年·五帝纪》），周景王时宣布“肃慎，吾北土也”。这里生活着东胡（山戎）、濊貊、肃慎（息慎）等民族，在莽莽林海和沼泽大川中渔猎狩歌。

今黑龙江省所辖地区自古被认为是蛮荒之地，但事实上，这里产生了令人赞叹的玉文化、渔猎文化，鲜卑、渤海国、金源、女真等光辉灿烂的文明，对统一的多民族国家形成和中华文明演进作出了重要贡献。这其中，鲜卑文明最早登上中原的历史舞台，居住在大兴安岭中段的拓跋鲜卑，南下建立北魏政权，积极推动了民族大融合。

肃慎人的后裔——靺鞨、女真、满洲，三次建立国家，从东北一隅到占据半壁江山，进而一统天下。他们分别创建的渤海国、金朝和清朝推动了边疆地区与中原的经济文化交流，促进了中华民族多元一体格局的形成。

“靖康之变”中，金俘虏北宋徽、钦二帝，囚禁于五国城，历史上坐井观天的故事，发生在今黑龙江省依兰县，就是歌曲《依兰爱情故事》里的那个“依兰”。

建州女真起源于今依兰附近，统一女真各部，创建“八旗制”，定国号大金、史称后金，后改金为大清，建立中国历史上最后一个封建王朝，改族名女真为满洲。陈芳芝1948年在《燕京学报》上发表的《清代编制述略》一文记述，“满洲者，爱新觉罗氏肇兴之地。太祖努尔哈赤，以宁古塔族贝勒，崛起辽东，征服建州部……康熙征罗刹，添设黑龙江将军。三省之治，肇端于是。”文中的“罗刹”，即是沙俄，为抵御沙俄侵略者，康熙于1683年设黑龙江将军。雅克萨之战后，1689年，清与沙俄签定《尼布楚条约》。

本来，清廷将东北视为“龙兴之地”，实施“封禁”，“限内外、禁出入”，但到了后期国势衰微，不得不放开移民，于是“闯关东”兴起，数以千万计的关内人来到东北谋生，对这里的经济、社会和文化发展影响

游客在金上京历史博物馆参观文物展。图：新华社/王大禹

甚巨。清末，随着中俄《瑷珲条约》《北京条约》等不平等条约的签定，沙俄窃取了黑龙江以北、乌苏里江以东的大片中国领土，于是，黑龙江由中国的内河变成了中俄的界江。20世纪初，沙俄和日本在东北地区撕咬，清廷已无暇北顾，民国时期东北更是陷入军阀割据。

侵华日军发动九一八事变后，黑龙江沦陷。英勇的中国军民在齐齐哈尔市江桥镇发起“江桥抗战”，打响了“大规模、有组织、主动抗战”的“第一枪”。在中国共产党领导下，东北抗联展开了长达十四年艰苦卓绝的斗争，赵一曼、赵尚志等先烈视死如归、血沃山河，并在中国共产党人精神谱系中铸就了“东北抗联精神”这一丰碑，黑龙江的城市、街道、公园、学校铭记着英雄，比如尚志市、尚志大街、靖宇街、一曼街、一曼公园、赵一曼红军小学……

赓续使命担当

北国大地，千里冰封，沃壤肥硕，山高林密。黑龙江设治较晚，但却是解放最早、由中国共产党统一领导连续时间最长的地区。解放初期，黑

村民驾驶农机在绥化市北林区双河镇稻香村田间作业。图：新华社/张涛

龙江地区行政是“五省”共存，分为黑龙江省、嫩江省、松江省、绥宁省和合江省（另有哈尔滨市）。后几经整合，1954年8月，合并后的新黑龙江省正式成立，省会哈尔滨。

1946年4月28日，哈尔滨成为全国最早解放的大城市。1948年，沈钧儒、蔡廷锴等大批民主人士受中共邀请，北上哈尔滨，下榻于中央大街马迭尔（Modern的音译，意思是现代、时髦）宾馆，筹备新政协和协商建国，人民政协在这里启航。

从支援全国解放，到抗美援朝重要战勤基地，再到十万官兵转战“北大荒”，发现新中国第一个特大油田大庆，黑龙江为新中国建设提供粮食、林木、石油、煤矿等宝贵资源，披肝沥胆、竭尽所能。

黑龙江省“一五”期间工业基本建设投资占全国工业投资的10.3%。苏联援助中国建设的156个项目，黑龙江省有22项，哈尔滨锅炉厂、哈尔滨汽轮机厂、东北轻合金加工厂、哈尔滨电机厂、哈尔滨轴承厂、第一重

这是在佳木斯富锦市万亩水稻公园拍摄的紫金山-阿特拉斯彗星。图：新华社/曲玉宝

型机械厂（今中国一重）、东安机械厂等一大批“国之重器”，创造了数不清的“中国第一”，勇担“国之大者”抓牢国民经济命脉，成为新中国工业摇篮。

黑龙江位于东北亚的中心，有着2900多千米边境线，正努力构筑中国向北开放新高地。这里是共建“一带一路”重要节点，“百年口岸”绥芬河和“中俄双子城”黑河的“易货贸易”，以及肇始于哈尔滨的“中俄博览会”和“哈洽会”，就是最好的见证者。黑土地上透着浓浓“国际范儿”，有旅拍爱好者在中央大街、索菲亚教堂、火车站留念，把充满欧陆风情的“尔滨”，比作《哈利·波特》电影中霍格沃茨魔法学校“分校”。

走进新时代，踏上新征程。黑龙江作为国家确定的“三基地一屏障一高地”——国家重要商品粮生产基地、重型装备生产制造基地、重要能源及原材料基地，北方生态安全屏障，向北开放新高地，服务国家战略的使命更加凸显，肩负维护国家国防安全、粮食安全、生态安全、能源安全、产业安全的“五大安全”重任。

“丹顶鹤的歌声在等你，北极光的心愿在等你，火山岩的心跳在等你，索菲亚的钟声在等你，三江的朝霞在等你……”《我在黑龙江等你》歌中这样唱道。黑龙江，究竟还有多少未知的美好和期许在等你？不妨走进这本书，一起领略——这，就是黑龙江！

（邹大鹏）

攻略 大国重器·触摸工业脉搏（哈尔滨—大庆—齐齐哈尔）

作为国内文旅“顶流”城市，哈尔滨不仅有美食、美景、中西交融的文化底蕴，还有诸多历史悠久的新中国工业遗产。作家梁晓声出生于哈尔滨，他的作品《人世间》的原型，就是哈尔滨这座老工业城市。哈尔滨卷烟厂旧址、东北轻合金加工厂、哈尔滨电机厂、哈尔滨锅炉厂上榜“国家工业遗产”企业。其中，电机厂作为我国“三大动力厂”最早建厂的企业，是我国第一座重型电机制造企业，被誉为共和国电机制造的“长子”和新中国发电装备制造的“摇篮”。新中国的第一台水轮发电机组和第一台汽轮发电机都出自这里。

走进大庆铁人王进喜纪念馆、大庆石油科技馆、大庆油田历史陈列馆、大庆石油馆，了解大庆油田辉煌发展历程。

到齐齐哈尔，参观中国一重集团有限公司，看万吨水压机壮观的锻造现场。赴华安军工旅游区观火炮、战车、飞机、雷达车等各式武器，在靶场体验射击乐趣，感受军工兵器游的魅力。

这是中国一重厂区。图：中国一重供

黑土文脉贯古今

白山莽莽，黑水汤汤。黑龙江，这片位于中国最北、最东的神奇土地，历史上多元文化在此交融，兼收并蓄，孕育成雄浑壮美、丰厚多样、气质独特的文化底蕴，以及慷慨豪放、开拓进取的精神气质，在新时代正绽放出夺目光彩。

“多”与“特”相融

以渤海国文化、金源文化、赫哲族文化等为代表的多民族文化源远流长，在这里形成丰富人文景观和东北特色习俗。

黑龙江是汉族、满族、蒙古族、鄂伦春族、达斡尔族等多民族聚居地区，不同的民族文化在这里相互融合，黑龙江的人文魅力、风土人情充分体现在其独特的艺术形式和丰富的文化遗产上。目前，黑龙江有全国重点文物保护单位57处，省级文物保护单位348处，市县级文物保护单位1760余处，时间自旧石器时代绵延至近现代。

渤海国上京龙泉府遗址、金上京会宁府遗址入选“百年百大考古发现”；赫哲族伊玛堪说唱、望奎皮影戏分别列入急需保护的非物质文化遗产名录和人类非物质文化遗产代表作名录；东北二人转、东北大鼓等民间文艺生动活泼，人们喜闻乐见……

渤海国（公元698-926年）是唐朝册封的以粟末靺鞨为主体的地方政

赫哲族青年在抚远市乌苏镇抓吉赫哲族村进行“鱼王角力”活动。图：新华社/王建威

赫哲族青年在抚远市乌苏镇抓吉赫哲族村进行“顶杠”活动。图：新华社/王建威

权，上京龙泉府（位于今牡丹江市宁安渤海镇）作为渤海国都城长达160余年，是我国保存最好的唐代都城遗址，1961年入选首批全国重点文物保护单位。登楼北望，多处宫殿遗址轴线对称，布局方整，依稀可见当年盛况。

金上京会宁府故城位于今哈尔滨市阿城区，这里是金源文化的肇兴之地、金朝开国都城，从白山黑水间崛起的女真民族于此兴盛，公元1115年在此立国。1153年，金王朝将都城从上京南迁至燕京（今北京），取名“中都”，北京的建都史以此为开端。金中都地位的确立，使北京完成了由“城”到“都”的身份转换。

世居黑龙江、乌苏里江、松花江流域的赫哲族是黑龙江渔猎文化的代表，因地处中国最东方，亦被称为“守望太阳的民族”。赫哲族拥有世界唯一传承下来的鱼皮制作技艺，被列为国家级非物质文化遗产。独有的口头说唱艺术伊玛堪，被联合国教科文组织列入急需保护的非物质文化遗产名录。

“铁”与“血”相传

以东北抗联精神等“四大精神”等为代表的红色文化薪火相传，历久弥新，激励着一代代龙江人艰苦奋斗、自强不息。

在革命和建设时期，黑龙江为国家富强、民族复兴、人民幸福书写了可歌可泣的壮丽篇章，立起这片土地的不朽丰碑，形成伟大的东北抗联精神、北大荒精神、大庆精神（铁人精神），成为中华民族伟大精神的重要组成部分，为推动东北全面振兴和高质量发展注入重要精神动力。

在哈尔滨，有条以李兆麟将军名字命名的街道，还有竖立着李兆麟雕塑的兆麟公园，李兆麟是历经抗战十四年全过程的东北抗日联军主要创建人和领导人之一。东北抗联在极端艰苦的环境下，在生与死、血与火的磨砺中，同数十万侵略者展开了长期的殊死搏斗，杨靖宇、赵尚志、赵一曼等英烈和那些无名英雄，在白山黑水间用血肉之躯筑起了中华民族的精神长城，铸就了以“忠贞报国、勇赴国难；勇敢顽强、前仆后继；坚贞不屈、勇于献身；不畏艰苦、百折不挠；休戚与共、团结御侮”为基本内涵的东北抗联精神。

悠悠万事，吃饭为大。新中国成立之初，十万复转官兵奔赴北大荒，揭开了人类垦荒史上的壮丽篇章。挺进！挺进！向荒原挺进！他们在荆棘丛生、野狼出没、沼泽遍布的北大荒腹地长途跋涉，风餐露宿，靠人拉犁唤醒了沉睡千年的黑土地，不仅为祖国生产粮食，成就了今天“中华大粮仓”的坚实起点，更缔造了“自力更生、艰苦创业、勇于开拓、甘于奉

这是星空之下北大荒集团黑龙江七星农场有限公司稻田中的收割机。图：新华社/党爱河

献”的北大荒精神。而今，曾经偏僻、荒蛮、寒冷的“北大荒”变成富饶的“北大仓”，成为热滚滚的“中国饭碗”的代名词。

一轮红日东方起，巍然的井架披上金色霞光，铁人王进喜大步跨上钻台，高喊“开钻了！”，这声音威武雄壮，气吞山河！面对石油“卡脖子”难题，1960年2月，数万中国人组成石油会战大军挺进莽莽荒原。“石油工人一声吼，地球也要抖三抖。石油工人干劲大，天大困难也不怕”“有条件要上，没有条件创造条件也要上”……在极其艰苦困难的条件下，一举甩掉我国“贫油”的帽子。大庆油田为中国源源不断输送石油能源，还贡献了重要的“精神能源”——以“爱国、创业、求实、奉献”为主要内涵的大庆精神（铁人精神），代代相传、生生不息。

“冰”与“雪”相映

打寒冷的“主意”，做冰雪的“文章”。黑龙江得天独厚的冰雪文化“雕琢”出不同凡响的中国故事。

越冷越“燃”！冰雪文化是黑龙江特色地域文化的重要组成部分。有“冰雪之冠”之称的黑龙江，以严寒的冬季和壮丽的雪景闻名于世，冰雪文化深植于人们生活，塑造了独特的风俗和传统，孕育了中国冰雪艺术的摇篮。1963年在哈尔滨兆麟公园举办首届冰灯游园会、1985年在中国首创冰雪节、1999年创办冰雪大世界……冰雪文化体现出龙江人对寒冷环境的适应性和强大的创造力，寒冰冷雪被热爱艺术的人们赋予了色彩和生命，

冰雪节启幕焰火在哈尔滨冰雪大世界园区上空绽放。图：新华社/王建威

成为黑龙江乃至我国对外文化交流的一张独特名片。

“尔滨”现象火爆出圈了。冰雪文化底蕴深厚的“冰城”哈尔滨，成为2024开年首个“顶流”城市，背后正是这座城市深挖冰雪资源禀赋，突出地方特色文化，厚积薄发，从量变走向质变的主动作为。哈尔滨冰灯游园会是中国冰灯艺术的发源地，蜚声中外的哈尔滨冰雪大世界是世界最大的冰雪主题乐园。从最初松花江上古老的冰灯渔火，演变成今日璀璨浪漫的“冰的艺术”，冰雪文化融入到哈尔滨城市发展的血脉当中。“尔滨”把天然的寒冷变成无穷的乐趣，带给世界多彩冬季，映照出一个蒸蒸日上的中国。

冰雪文化孕育出冰雪体育精神。龙江人在寒冷气候里锻炼了体魄，磨炼了意志，形成和推动了不畏严寒、挑战自然、顽强拼搏、坚韧不拔的冰雪体育运动文化。北京冬奥会上，中国代表团获得的9枚金牌中4枚来自黑龙江，历届冬奥会22枚金牌中13枚与黑龙江运动员有关；哈尔滨市、七台河市被授予“奥运冠军之城”称号；群众冰雪运动参与率位列全国第一名。2025年2月，哈尔滨第二次承办亚冬会，创造新的历史。

“土”与“洋”相遇

“土”与“洋”碰撞融通，中外文化在黑龙江交汇积淀，欧陆风情魅力绽放。

“不是欧洲去不起，而是哈尔滨更有性价比。”受地缘因素等影响，历史上大量俄罗斯人、犹太人来到黑龙江，使得黑龙江乡土文化有明显的异域元素。百年前，20多个国家和地区的侨民通过中东铁路（中国东方铁路）涌入，新旧思想、东西文化加速交融，在建筑、艺术、宗教、饮食等方面镌刻下深深的外来文化印记。黑龙江成为五洋杂处、四方汇聚的东北亚经济、交通和文化枢纽，形成独具特色的南北交融、中西合璧、开放包容的地域文化。

市民在哈尔滨老会堂音乐厅欣赏音乐。图：新华社/王建威

哈尔滨中央大街上的马迭尔宾馆前，游客排着数米长队，等待属于自己的“网红”冰棍；俄式餐厅里，大列巴、格瓦斯、红菜汤充满异域风情……漫步在最有“洋味”的百年大街，即使没有去过莫斯科、巴黎，也尽可以在哈尔滨领略欧陆风情，脚踩超过百年的青色面包石、细数每座红砖绿顶建筑的历史。始建于1898年的中央大街，全长1450米，巴洛克、文艺复兴、折衷主义、新艺术运动等风格的建筑都能觅得踪影，因此得名“室外建筑艺术博物馆”。

中华巴洛克历史文化街区则是中西合璧的——在外立面保留了兴起于17世纪的西方巴洛克建筑的精美造型、追求新颖奇特的艺术效果，同时又在平面布局上保留了中国传统的四合院风格和中国文化元素，哈尔滨拥有国内现存面积最大、保存最完整的中华巴洛克建筑群。漫步其中，历史的记忆在老照片一般的街景中跳跃，一座座别具特色的老建筑就像一本本厚重的书，记录着岁月变迁，散发出东西文化交融的迷人气质。

华灯初上，哈尔滨一处新艺术运动风格的老建筑阳台上，一位外国艺人正在歌唱，台下行人围聚，仰起脖子倾听。哈尔滨的音乐积淀深厚，19世纪末，歌剧、芭蕾剧、爵士乐等传入哈尔滨，哈尔滨成为中国现代音乐发源地之一，跳动的音符散落在哈尔滨的大街小巷。2010年，哈尔滨被联合国经济和社会事务部命名为“音乐之城”。闻名遐迩的中国·哈尔滨之夏音乐会，已举办36届。

（强勇）

攻略 博古通今·守望历史文化（哈尔滨—大庆—齐齐哈尔）

走进黑龙江省博物馆，到访中东铁路印象馆，了解中东铁路与哈尔滨城市历史的关联；到哈尔滨市博物馆群，了解关于哈尔滨的自然地理、历史变迁、民俗风情、文化艺术等内容；走过曲线优美、外观银白的哈尔滨大剧院，到哈尔滨音乐博物馆参观，了解城市百年音乐历史；探访阿城金上京博物馆、金太祖陵址公园，探秘古金源。

大庆博物馆猛犸象化石。图：强勇

大庆博物馆，是集古环境、古动物、古人类于一体的综合性博物馆，以猛犸象为代表的10余万件馆藏化石令人震撼。

游览齐齐哈尔博物馆与黑龙江督军署，了解城市历史厚重。前往昂昂溪遗址博物馆，了解黑龙江地区古代文明。泰来县江桥抗战纪念馆，记述民族英雄马占山“大规模、有组织、主动抗战第一枪”的历史。

这是位于鹤岗市的嘟噜河湿地。图：鹤岗市委宣传部供

秀色可餐风物绘

“黑龙江”，品读这三个字，脑海中映出的可能是金色粮仓、莽莽雪原和苍茫林海，口中回味的是红肠的醇香、锅包肉的酸甜和哈啤的清爽。这片位于我国最东最北的富饶土地，不仅拥有壮丽的自然风光，还孕育了丰富的物产和人情。

纵览北国风光

在中国版图的右上方，有两条纵横千里的森林带，分别被称为大、小兴安岭，两座山脉的相当一部分位于黑龙江省。

这片古老的森林抵挡着来自西伯利亚的寒流，影响着气温和雨量的再分配，保护着中国第一产粮大省黑龙江的粮食生产，是中国北方的天然生态屏障。

大兴安岭林区位于黑龙江版图的“天鹅之首”，全区总面积835万公顷，森林覆盖率87.76%，是全国面积最大的集中连片国有林区。

在这片广袤林海里，一条条铁路线蜿蜒而上，沿途神秘而秀美。近年来，越来越多游客乘火车，打卡现实版“绿野仙踪”。

当春天终于降临中国最北方，大兴安岭的杜鹃花竞相开放，红的、粉的、白的，点缀在绿色的山林间，如同一幅生动的画卷。这里野生植物资源丰富，种类繁多，是一座自然的宝库。

良好的生态环境孕育了黑龙江天然健康、营养丰富的优质森林食品，猴头菇、松茸、灵芝、红松籽、白桦汁、榛子等“九珍十八品”，堪称大自然的神奇馈赠。

提起大兴安岭，不禁让人想到漠河的北极光。漠河市是我国最北城市，遥远却并不孤独。受太阳风和地球磁场相互作用的影响，漠河北极村极光景象近年频现。红色与绿色的极光交相舞动，闪耀出多彩的光芒，天南海北的游客共同见证这一幸运时刻，被照亮的村落仿佛童话世界。

在黑龙江，让人沉醉的不只有极光。五大连池的火山地貌，是地质爱好者的必游之地。

五大连池地处小兴安岭山地向松嫩平原的转换地带，从史前200多万年到距今300多年前，这里持续不断的火山地质活动，给人类留下了品类

这是漠河市图强林业局“龙江第一湾”景区。图：新华社/王建威

齐全、保存完好、类型多样的新老期火山地质地貌，也在河流上造就了五座相连的池子。

五大连池景区内火山林立，熔岩浩瀚，湖泊珠连，矿泉星布；14座新老火山群峰耸立，800多平方千米的熔岩台地波澜壮阔，数百处自涌矿泉天然出露。山川辉映，水火相容，由此构成了“世界顶级旅游资源”，被科学家喻为“天然火山博物馆”和“打开的火山教科书”。

位于牡丹江市的镜泊湖也是火山熔岩堰塞湖。湖的出口处是玄武岩峭壁，湖水冲泻而下，形成宽达30多米、落差20多米的瀑布，俗称“吊水楼”，是黑龙江省最具标志性的景观之一。

到鸡西市密山，可访问中俄界湖兴凯湖。数千年前，满族的祖先肃慎人就在兴凯湖畔留下了渔猎的足迹，有“新开流遗址”为证。兴凯湖大白鱼以其脂肪含量低、蛋白质和胶原蛋白含量高、富含多种维生素而闻名，为中国“四大淡水名鱼”之一。

尽享丰饶物产

黑龙江的“黑”，是大江大河的深邃，也是黑土地的丰饶。金秋十月，站在高处俯瞰大地，丰收盛景一览无余。

玉米、大豆、水稻……2024年黑龙江粮食总产量连续第15年居全国第一。这里黑土地肥沃，气候独特，粮食产量高，品质好。尤其是五常大米，以其香软可口、营养丰富而闻名全国。庆安大米、方正大米等地标性大米品牌也在全国享有盛誉，与五常大米一同构成了黑龙江省大米品牌的强势阵容。

有一些希望由“黑”灌溉。大庆油田的发现和开采使得这些“黑金”从地下“涌出”，为国家经济发展注入了源源不断的“血液”。

60多年来，大庆油田累计生产原油突破25亿吨，如果用60吨油罐车

上左：这是在第三届中国·黑龙江国际大米节展馆现场展示的石板米。图：张涛
上右：游客在黑河市逊克县克林镇平台村附近的大平台雾凇景区拍摄写真。图：新华社/谢剑飞
下左：这是大庆油田南三油库。图：新华社/王建威
下右：工人在位于鹤岗市的黑龙江省华升石墨集团股份有限公司车间内进行石墨烯润滑油生产作业。图：新华社/谢剑飞

装满，可绕赤道15.6圈。2021年，大庆油田古龙页岩油勘探获重大战略性突破，落实页岩油预测地质储量12.68亿吨，为大庆油田开辟出增储上产的“新战场”。

目前，大庆油田油气产量当量连续20年稳定在4000万吨以上，60多岁的大庆油田老当益壮，仍然保持世界级生产水平，发挥着能源安全顶梁柱作用。

黑龙江的矿产资源丰富。其中，石墨是本省的优势矿产，具有润滑性、易导电、耐高温等特点，是高新技术发展必不可少的矿产资源。鸡西与鹤岗均是世界优质石墨主产区。2014年，鸡西被中国矿业联合会授予“中国石墨之都”称号。鹤岗云山石墨矿区，被誉为“亚洲第一石墨矿”，也是国内首家“5G+工业互联网”智能化露天石墨矿。

进入冬季，千里冰封、万里雪飘，但龙江大地并不沉寂。漫长的冬季赋予这里雄厚的冰雪资源和无限发展可能。

在黑龙江省北部的逊克县，一枝枝一簇簇的雾凇，使林木变成洁白无瑕的玉树琼枝，构成雪韵磅礴的绝美画卷。远远望去，疑是银花昨夜开。

世界上最大的冰雪乐园——哈尔滨冰雪大世界，以其精美的冰雕艺术吸引着中外游客。中央大街上的欧式建筑，索菲亚教堂的钟声，都让人仿佛置身异域。

位于牡丹江的“雪乡”，积雪随物具形，千姿百态，造就了童话般的世界，让人流连忘返。距离哈尔滨200千米的亚布力曾是皇家猎场，也是中国大众滑雪发源地，随着高铁开通、缆车装上电热座椅，人们可以更加便捷、舒畅地在雪道遍布的亚布力体验雪上“速度与激情”……

孕育独特风情

黑龙江的风土人情，更是这片土地的灵魂。汉族、满族、蒙古族、回族、朝鲜族、鄂伦春、鄂温克、赫哲族等民族和睦相处，共同创造了丰富多彩的文化。

每逢新年，烤塔拉哈、氽鱼丸、刹生鱼、江水炖江鱼……搭配东北农家的土豆、茄子、山野菜等，一顿丰盛的赫哲族“年味”鱼宴，让世代居住在祖国最东方的赫哲族同胞，乐享过去一年的收获，畅想新一年的美好生活。

赫哲族被称作“守望太阳的民族”，自古就繁衍生息在黑龙江、松花江和乌苏里江流域，以捕鱼和狩猎为生。

农历新年，赫哲人会做一顿丰盛的鱼宴大餐。炸、焗、煎、炒、烤……烹饪方式五花八门。“三花五罗，十八子，七十二杂鱼……”，黑龙江、松花江、乌苏里江中的鱼多极了，更有许多吃法，释放自然的鲜香，刺激你的味蕾。

生活在江边的黑龙江人，总结出“清明河水荡，谷雨开大江”的经验。暮春四月，江面的冰逐渐断裂，层层叠叠、片片朵朵的冰块，顺流而下，形成“跑冰排”的奇观。千百年来，每逢这个时节，沿江的人们都要举行“开江节”。

狍皮制衣、摩苏昆（说唱艺术）、桦树皮制作……古老而神秘的鄂伦春族至今保留着自己独特的民族文化。鄂伦春族世代居住在大小兴安岭，曾长期在原始森林中过着沐风浴雪、四处迁徙的游猎生活。1953年，黑龙

鄂伦春青年在黑河市新生鄂伦春族乡新生村进行“拉杠”比赛。图：新华社/赵东来

在扎龙国家级自然保护区，东方白鹳在新巢上孵蛋，空中飞过一群大雁。
图：新华社/王勇刚

江省的鄂伦春族走出深山，开启定居新生活。

随着我国非遗传承保护的各项政策落地实施，越来越多鄂伦春族群众传承民族技艺、创新作品形式，传统文化正焕发新的光彩。

品味美食盛景

锅包肉、酸菜、烧烤……黑龙江的美食，是这片土地的另一张名片。其中，哈尔滨红肠，以其独特的风味和制作工艺而闻名。红肠色泽鲜艳，口感鲜美，是哈尔滨的标志性美食。

齐齐哈尔则凭借着烤肉名扬千里。齐齐哈尔源自达斡尔语，意为“天然牧场”，与美国威斯康星州牧场、日本北海道牧场等世界著名牧场同处北纬47度黄金养殖带。

齐齐哈尔烤肉借鉴了多民族的烤肉、烤串技艺，形成了自己特有的风格，不仅被列入非物质文化遗产，更成就了“国际（烤肉）美食之都”。

烤肉的香味与炭火的噼啪声是很多齐齐哈尔人铭刻于心间的味觉记忆。经过几十年的发展变化，这盘衍生于市井，在改革开放和百姓生活变迁中不断丰富的齐齐哈尔烤肉，逐渐走向全国、走向世界。

值得一提的是，齐齐哈尔还被称为“鹤城”，是驰名中外的“世界大湿地、中国鹤家乡”。

每逢候鸟南飞的时节，扎龙国家级自然保护区内都会聚集大批南迁的候鸟歇息停留，丹顶鹤、白枕鹤、灰鹤、白头鹤、西伯利亚白鹤、东方白鹳等珍稀鸟类也频频现身。蓝天白云下观鹤，游人可以在扎龙找到“鹤唳云霄意自闲”的超脱和自在。

在黑龙江这片神奇的土地上，壮丽的自然风光，独特的风土人情，丰富的物产和美食……是说不尽的！

（管建涛、王鹤）

攻略　醉美G331，两极穿越之旅

国道G331，即丹（东）阿（勒泰）公路，在黑龙江省境内长约2600千米。从祖国“北极”漠河到“东极”抚远，全长约1700千米，连通漠河、塔河、呼玛、黑河、孙吴、逊克、嘉荫、萝北、绥滨、同江、抚远等地，串联北极村、茅兰沟、黑瞎子岛等30余个3A级以上景区。

从哈尔滨出发，自驾到佳木斯同江市，探访黑龙江、松花江、乌苏里江三江国家级自然保护区——沿G331打卡祖国陆地最东端抚远黑瞎子岛，在抚远东极广场迎接祖国的第一缕阳光，品味“三花五罗十八子”江鱼的鲜美——走G331沿黑龙江逆流而上到黑河，体验这座边城的独特魅力——行至呼玛，探访白银纳鄂伦春民族乡，感受篝火的热情——到漠河北极村的G331上有段音乐公路，在《我和我的祖国》歌声中感受幅员辽阔，体验“找北”乐趣，还有可能偶遇极光。

最早解放的大城市

1946年，距新中国成立尚有三年多，哈尔滨就已解放，成为最早解放的大城市。解放大军从这里南下，新政协在这里筹备，老工业基地也从此开启承载光荣与梦想的伟大航路。

从胜利中走来

东北幅员辽阔，物产丰富，交通便利，工业颇具基础，且当年北靠苏联，西接蒙古，东邻朝鲜，西南部连接中国共产党创建多年的晋察冀根据地，战略地位极其重要。

哈尔滨，作为中东铁路重要节点城市，是东北地区水陆交通枢纽和物资集散中心，加工业和商业都比较发达，在抗战胜利后成为国共两党东北

这是松花江哈尔滨段两岸风光。图：王建威

战略布局的焦点。要指出的是，国民党在九一八事变后采取不抵抗政策，也就谈不上对东北特别是东北北部有什么重要影响了。

1945年，毛泽东在中共七大上即指出，“从我们党，从中国革命的最近将来的前途看，东北是特别重要的”“只要我们有了东北，那末中国革命就有了巩固的基础”。

1945年8月，苏联红军开进东北，李兆麟率领东北抗联将士随苏军进入哈尔滨。

抗战胜利后，中国面临两种命运两种前途的抉择，国共两党为争夺哈尔滨展开激烈斗争。

中共中央提前布局，提出“向北发展、向南防御”战略方针。1945年9月，中共中央决定成立东北局，先后从各解放区抽调11万人的军队和2万名干部进入东北。一系列战略部署，拉开了包括解放哈尔滨在内的整个解放战争的序幕。

1945年11月17日，苏军为履行《雅尔塔协定》，决定把哈尔滨政权移交给国民党政府。12月底，国民党200多名武装人员来到哈尔滨，并于1946年1月1日接收了滨江省和哈尔滨市政府及所属机关，但哈尔滨的实际控制权仍在苏军手中。与此同时，李兆麟等同志，在苏军保护下继续留在市内与国民党展开斗争。

在这种形势下，中共中央为掌控东北局势，夺取东北，立即作出占领东北大城市的战略决策，在哈尔滨周边集结了1.2万余人的兵力，做足充分的军事准备。

1946年4月23日，驻哈尔滨苏军开始撤退回国。前期大搞非法宣传和暗杀活动的国民党军政官员和军队大部溃散，最终于25日与撤兵的苏联红军一同撤离哈尔滨。26日，哈尔滨各界代表130人联名吁请东北民主联军进驻。

1946年4月28日，这是一个深深刻进哈尔滨历史的日子。凌晨，东北民主联军向哈尔滨市进发，偶尔遇到小股抵抗，但都将其轻松击溃。哈尔滨，在这一天终于回到了人民的怀抱。

5月，哈尔滨市政府正式成立。

6月，东北局、东北民主联军总司令部及其所属机关迁驻哈尔滨。

哈尔滨解放后，因其处于战略要冲地位，迅速成为中国共产党在东北重要的战略指挥中心，很快成为东北解放区政治军事经济文化中心，见证并支撑了解放战争的重要胜利。

新政协在这里筹备

从刚刚解放开始，哈尔滨稳定社会秩序，恢复经济生产，加强民主政权建设，利用发达的铁路和工商业资源，全方位支援解放战争前线。

东北民主联军前线指挥部移驻哈尔滨双城，指挥了辽沈战役，随着解放步伐的加快，后发展为东北野战军、第四野战军，从哈尔滨一路向南，打到了海南岛，陆续解放了很多大城市。

从1947年1月“三下江南、四保临江”战役打响，到1948年11月东北全境解放，仅哈尔滨市从事军工生产的工厂就有300多家，生产的各类武器装备和战略物资源源不断运往前线，为解放战争胜利立下汗马功劳。

解放战争中，哈尔滨人民积极响应号召，踊跃参军参战，5次大规模征兵，哈尔滨及周边12万多人应征入伍，保证了前线部队旺盛的战斗力，同时组织担架队、运输队、医疗队，为前线部队提供有力支援。

当时，作为东北党、政、军领导机关所在地，哈尔滨还培养聚集了大批优秀的党的干部。从1948年6月至1949年9月，哈尔滨市先后分多批选派2300多名优秀干部南下，参加接管和巩固新中国政权、支援南方新解放区建设的任务。

解放后，中国共产党人在哈尔滨开始了接收、管理和改造大城市的探索，哈尔滨进行了整顿金融、稳定市场、保护工商业等一系列经济改革和建设。同时，这里也成为党中央直接领导下筹建新中国的重要基地。

1948年7月，中共中央东北局在哈尔滨召开第一次城市工作会议，介绍哈尔滨市经济工作经验，为其他陆续解放的城市提供示范。

1948年8月，第六次全国劳动大会在哈尔滨举行，来自解放区和国统区的代表518人在这里共商中国工人运动和工会工作发展大计。会议正式恢复重建第一次大革命时期的中华全国总工会。

1948年秋，当时中国叱咤风云的人物云集哈尔滨中央大街上的马迭尔宾馆，中国共产党人与各民主党派人士在这里共商建国大业，中国共产党领导的多党合作筹建共和国的历史任务从这里起步，谱写了新中国辉煌交响的第一个音符。

共和国长子的担当

东北地区是“全国解放战争命运的关键点”，也是“全国工业化的出发点”。

新中国成立后，百废待兴，急需恢复经济、发展生产。1950年2月27日，访苏归来的毛泽东视察哈尔滨时指出，我们进城了，要学会建设城市，管理工业，这是摆在我们面前的一项新的艰巨任务，“你们要下决心把哈尔滨这个消费城市改造成为生产城市”，还为哈尔滨市委题写了“发展生产”的题词，为哈尔滨市的建设发展指明了方向。

哈尔滨市委、市政府带领人民对农业、手工业、资本主义工商业进行社会主义改造，迅速完成了从旧的社会经济结构到全新的发展模式的转换。

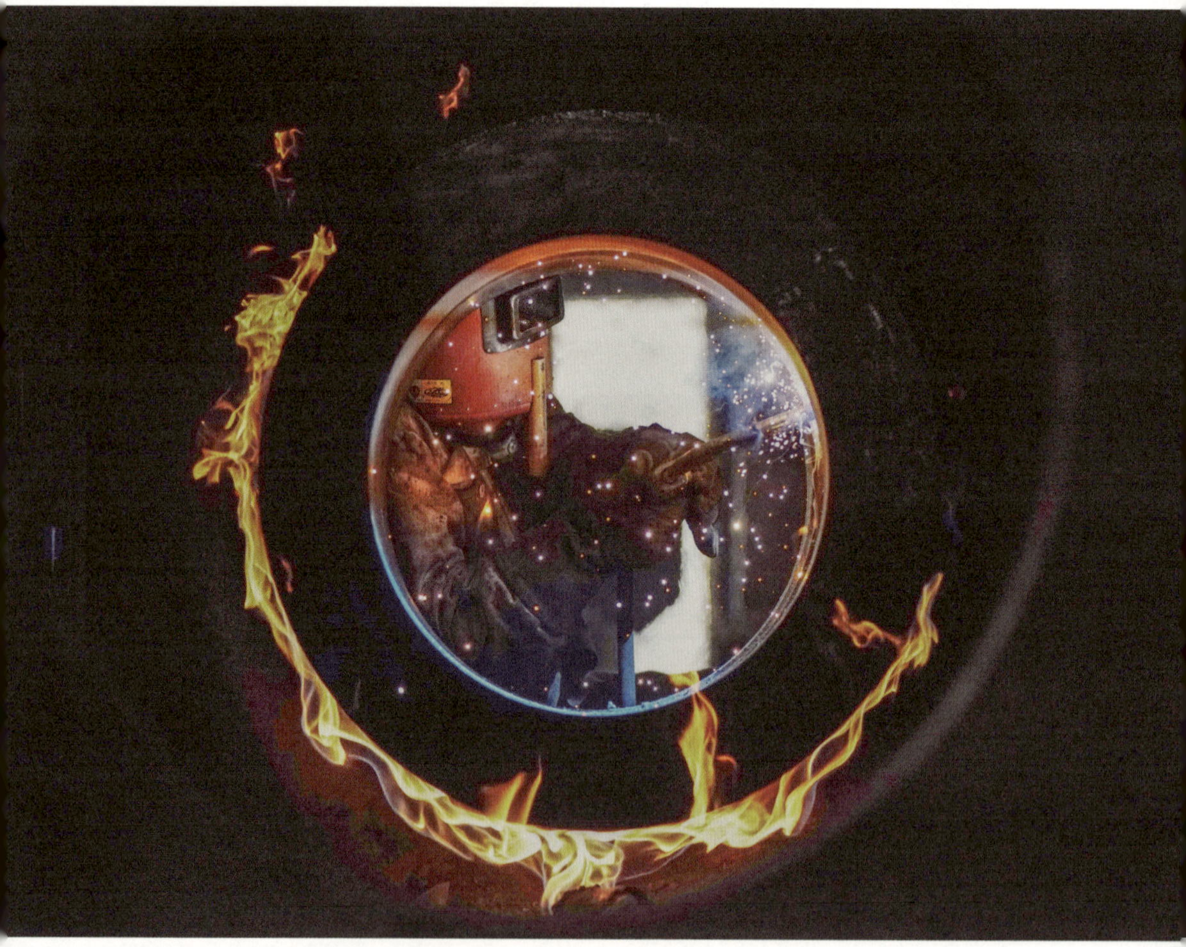

工人在哈电集团哈尔滨电机厂有限责任公司生产车间内作业。图：新华社/王建威

南厂北迁、“一五”时期大规模建设，使哈尔滨市成为国家重要的工业基地。1950年，党中央作出“南厂北迁”的重大决策，将辽宁的16家工厂、5000多名职工和1200多台机器设备迁至哈尔滨，为哈尔滨的工业发展打下坚实基础。

1953年，我国实施第一个五年计划，哈尔滨被列为重点建设城市之一，苏联援建的156项重点工程中，有13项落户哈尔滨。“一五”期间，哈尔滨还建成了成套设备、多品种工具等一系列生产基地和检测中心，新建、扩建中国人民解放军军事工程学院、哈尔滨工业大学等大学、大所，整体技术装备和生产开发能力登上新台阶，不断发展成为以机械工业和国防工业为主的新兴工业城市。

1957年，哈尔滨市工农业总产值由1949年的全国大城市排名第11位，跃居第5位，仅次于上海、北京、天津、沈阳。

回顾岁月长河，哈尔滨这座承载了历史荣光的城市，用它的坚韧、担当与奉献，书写了“共和国长子”的壮丽篇章。

改革开放后，作为老工业基地，哈尔滨也经历过适应市场经济、国企改革的阵痛。但，哈尔滨不忘“共和国长子”的责任与担当，默默耕耘，厚植底蕴深厚、百折不挠的城市气质，在奋进新时代东北全面振兴征程中，又展现出“尔滨”新形象，释放着新活力。

（徐宜军、颜秉光）

这是在北大荒农业股份有限公司友谊分公司拍摄的秋收现场。图：新华社/石枫

国人每九碗饭，有一碗源自这里

在这片古老而又年轻的土地上，每一寸黑土都蕴藏着生命的奥秘，每一粒种子都承载着未来的希望……

黑龙江，这片被赋予“北大仓”美誉的广袤之地，以它独有的方式，讲述着一个关于粮食、关于勤劳、关于科技与自然和谐共生的故事。

天下粮仓

民以食为天，食以粮为先。

“中国人的饭碗要牢牢端在自己手里，而且里面应该主要装中国粮”，谆谆嘱托激励着龙江儿女，用汗水浇灌希望，以智慧铸就辉煌。

从“北大荒”到“北大仓”，这不仅仅是一个名称的转变，更是七十余载岁月中，无数人不懈奋斗、勇于开拓的历史见证。

粮食播种面积、总产量、商品量、调出量、绿色有机食品认证面积、农业机械化率领先全国，每一粒粮食都凝聚着黑龙江人对国家粮食安全的深情承诺。

中国人每九碗饭中，就有一碗源自这片黑土，它，是名副其实的国家粮食安全“压舱石”。

春耕时节，在庆安县的一处玉米地，免耕播种机正在田间隆隆作响。作业完毕，有些零散的种子被风吹落在地，红色颗粒点缀在黑土地上，分外显眼。一位农民大姐看见后，立马蹲下身，从地上把种子一粒粒拾起，收回到袋子里，舍不得丢下。

农民为何如此爱惜种子？大姐攥着一把饱满的种子，说：“这个品种植株健壮，不仅高产还抗倒伏，亩产能达到吨粮了……这就是金子啊！”

国之大者

一粒种子，蕴藏丰收的密码、农民的希望，更承载粮食安全的“国之大者”。

当秋风送爽，稻香四溢，黑龙江便迎来了它一年中最辉煌的时刻——

丰收季。高铁如箭，穿梭在金黄的稻田之间，车窗外，是连绵不绝的金色波浪，是丰收的气息在每一寸土地上跳跃。

2024年农民丰收节，方正县的主会场人声鼎沸，欢声笑语中，农民们用东北秧歌等充满地域特色的节目，表达着对丰收的喜悦和对生活的热爱。“带货”主播们，则通过网络将这份喜悦传递给全国，让黑龙江的优质农产品走进千家万户。

这是在北大荒集团黑龙江红星农场有限公司拍摄的小麦收获现场。图：新华社/侯越

佳木斯市桦川县种粮大户李玉成望着成熟的水稻，脸上洋溢着满足的笑容。这一年，尽管遭遇了低温多雨的挑战，但在科技的助力下，通过“一喷多促”等现代农业技术，不仅追回了生长进程，还让水稻的长势比去年更胜一筹。

从最初种植七八十亩地，到如今的一万两千亩，从手扶拖拉机种地到大马力拖拉机轰鸣田间，李玉成的种田故事，是黑龙江农业现代化进程的一个缩影，是汗水与希望交织的赞歌。

科技，是“北大仓”丰收的另一把钥匙。

在双鸭山市宝清县，中国水稻研究所北方水稻研究中心的科研人员，正紧锣密鼓地准备收集今年的育种材料，送往海南进行加代繁育，以期培育出更多优质、高产、高效的水稻新品种。他们的努力，不仅让黑龙江的稻田更加金黄，也让我国北方稻区的稻作技术迈上了新的台阶。

黑龙江的贡献，远不止于此。

作为优质大豆的生产和供给基地，黑龙江的大豆生产同样令人瞩目。一株株豆秧上，豆荚饱满，籽粒充实，这是黑龙江强化政策引导、科技驱动、示范推广的成果。

大豆生产者补贴、耕地轮作补贴……一项项惠民政策，让农民种粮更安心，也更有信心。集贤县的种粮大户刘明坤种植了一万余亩大豆，采用大垄密植技术，精细化管理，大豆亩产四五百斤已成常态，他的故事，是黑龙江大豆产业蓬勃发展的生动写照。

耕耘希望

昔日的“北大荒”，如今已是机械化、智能化、信息化并进的现代化大农业典范。从刀耕火种到高科技装备，从人力畜力到无人驾驶，黑龙江的农业生产方式发生了翻天覆地的变化。

北大荒集团闫家岗农场。图：张培妮

黑河大豆种植户李富强，为了种好40万亩地，今年他又花费了6000多万元添置了高速播种机和大马力拖拉机等农机。黑龙江省授予他“大豆大王”称号，是对这丰收执着追求的最好诠释。

新中国成立以来，黑龙江累计为国家供应优质粮超过4.1万亿斤。2023年，粮食总产量更是达到了1557.64亿斤，连续6年稳定在1500亿斤以上，连续14年位居全国首位。这不仅仅是一组数字，它们背后，是黑龙江人对土地的深情厚谊，是对国家粮食安全的坚定承诺。

黑龙江坚持把多种粮、种好粮作为头等大事和首要担当，着力提高粮食综合生产能力。粮食丰收背后，离不开扎扎实实的努力和夜以继日的辛勤耕耘，从下面这组数字就可见一斑：

黑龙江累计建成高标准农田超过1.1亿亩，2024年筛选推荐适合全省不同积温带种植的主要作物主导品种135个，全省新增100马力以上拖拉机等先进农机具超1.4万台（套）……

2024年，黑龙江的田野再次传来好消息：粮食生产面积增加，结构优化。农谚云：“七月十五定旱涝，八月十五定收成。”金秋时节，丰收的喜悦已挂满枝头，这片土地续写着新的辉煌。

我在肇源农场有亩田稻田画。图：陈健宇

左：查哈阳农场梦幻稻海小火车。图：周宪义

右：种植户在北大荒集团黑龙江普阳农场有限公司作业区进行收割作业。图：新华社/张涛

黑龙江，这片古老而又充满活力的土地，正以它独有的方式，讲述着关于耕耘与收获、关于希望与梦想的故事。

在这里，每一粒粮食都蕴含着生命的力量，每一寸田野都闪烁着科技的光芒，每一张笑脸都传递着丰收的喜悦。

春种秋收，始于希望，结于丰盈。希望的田野中，金灿灿的收成上，写满了耕作之辛、丰收之喜、劳动之荣光。

“一粥一饭，当思来处不易。半丝半缕，恒念物力维艰。”

每当吃上一口香喷喷的米饭，每当炒菜时倒入锅中一勺金黄的大豆油，抑或啃上一口香甜软糯的鲜食玉米，让我们致敬耕耘，礼赞收获，也许下对国泰民安、风调雨顺的美好期许。

（王春雨、孙晓宇）

攻略 农业观光·乐享丰收喜悦（哈尔滨—鹤岗—佳木斯）

在哈尔滨参观北大荒博物馆，了解几代北大荒人用青春和生命创造的历史，到太平国际机场附近的闫家岗农场，观赏“稻田画”，体验田园采摘。

奔赴鹤岗五道岗果蔬采摘园、蔬园乡采摘园体验农业采摘，前往宝泉岭现代农业生态园欣赏稻田画，看共青农场稻田画、军川农场稻田画，在富渔湾生态庄园解锁如诗如画的田园生活。

到佳木斯富锦万亩水稻公园，登观光塔俯瞰巨幅立体稻田画，到建三江北大荒精准农业农机中心感受世界先进的大型拖拉机、收割机等，现代农业科技园体验农业研发、热带植物种植。

游客在北大荒集团闫家岗农场有限公司农业现代化示范区游览。图：新华社/张涛

这是在双鸭山市饶河县境内的完达山脉那丹哈达拉岭拍摄的朝阳下的白桦林秋色。图：新华社/盛景利

祖国最北方，那片大森林

如果你赶在初秋时节，寻访黑龙江的林区，便能充分体会置身于调色盘中的感觉。

平坦的公路延伸至小兴安岭的密林深处，清脆的鸟鸣让这时的林区更添爽朗，红松、落叶松、枫树等各种树木，也呈现出各种深浅不同的绿、

黄、红、紫，晕染在蓝天之下，五花山色，分外艳丽。

沿着松嫩平原一路向北，两侧的白桦越来越多，真正驶进大兴安岭林区，雪花则早早地将这里化为一片银装素裹，林海雪原茫茫无际，不时有猞猁、野鸡等动物在雪地穿过，留下一串串密密麻麻的脚印。

饱了眼福，也少不了口福，品类丰富的蓝莓、白桦树汁等黑龙江林下产品加工车间忙得热火朝天；放下斧锯的林区人直播带货、办起农家乐……最北林区生态兴、产业旺、生活美。

游客在哈尔滨市平山皇家鹿苑旅游区内荡秋千。图：张树

“绿水青山”筑牢“最北屏障”

2024年是黑龙江重点国有林区迎来全面停止天然林商业性采伐十周年。十年来，黑龙江重点国有林区依托停、管、抚、造等多项措施保护大森林。使中国北方最大森林屏障得以重筑，莽莽林海中孕育出一片“万类霜天竞自由”的勃勃生机。

当地龙江森工集团、伊春森工集团、大兴安岭林业集团锚定资源增长、林业增效、职工增收三大目标，在转型发展的道路上筑牢北疆绿色屏障，端起“生态饭碗”，收获“金山银山”。

在过去几十年的开采历史中，超6亿立方米木材从黑龙江重点国有林

“林都号”旅游列车穿过小兴安岭腹地。图：伊春森工集团供

区发往各地，支援全国经济建设。时代的英雄马永顺也是此时开创出以一抵六的“流水作业法”“安全伐木法”“四季锉锯法”，使劳动效率普遍提高35%至50%。

为响应“青山常在、永续利用”的号召，马永顺又积极投身绿化事业，决心把自己伐的36000棵树补栽上。78岁高龄时，还差近千棵树没栽，他就带领一家三代15口人，到荒山坡上营造义务林，当年栽树1200多棵，终于完成了夙愿。

2014年，这片全国最大国有林区全面“禁伐”。十年来，林区生态也越发向好。

“生态饭碗”装满“金山银山”

从前是树木一条条，现在是林子一片片。在林区群众的细心呵护下，近些年眼看着林子越长越高，野生动物也越来越多。

森林茂密了，野生动物更愿意“回家”，就连处于食物链顶端，对栖息地条件要求极高的东北虎都频繁“现身”，说明这里能给它们提供大量食物，也证明林区生物多样性和生态环境得到有效恢复。

狍子跑进市中心“逛街”、黄喉貂到厨房“偷走”刚从冰箱拿出来的肉……近几年，当地人保护野生动物的意识也明显提升，人与自然和谐共生的画卷正在黑龙江重点国有林区徐徐展开。

十年前，黑龙江重点国有林区走的还是单一消耗资源的木材生产和加工之路；十年后，依托绿水青山，这里林区旅游和林下经济等生态产业遍地开花。

每年夏季都是林区旅游旺季。尤其是景色奇特、天气凉爽、空气清新的“龙江第一湾”景区引得不少游客流连忘返。

湛蓝的天空下，列车穿过小兴安岭腹地，带领乘客穿越林海，体验

游客在伊春市上甘岭溪水国家森林公园内留影。图：新华社/张涛

“林都”伊春深度游……不仅外观上将红松、山石、雪花巧妙融合，列车内还设有酒吧、茶室、娱乐车厢，这就是近年爆火的“林都号”旅游列车。

夏有凉风冬有雪。东北大秧歌、篝火晚会、雪野蹦迪……在大自然的“鬼斧神工”之下，无数游人在“中国雪乡”感受冰情雪韵的魅力。

“绿色龙江”回答“林区三问”

“林区经济转型发展怎么样，林区生态保护怎么样，林场职工生活怎么样”，关于这“林区三问”的答卷，正在高质量地书写。

不止旅游，借助丰富的森林资源，林区的蓝莓酒、桦树汁等一系列林产品也走入市场。

在大兴安岭林业集团阿木尔林业局，当地已建成集采摘、加工、观光于一体的北极冰蓝莓酒庄。走进伊春桦肽生物药业有限公司车间，只见从白桦树中提取出来的无色或微带淡黄色的透明液体，正在进行灌装，发酵的香气扑鼻而来。

近年来，黑龙江三大重点国有林区“向森林要食物”，重点发展小浆果、桦树汁和中药材生产等一大批生态产业，加速提升林区绿色生产力。

游客乘坐电瓶车在伊春市上甘岭溪水国家森林公园内穿行。图：新华社/张涛

十年来的生活变迁当地人感触很深。阿木尔林业局林场职工孙立森以前在山上睡觉都冻脑袋，现在有了暖和的砖房，冰箱、彩电也一应俱全，不仅工资翻了一倍都不止，生活条件也越来越好。他不少老朋友也都吃上了“生态饭”，有的开起了农家乐，当上了导游，还有的搞直播带货。

多年前，伊春森工集团退休职工刘养顺与妻子仅靠退休金维持生活，自从2016年开办了农家乐，家里发生了天翻地覆的变化。从起初的10张桌，到现在的18张桌，年接待游客上万人，增收十几万，旅游收入让他们一家人的精神面貌有了新变化，也越来越有干劲了。

听刘养顺的老伴儿说，刘养顺愿望不少，想再攒几年钱，想给民宿房间升级一下，让游客体验更好；也想找时间想去周边林场走走，挖掘点好产品，带动更多职工增收；还想把隔壁的菜园租过来，因为游客就爱吃自家种的青菜……

广袤林海，踏实肯干的林区人满怀憧憬，正一步一个脚印，筑牢北疆生态安全屏障，变绿水青山为金山银山。

（熊言豪、管建涛、陈益宸、徐凯鑫、王君宝、董宝森）

向北开放，落子“新高地”

翻开中国地图，黑龙江省居于雄鸡状版图的东北边疆；再看世界地图，这里位于东北亚的中心，中国向北开放的前沿。

“构筑我国向北开放新高地”——2023年9月，中央赋予黑龙江重要使命。由此，边陲寒地加快向开放热土转变，一张构筑向北开放新高地的巨幅蓝图，在中国东北角铺展开来。

开放合作新蓝图

黑龙江省，地处中国最北最东，有着2900多千米的边境线。

在与俄罗斯远东第三大城市布拉戈维申斯克市一江之隔的黑龙江省黑河市，产自俄罗斯的优质非转基因大豆在黑河市北丰远东农业开发有限公司的仓库里堆成小山。公司2024年新建了一条年处理6万吨大豆的自动化榨油生产线，原本储存的大豆不够用，决定再进口1万吨俄罗斯大豆。

作为对俄合作大省的黑龙江大力推动对俄贸易提质增效，积极打造能源矿产、粮食、木材及纸浆、水生动物及冰鲜水产品等对俄贸易进口基地，打造汽车及工程运输车辆、家电及信息产品、果蔬及农产品、箱包鞋帽等对俄贸易出口中心，加力引进机电、轻纺等生产型企业落地，提升对俄出口供货能力。

满街的中俄双语牌匾，随处可见的俄罗斯面孔……中俄边境城市绥芬河，是一座百年口岸城市，随着跨境电商事业蓬勃发展，这里成为我国重要俄罗斯商品集散地。2023年，绥芬河电子商务交易额突破100亿元。

随着提质升级行动实施，黑龙江省加快对俄跨境电商发展，推动哈尔滨、黑河、绥芬河、同江4个跨境电商综试区高质量发展，扩大海外仓建设规模，拓展边境仓布局，降低跨境物流服务成本。

开放的大门越开越大，黑龙江的国际“朋友圈”也不断扩容：深化与共建“一带一路”国家合作；推进落实黑龙江省对接《区域全面经济伙伴关系协定》（RCEP）深化对日韩和东盟、澳新合作行动计划；加强与中东、中亚、非洲在能源矿产开发、石油勘探、基础设施建设等领域合作；

黑河跨境电商园区智能仓储物流中心的工人在查找货物。图：新华社/谢剑飞

巩固与美国、加拿大、巴西等美洲国家贸易基础……

2024年上半年，黑龙江省对共建“一带一路”国家、其他金砖国家进出口规模持续扩大。其中，对共建“一带一路”国家进出口1353亿元，增长12.7%，占全省外贸总值的86.5%，同比提升2.3个百分点。

联接欧亚新通道

突破30000列！

来自中国铁路哈尔滨局集团有限公司的消息：截至2024年8月20日，中欧班列“东通道”满洲里、绥芬河、同江铁路口岸开行以来，累计通行量突破30000列、发送货物291万标箱，实现连年增长，呈现量质齐升的良好态势。

此前，哈尔滨部分企业货物运输比较依赖海运集装箱，如今使用中欧班列（哈尔滨—蒂尔堡），货物运送时间节省三分之二、运距减少二分之一……更利于企业开拓欧洲市场。

目前，中欧班列经“东通道”已通达欧洲14个国家，连通国内60余个城市，运输产品涵盖电器产品、日用百货、工业机械等12大品类。

黑龙江省是全国第二大口岸省份，拥有27个国家一类口岸，是我国向北开放的重要窗口和对俄开放合作的最前沿。向东可以拥抱大海，向西可以直抵欧洲，向北可以通达北极，向南区域合作天地宽广——黑龙江省已成为我国重要的交通大通道、能源大通道、经贸大通道和人文交流大通道。

在中俄东线天然气管道黑河首站，交错的管道在阳光下闪闪发光，这里是中俄东线天然气管道的“国门第一站”。随着中俄东线黑龙江黑河至江苏泰兴各段管道相继投产，我国东部能源通道全面贯通，来自西伯利亚的清洁能源从小兴安岭入境，为东北三省、京津冀、环渤海和长三角地区

一列满载板材的回程中欧班列驶入绥芬河铁路口岸。图：新华社/曲艺伟

能源保障和高质量发展注入强劲动力。

2024年3月，黑河在全省率先恢复边境旅游异地办证业务，跨过黑龙江前来旅游、消费的俄罗斯人不断增加。黑河早市出现大量“洋面孔”，他们在这里品尝豆浆、油条、包子等中式早餐，开发出“包子配啤酒”的创意吃法，再顺便购买一些中国商品回国。当来中国吃早餐成为俄罗斯人新时尚时，黑河国际夜市也应运而生，同样人头攒动。

黑河市是我国东北振兴战略与俄罗斯远东开发战略对接的重要“交汇点”，区位优势突出、通道体系完善、发展潜力巨大。这里与布拉戈维申斯克隔黑龙江相望，被称为“中俄双子城”。

2024年夏天，在距离黑河口岸不远处的世界首条国际跨境客运索道——黑河-布拉戈维申斯克跨黑龙江索道项目施工现场，中方索道塔架主体已完成。

曾经，中俄口岸通关问题是制约两国合作的症结之一。为解决这一问题，黑龙江省积极解决口岸建设难点堵点问题，提升口岸通关效

一列中欧班列驶出同江北站。图：新华社/吴雨南

能。特别是谋划推进新建口岸建设，推进黑河水运口岸迁建和跨江索道建设等。

互利共享新平台

百年前，哈尔滨因铁路而建，与世界相通，成为远东经济和文化中心之一；现如今，这里因中俄博览会等高水平对外开放平台而备受瞩目。

历经十年积淀，第八届中国-俄罗斯博览会2024年5月在哈尔滨举办。作为中俄两国间层次最高、规模最大的综合性展会，中俄博览会自2014年首次举办以来，共计有7200余家中俄企业、超过105万名客商参加，累计签约4468亿元人民币，折射出中国向北开放宏大新图景。

努力开放的黑龙江，不止于中俄博览会。世界5G大会、中国国际新材料产业博览会……黑龙江省通过举办一系列国际盛会，深化与共建“一带一路”国家交流，在巩固东北亚地区市场基础上，辐射范围向欧洲等地区延伸。

搭建成果展示平台，构筑促进内外双循环交流平台。黑龙江依托8个国家级外贸转型升级基地、4个省级外贸转型升级基地、7个高水平出口消费品加工区等基地或平台，促进与沿海地区合作，引导加工贸易企业向黑龙江省转移，打造承接产业转移示范园区。

“深哈合作——新时代的伟大握手”。在位于哈尔滨新区的深哈产业园综合展览中心创意文化墙上，几个大字格外醒目。

深圳，是改革开放特区，打开了中国与世界交流的大门。以深哈产业园为依托，深圳、哈尔滨联袂唱响经济腾飞“双城记”。在中国（黑龙江）自由贸易试验区哈尔滨片区的快件跨境电商海关监管中心，海关工作人员紧盯屏幕，仔细查验每一个货物。这一中心自去年启用以来，

人们在第八届中俄博览会哈尔滨市展区内观展。图：新华社/张涛

这是中国（黑龙江）自由贸易试验区哈尔滨片区。图：新华社/张涛

为跨境电商提供了从申报到退税、金融、清关等一站式服务，打造了一条高效的跨境电商通道。这是中国（黑龙江）自由贸易试验区五年创新发展的缩影。

努力将“试验田”种成“高产田”。这个中国最北自贸试验区自2019年8月挂牌以来，以全省万分之三的面积，贡献了全省约五分之一的实际使用外资和七分之一的外贸进出口，在对俄合作、降低物流成本、培育特色产业和新业态新模式等方面进行了深入探索。

2024年6月，《中国（黑龙江）自由贸易试验区条例》正式施行。黑龙江省正不断深化对外经贸领域务实合作，积极拓展多元化国际市场，加强开放通道建设，持续提升口岸效能，支持人文交流和民间对外交往，持续优化营商环境，加快构筑我国向北开放新高地，形成全方位对外开放新格局。

（顾钱江、李建平）

“新质生产力”，从这里传遍全国

高铁疾驰，深秋的黑龙江，莽莽林海色彩绚烂，一路五花山色。

2023年9月，习近平总书记在黑龙江考察调研期间要求加快发展“新质生产力”，由此，这一重大理念传遍全国，引起世界关注。黑龙江得风气之先，科技优势加快“兑现”，大国重器持续“压舱”，大国粮仓更加“智慧”，老工业基地加快打造发展新质生产力的实践地，黑土地上的“新”画卷徐徐铺展、场景生动……

无畏向上 无限可能

探索浩瀚宇宙的“小巨人”

2024年初，商业航天首次写入政府工作报告，处于风口的卫星产业迎来更激烈角逐。

在哈尔滨工大卫星技术有限公司，员工埋头在设备和仪器之间，心无旁骛。公司处于满负荷生产状态，订单早早排到了年底。

这家以哈尔滨工业大学卫星技术研究所团队为核心的公司，今年还入选全国第六批专精特新“小巨人”企业。

东北科研资源丰富，随着创新驱动发展战略深入实施，旨在激发科研人员创业创新活力的举措加快落地，释放出产学研用深度融合的历史机遇。

2024年9月25日7时33分，力箭一号遥四商业运载火箭在我国酒泉卫星发射中心发射升空，将搭载的工大卫星研制的首个型号SAR卫星——中科卫星01星、02星等5颗卫星顺利送入预定轨道，飞行试验任务获得圆满成功。图：新华社/汪江波哈工大秉承“科技成果只有转化才能实现创新价值、不转化是最大损失”的理念，着力发挥科技成果富集优势，向“可落地”转化。

2024年9月24日，山东海阳东方航天港，工大卫星研制的全球首颗医学遥感科学实验卫星珞珈四号01星成功发射。

9月25日，酒泉卫星发射中心，工大卫星研制的首个型号SAR卫星——中科卫星01星、02星成功发射。

……

一颗颗卫星被送上太空，工大卫星不断“打开”新的宇宙空间。

企业发展要学会借势，这个势，就是国家大力发展新质生产力的东风，工大卫星努力与国家发展同频共振——

瞄准“人无我有、人有我优”，在太空新基建领域，打造拥有更高门槛、高附加值的核心产品。

截至目前，工大卫星已承担10余个型号、100余颗商业卫星批量生产任务。这个后起之秀，正在开启加速模式。

仰望星空，更要脚踏实地。

当一些风口到来，有的领域相对容易在短期内挣到“快钱”“热钱”，面对这些诱惑，能够不为所动、仍然埋头坚持做自己认定的事情，这样的初创企业尤为宝贵。

作为初创企业的工大卫星，也曾面临一些多元化发展和快速扩张的机会，但最终守住了初心。

“追求卓越、造好卫星”，这是工大卫星的企业文化。工大卫星的优势就是制造卫星，坚持长期主义，才更可能跨越周期。

把“小”做到极致，也是一种做“大”。正是这份咬定青山不放松的专注和定力，让工大卫星不断巩固竞争优势、获得行业认可。

企业发展是漫漫长路，也会在这个过程中遇到很多岔路，如何抉择取舍皆为考验。

始终坚持市场驱动、保持专注、苦练内功、追求极致……这些都是专精特新中小企业的普遍品质，也为推动经济高质量发展探索了更多路径。

耐心做好一个品牌、进而打造“金字招牌”；努力在从业领域做到极致；瞄准“百年企业”筑基……这是工大卫星的奋斗目标，也是中国更多企业的成长愿景。

“大国重器”展现“新智慧”

颇具年代感的高大红砖厂房，火红滚烫的铁水奔流、钢花飞溅，大型装备隆隆作响；自动化生产车间里，灵巧的机械手臂“上下翻飞”，AGV搬运机器人匀速穿行，现代化生产气息扑面而来。

在哈电集团哈尔滨汽轮机厂有限责任公司叶片加工智能化车间，工作人员在观察智能机械臂运行情况。图：新华社/王建威

新老交织、动能焕新。在老工业基地一路走来，一批关乎产业安全和国计民生的装备制造业领军企业围绕产业提档升级、激发科技创新原动力，不断强化产业链供应链韧性，为完善现代化产业体系夯实基础。

在一重集团（黑龙江）重工有限公司轧电数字化车间，依托5G专网和工业互联网平台，30多台数控机床实现了机床联网、数据采集、能耗监测和车间透明化管理，在严控产品质量同时，还能对故障预警。

新质生产力和传统产业升级之间相辅相成、相互促进，“数智化”成为推动传统制造业转型升级的关键驱动力，传统制造业也为战略性新兴产业提供了基础和支撑。

像中国一重一样，老工业基地的一批装备制造业领军企业，在政策支持下，迎着“数智化”大潮积极拥抱新技术、激发新活力，引领带动了本地上下游企业转型升级。

对东北老工业基地而言，“老”并非落后的标签，而是支撑高质量发展的基本盘。

科技创新是发展新质生产力的核心要素。在黑龙江，“大国重器”企业依托几十年持续的科技创新积累、核心技术攻关，为发展新质生产力注入“源头活水”。

2023年底，华能石岛湾高温气冷堆核电站正式投入商业运行，这是我国具有完全自主知识产权的国家重大科技专项，标志我国在第四代核电技术领域达到世界领先水平。

其中，被视为“核电之肺”的高温气冷堆蒸汽发生器，是哈电集团携手高校、研发机构十年磨一剑，按照2400多张设计图纸铸造成的“国之重器”。

作为我国发电设备制造业的“摇篮”，哈电集团以科技创新为核心驱动力加快打造新质生产力，旗下哈尔滨电机厂等3家单位，入选国务院国资委2023年公布的“创建世界一流专精特新示范企业”名单。

一项项“卡脖子”技术被攻克，增强了产业链供应链韧性。东北具备

这是哈电集团通过验收的球床模块式高温气冷堆蒸汽发生器。图：新华社/杨世尧

发展新质生产力的底蕴和优势，东北装备制造业领军企业总体上具有较高的技术水平，完成过国家多项重点工程和任务，聚焦新质生产力正为做强做优做大这些企业带来更多机遇。

黑土地用上“数字魔法”

在北大荒集团克山农场有限公司第五管理区的农田里，一盏立在地头的灯发出紫光，在黑夜里分外显眼。不时有昆虫在周围飞舞，飞着飞着便被诱捕进灯的“肚子”里。

这并非普通的捕虫灯，而是一盏为作物“把脉看病”的虫情测报灯。

这是北大荒集团黑龙江八五六农场有限公司第十二管理区稻田画。图：黄永兴

左：农用飞机在北大荒集团赵光农场有限公司玉米地块进行航化作业。图：新华社/钱泊羽

右：一台智能无人机按照规定时间、规定路线在北大荒集团赵光农场有限公司农业科技园区进行自动巡田作业。图：新华社/钱泊羽

这盏灯内部配备了先进的自动识别系统，不仅可以自动识别害虫，还可以把害虫的种类和数量等信息通过网络传输到农场的智慧服务系统后台，系统后台会自动判定虫情，预防虫害。

这和传统监测手段相比，既方便，又精准。传统方式监测虫情要耗费大量时间和人力，精准性和及时性也落后很多，虫情测报灯可以24小时连续工作，并在第一时间发现虫害苗头，将其扼杀在萌芽阶段。

在我国最大垦区北大荒集团，越来越多的智慧农业“黑科技”被应用到生产中，助推农业升级，保障粮食安全。

走进北大荒集团赵光农场有限公司，一架搭载了光谱成像设备的无人机在农田上空往复飞行的同时，工作人员郝思文在大屏幕前就可以查看田间实况影像。只见他轻点鼠标，田里的作物长势、病虫害等信息便全部生成在一张图上。

在地图上打几个点，无人机就能按照规定时间自动起飞。无人机在飞行过程中会自动采集田间光谱数据，回传后台后，再结合大数据模型就可以实现对土地旱涝、作物长势等情况的推演。

不用直接接触作物，就能掌握作物状况，实现对农情的精准“诊断”。这套智慧农业系统还能根据这些数据自动生成植保“处方”，降低不确定风险，助力丰产丰收。

在黑龙江垦区，智慧农业技术被应用到了方方面面。在位于三江平原上的北大荒农业股份有限公司七星分公司，水田地块里，一台叶龄智能诊断仪被安装在田埂上，一根伸长的金属臂将摄像头伸入田间。

不用下地，通过手机App就能掌握水稻叶龄情况。叶龄智能诊断仪通过摄像头视频监测和数字计算，能智能化识别水稻叶龄，从而更精准掌握水稻的各类生长指标。图像数据和各项参数通过网络实时传输到种植户手机上，不仅识别精准，查看也更方便。

“新”，是高质量发展的方式，更是破茧成蝶的方向。向“新”而行，从“新”出发，老工业基地正奔向全面振兴全方位振兴。

（强勇、管建涛、杨思琪、张玥、黄腾、朱悦、王鹤）

“阅见”《额尔古纳河右岸》

作家迟子建的长篇小说《额尔古纳河右岸》，以鄂温克族最后一位女酋长的自述口吻，让额尔古纳河、大兴安岭、鄂温克族走入人们的视野，让人们对那片神奇而遥远，陌生又神奇的土地充满了想象。

神秘鄂温克

“三百多年前，俄军侵入了我们祖先生活的领地……宁静的山林就此变得乌烟瘴气，猎物连年减少，祖先们被迫从雅库特州的勒拿河迁徙而来，渡过额尔古纳河，在右岸的森林中开始了新生活。”

——《额尔古纳河右岸》上部 清晨

鄂温克，意为“住在山林里的人们”。

鄂温克族是我国人口较少民族之一，不足4万，主要分布在内蒙古、黑龙江、新疆等地。新中国成立前，深林中的鄂温克族使鹿部落以游猎为生，住着用木杆和桦树皮搭建的“撮罗子”，吃兽肉穿兽皮。

黑龙江省鄂温克族研究会会长涂亚君介绍，历史上的每个朝代都以“鄂温克”人分布地域和生活特点给予其不同的命名，直到新中国成立时，还把“鄂温克”分为“索伦”“通古斯”“雅库特”三个分支。

鄂温克族是一个不断迁徙的民族。根据历史学家的研究，历代鄂温克人进行了七次迁徙。有的支系学会了放牧和农耕，有的则保持着驯鹿文化

大兴安岭根河鄂温克人的驯鹿群在山林深处觅食。图：新华社/彭源

传统。如今，由于自然条件不同，各地区鄂温克族的生产生活方式存在着很大差异。

“聚居在内蒙古鄂温克族自治旗等地的鄂温克族主要从事畜牧业，而黑龙江省讷河市的鄂温克族主要从事农业。”涂亚君说。

在中俄边界的额尔古纳河右岸，居住着一支数百年前自贝加尔湖畔迁徙而至，与驯鹿相依为命的鄂温克人，这也是中国唯一的鄂温克使鹿部落——“雅库特”使鹿鄂温克——正是《额尔古纳河右岸》中讲述的鄂温克部落。

这是在大兴安岭根河鄂温克人驯鹿放养点内拍摄的驯鹿。图：新华社/王雪冰

鄂温克族信奉萨满，逐驯鹿喜食的苔藓而搬迁、游猎。

鄂温克族老人玛妮说，鄂温克族迁徙前，男人到达新驻点先把居所"撮罗子"的架子搭好。其他的人将驯鹿集中在一起，并将部分能够乘骑和驮物的驯鹿系上笼头，性情温顺的驯鹿用来驮人，烈性的驯鹿用来驮物。

"撮罗子"，是鄂温克人的林中居所。鄂温克人会用二三十根3米多高的落叶松树干，将削尖的一头朝上，汇聚在一起，戳在地面的一头均匀散布开来，围成一个伞形窝棚。夏天以桦树皮做盖，冬天则用兽皮围苫。内外各设一个火塘，用来做饭和取暖。

每年6月18日是鄂温克族的"春节"——瑟宾节。"瑟宾"一词是鄂温克语"欢乐、祥和"的意思。作为国家级非物质文化遗产，瑟宾节是鄂温克族每年一度的重要节庆日，被称为鄂温克族人文历史和社会生活的百科全书，也是鄂温克族标志性的文化符号。

“林海之舟”

“驯鹿一定是神赐予我们的，没有它们，就没有我们。虽然它曾经带走了我的亲人，但我还是那么爱它。看不到它们的眼睛，就像白天看不到太阳，夜晚看不到星星一样，会让人在心底发出叹息的。”

——《额尔古纳河右岸》上部 清晨

小说《额尔古纳河右岸》的主人公原型，中国唯一饲养驯鹿的森林部落民族鄂温克族的传奇老人玛力亚·索，2022年8月20日，在她钟爱的驯鹿身边逝世，享年101岁，鄂温克族也结束了“最后的女酋长”的时代。

玛力亚·索90多岁的时候还在山上饲养驯鹿，一心想着传承驯鹿文化。

“婆婆一辈子生活在山林里与驯鹿为伴，带领着使鹿鄂温克族从原始社会步入今天的幸福生活。奥仁（鄂温克语，驯鹿）对于鄂温克族来说，更像是亲人。”在黑龙江省漠河市北极村驯鹿园，鄂温克族大姐瓦莲正忙着为驯鹿准备晚餐，作为玛力亚·索的儿媳，她始终记得婆婆的心愿。

驯鹿性情温顺，易驯化，细长的四肢、健硕的身形适宜在寒冷地带生活，尤其善于在深山密林、沼泽或深雪中行走。对于早期的鄂温克族人来说，在原始森林中游猎和搬迁时，驯鹿是必不可少的骑运工具，被誉为“林海之舟”。

“驯鹿群中需要一个头领，你看那头长着漂亮鹿角的驯鹿，很可能成为今年的鹿王。”顺着瓦莲手指的方向，散落在树林中的晚霞映照着驯鹿群，其中一头高大威猛的驯鹿格外显眼。

两支粗壮的鹿角如两扇屏风，生出无数分叉，其中几个分叉护住鹿头，既是权威的象征，又是战斗的“利器”。

2015年，瓦莲“大胆”地将近百头驯鹿带到了漠河北极村，让来自天南海北的游客在黑龙江的最北村落，也能感受到鄂温克族的驯鹿文化。

“鄂温克族群众的新生活，与旅游发展分不开。民族文化要走出去，才能传下去。”瓦莲说，相比过去饲养驯鹿作为生产工具，如今驯鹿更多

额尔古纳河右岸草原一景。图：新华社/勿日汗

作为传承民族文化以及助力旅游发展的重要载体存在。

“驯鹿非常乖巧，很喜欢和游客互动，它们成了我们鄂温克民族文化的‘宣传大使’。”在瓦莲看来，对民族文化的最好传承，就是让更多的人知道它，了解它，喜爱它。

童话中的北极村

“那片春天时会因解冻而变得泥泞、夏天时绿树成荫、秋天时堆积着缤纷落叶、冬天时白雪茫茫的土地，对我来说是那么的熟悉——我就是在那片土地出生和长大的。”

——《额尔古纳河右岸》跋 从山峦到海洋

1964年出生在黑龙江省漠河市北极村的迟子建，17岁之前没有走出过大山。四季更迭，她满眼看到的都是大兴安岭的风光。春天的万树新绿、夏天的莽莽林海、秋天的五花山色、冬天的林海雪原，为她日后的文学创作烙下了深刻的印记。

晚上11点，从木屋里出来，一抬头便会被漫天繁星震撼。仔细寻觅，还会发现绸带一样的银河，在夜空中绘出迷人图景。北斗七星、狮子座……习惯了城市中漆黑夜空的人们，在明亮的星空中，都兴奋地找起了自己的星座。

“快看，那是流星！”一颗明亮的星星闪着金光，快速划过夜空。大家纷纷许愿，也将闪烁的星星印在脑海中。此刻，也就更能理解书中主人公所说，“我不愿意睡在看不到星星的屋子里，我这辈子是伴着星星度过黑夜的。”

额尔古纳河风光 图：新华社/连振

在北极村，这样让人惊叹的时刻并不少。8月份却有10摄氏度左右的清凉、路边随处可见的野生树莓、雨后林中的清新舒畅……北极村仿佛从树中走出来一样，用一山一水、树木星空感动着来到这里的每个人。

清晨出门，好似误入仙境，群山之间云雾缭绕，像害羞的姑娘遮上了一层面纱。驯鹿园中，鹿群在林间漫步，并不怕人，还会亲昵地舔着主人的手。这一刻，我们走进了书中的场景，对鄂温克人与自然的联结也有了实际感受。

“因为《额尔古纳河右岸》这本书，我知道了迟子建，所以才想来北极村。第一次到北极村就爱上了这里，决定在这边工作。”广东姑娘钟惠巧现在担任黑龙江漠河文旅推荐官。“这里的人、风景、美食都很吸引我，现在我已经是北极村的一份子，希望能把这里推荐给更多人。”钟惠巧的南方口音里已经有了一点东北味。

近年来，依托“神州北极”的地理坐标，北极村的旅游业也搞得有声有色。游客们一边感受广袤林海的魅力，一边打卡“最北咖啡馆”等各种以“北”为名的店铺，乐在其中。

“黑龙江有着丰富的旅游资源。夏季非常凉爽、大小兴安岭森林犹如‘天然氧吧’，也是避暑胜地；秋季绚丽的五花山无比迷人，我在自己的作品中就曾写过秋景。黑龙江的四季，是色彩变幻的四季，仿佛上天把调色板放在了这里。”迟子建说，希望更多人能够来她的家乡看一看，感受书中辽阔壮美的北国风光和热情淳朴的民风民俗。

（张玥、戴锦镕、徐凯鑫）

喊江节，是个什么节？

春日暖阳，冰雪消融，鱼儿浮出水面，乌苏里江畔的赫哲族渔民也将迎来充满希望的季节。天气转暖，他们捕鱼晒网，庆祝着大自然的恩赐。黑龙江融冰后各色江鱼活跃，回馈着世代生活在这里的人们。

“喊醒”千年渔猎文化

黑龙江省拥有黑龙江、松花江、乌苏里江、嫩江等著名江河。“喊江节”是一种传统，人们在开江季将江水“喊醒”，祈祷百姓安康、风调雨顺。

顺治十八年（1661年）春季，诗人方拱乾的诗作中，记录了黑龙江开江“跑冰排”的景象：“冰声破屐响，又见塞河春。”每年谷雨过后，气温上升，江河冰层融化，黑龙江迎来了庄严浪漫的仪式——开江。消融的冰块在江面“奔跑”，宣告春天的到来。

开江文化可追溯到千年前，民间有用开江水净手，祈祷安康、风调雨顺的风俗。后来，这种习俗逐渐演变为在开江时将江水“喊醒”，祈福的同时也叫醒江水中的鱼儿，告诉它们春天已来。《乌苏里船歌》中的赫哲语渔歌，哼唱着对自然的敬畏与感激。

时值4月，在佳木斯市，万余名市民相聚在江边，身着萨满服饰的赫哲族人组成的祈福队伍，面朝松花江，喊出了对风调雨顺的期待和对美好生活的祝愿。

“守望”赫哲非遗传承

赫哲族，这个被称为“守望太阳的民族”，世居黑龙江、乌苏里江、松花江流域，是黑龙江渔猎文化的代表。他们逐江而居，根据自然的变化调整生产生活节奏，靠江吃江，维持生活的同时注重可持续发展。

市民在佳木斯市“喊江节”现场观看表演。图：新华社/王建威

左上：戴着鱼皮头饰的赫哲族姑娘（右）与黑龙江省饶河县文旅推荐官许婧文在哈尔滨中央大街上推介家乡特产鱼品。图：新华社/王建威

右上：赫哲族群众在抚远市东湖进行冬捕。图：新华社/王建威

下：赫哲族群众在抚远市东湖进行冬捕。图：新华社/王建威

民族学家、人类学家凌纯声的经典之作《松花江下游的赫哲族》，对赫哲族的生活和文化等有详细描述。这个主要居住在黑龙江省三江平原和完达山一带的少数民族，是中国北方过去唯一以捕鱼为主要生产方式和使用狗拉雪撬的民族。曾因穿鱼皮和使犬，该民族被称为“鱼皮部”和“使犬部”。

在赫哲族的文化中，鱼不仅是食物的来源，更是文化的象征。鱼的形象出现在他们的服饰、器皿、艺术作品中，成为了赫哲族文化的重要组成部分。鱼的丰盈与否，直接关系到赫哲族人的生活和未来。

赫哲族人会根据二十四节气来预测鱼类的状态行为，春季是捕鱼的黄金季节，坚冰融化之后，各种鱼跃出水面。赫哲人抓住这一阶段撒网捕鱼，以供族人全年的吃、穿所需。夏季休渔期，渔民利用这段时间修渔船、补渔网，或是提前放置大网以备冬捕。秋季鱼汛期，主要捕捞大马哈鱼、鲟鱼、鳇鱼和鲤鱼。冬至前后，江面进入冰封期，赫哲族迎来最有特色的冬捕期。

20世纪80年代，国家向赫哲人发放新型柴油机，安装在渔船上，极大提高了劳动效率。现代的捕鱼技术，网络的销售渠道，都在为赫哲族的渔业带来新的发展机遇。从70多年前仅存300余人到如今有5000多人，赫哲族这个“守望太阳的民族”，在中国的东北角繁衍兴旺起来。

“唱响”新乌苏里船歌

近年来，赫哲族充分发挥丰富渔业资源和鱼文化的独特优势，打造“冷水鱼都”。位于黑龙江和乌苏里江两大水系交汇处的抚远市，拥有宜渔水域40多万亩，绿色无污染的水域环境为冷水鱼类的生存和繁衍提供了得天独厚的自然条件。

在抚远“东极鱼市”，各色江鱼就地铺开，叫卖声此起彼伏。“东极鱼市”是中国淡水鱼品种最多的鱼品交易市场。下一步，抚远市将充分利用在鱼类种源上的优势，建设鲟鳇鱼现代产业园区，发展和做强“种业”，带动全域冷水鱼产业的发展。努力打造“东极抚远，江鲜活鱼”招牌，让抚远的冷水鱼“游”向全国。

依伴着世代流淌的江水和取之于江的鱼，赫哲族因江而兴，因江而富，因江闻名，也不断回馈着滋养了祖辈的江水。“守望太阳的民族”唱响了兴边富民的新船歌，成为东北千年渔猎文化的时代回响。

（张玥、戴锦镕）

夏日凌晨3时许，太阳从黑瞎子岛上升起，一艘渔船在晨光中捕鱼。
图：新华社/王建威

中俄边境“双子城”

在中俄边境，有一座充满魅力的城市——黑河。它与对岸的“布市”——俄罗斯阿穆尔州首府布拉戈维申斯克市隔江相望，最近处不足千米，是一对“双子城”，共同演绎着独特的边城风情。

当“烟火气”遇上“国际范儿”

黑河历史上与俄罗斯就有边贸活动。17世纪60年代末，中国内地商人、边境居民在尼布楚等地与俄开展民间贸易活动，多以牛羊等牲畜和土特产品换回皮革、呢绒和金属器皿等。19世纪，中俄贸易中心移至黑河与俄布拉戈维申斯克等地。20世纪80年代，随着世界形势变化和中苏关系缓和，特别是我国改革开放方针的确定，两岸之间的边境贸易“解禁”升温，大批外来人口涌入黑河，卖起了服装、鞋袜等俄罗斯紧缺的日用轻工品，用赚来的卢布换回化肥、钢材等，黑河市俄罗斯商品街就是当时边境贸易繁荣的缩影。

当夏夜降临，黑河的夜市便如同一幅绚丽多彩的画卷缓缓展开。灯火通明，人流涌动，路两边中俄双语的小吃招牌格外醒目。摊主们热情地吆喝着，美食与调料混合的香味弥漫在空中。

在这里，食客们可以听到不同的语言交织在一起，摊主与顾客热烈地交谈着，仿佛一场热闹的国际盛会。俄罗斯游客奥列格说：“我来这

这是黑河夜市。图：黑河日报社供

里买水果，这里的水果又便宜又好吃。我不会汉语，但是这里的摊主基本都会俄语，所以我们沟通毫无障碍。”还有一对来自布拉戈维申斯克的情侣娜斯佳和马克，他们常来黑河吃饭，吃完坐船就可以回国，十分方便。

相较于新近“出圈”的夜市，黑河的“国际化大早市”早已成名。2023年黑河市恢复中俄互免签证团体旅游业务后，越来越多的俄罗斯游客前来休闲度假、观光旅游。他们和当地人一起逛早市、吃早点，购买新鲜的瓜果蔬菜和特色小商品。对于很多来自布拉戈维申斯克市的游客来说，逛黑河早市成了日常生活的一部分。

一个来自俄罗斯拉伊奇欣斯克市的家庭，丈夫带着妻子和孩子正在逛市场，手里拎着多种小吃。“我是第一次来，我的妻子来过很多次了。”丈夫的话语中充满了对这里的好奇与喜爱。早市上的俄罗斯游客，也成为了很多自媒体的关注焦点。网络主播用简单的俄语与他们交流，分享着他们逛早市的感受。

跨国“串门”成新风尚

在黑河，不仅在早夜市，在公园、街道……“洋面孔”随处可见。17 岁的俄罗斯女孩伊拉与自己的母亲、外婆在大黑河岛生态植物园游玩。“我从布拉戈维申斯克与家人来黑河游玩，两个城市距离很近，来回特别方便，我很喜欢黑河的景色。”她说。

轮船的汽笛声飘荡在江风中，俄罗斯客轮载着旅客离开布拉戈维申斯克市口岸，仅10分钟左右就到达黑河水运旅检口岸入境码头。在工作人员的引导下，旅客有序进入口岸联检大厅办理通关手续。自 2023年9月中俄互免团体旅游业务全面恢复以来，黑河跨境旅游持续升温。

跨境医疗也在这片土地上广受欢迎。如果在俄罗斯社交媒体网站VK上搜“黑河”，会发现这是一个热门搜索词，主页上推送了许多关于黑河牙科医院和诊所的注册账号和俄罗斯人去就诊的视频分享。黑河市第一人民医院门诊部负责人曹胜全介绍，不少俄罗斯人到医院做洗牙、牙齿美白等项目。除了牙科，来看眼科的俄罗斯人也不少。在医院里，一个俄罗斯孩子正在医护人员的指导下，使用视力测试表测试视力。“这里的医疗条件更好，设备更先进，我们此行是来复查视力的。”孩子母亲的话语中充满了对黑河医疗的信任。

随着中医逐渐走向世界，很多俄罗斯人跨境来看中医。黑河市中医医院针灸推拿科主任桂冶讲述了一个故事：“半个月前，一个叫安德烈的俄罗斯患者来到我们医院问诊。他是坐着轮椅进来的，经过一周的针灸治疗，不用坐轮椅了，几乎像正常人一样回到俄罗斯，离开时连连称赞中医的神奇。”

近年来，黑河市中医医院不断提升中医特色技术诊疗水平、改善就医环境。为方便俄罗斯患者前来就医，该医院新成立了国际医疗部。为解决语言问题，医院设置了中俄双语标识，聘请了熟练掌握俄语的工作人员，确保俄罗斯患者能够无障碍地接受治疗。中医已逐渐形成“口碑效应”，不少俄罗斯人接受中医理疗后向亲友推荐，“回头客”越来越多。

俄罗斯旅客乘坐气垫船抵达黑河水运口岸入境。图：刘松

游客在中国黑河国际商贸中心的一家超市选购俄罗斯巧克力。图：新华社/谢剑飞

中国对外开放“样板”

在五大连池风景区，火山全磁环境、天然冷矿泉，造就了举世闻名的康养资源优势。大街小巷不时可见俄罗斯游客，他们在这里观火山、品矿泉、晒日光浴，享受悠闲度假时光，为这里增添了浓郁的异国情调。

跨境旅游的持续升温，也让黑河的俄式风情街热闹非凡，街道两侧排列着很多俄罗斯百货商店、珠宝商店。8月中下旬，当中国多地处于“高温模式”时，黑河市却是凉爽宜人，来自全国各地的游客选择来黑河休闲避暑、购买俄货。走进“俄品多”超市，货架上摆满了琳琅满目的俄罗斯商品，巧克力、蜂蜜、红酒……国内游客们正在挑选。

在黑河旅检口岸，一个个旅游团有序排队。导游于淑杰带领着旅行团来到旅检口岸，她介绍，跨国“串门”的旅客非常多。中国人出境游大多数是两天行程，普遍对俄罗斯的奶粉、蜂蜜等食品和紫金、宝石等首饰感兴趣。在位于黑河的列娜餐厅，老板娘张微介绍，近期明显感觉俄罗斯游客增多，俄罗斯人非常喜爱锅包肉、地三鲜、饺子等中餐。

在黑河市的大黑河岛房车露营基地内，停满了来自全国各地的房车。陕西游客罗先生说，今年签证政策更好了，出国更方便，所以准备到对岸俄罗斯去感受下异域风情。

推动“中俄双子城”跨境游是中俄地方合作的重要举措，不仅促进两个城市的经济发展，更有利于深化中俄两国人文交流，精彩故事还在继续书写，期待着你来亲身体验……

（管建涛、朱悦、刘奕彤）

相关链接

瑷珲历史陈列馆

陈列馆坐落于中国东北边陲黑龙江中游右岸、全国重点文物保护单位——清代瑷珲新城遗址内，是全国唯一一处将全面反映中俄东部领土演变历史做为基本陈列内容的专题性遗址博物馆。基本陈列全面展示了黑龙江由中国内河成为中俄两国界河、瑷珲城由盛至衰的历史过程。无论是边陲儿女抗击外敌、保家卫国的英雄史诗，还是边疆各族备受欺凌、遭受屠戮的屈辱篇章，都是中华民族爱国主义教育的重要内容。

“规格严格，功夫到家”哈工大

俄罗斯总统普京访华，为何专程造访“哈工大”？这座“国防七子”中的百年名校有何特别之处？

2024年5月17日，普京在哈尔滨工业大学现场发表演讲，与师生交流互动。“俄中两国高等院校间的合作，为两国青年提供了优质的学习机

这是哈尔滨工业大学校园正门。图：哈尔滨工业大学供

会，也加深了两国人民对彼此的了解。”普京说。

“哈工大”前身是始建于1920年的“哈尔滨中俄工业学校”。百余载风雨兼程，如今以理工科见长，有着“中国航天第一校”的美誉。

每天，都有来自各地的游客，在学校门口“打卡”，一睹她的真容。上个冰雪季，“尔滨热”火爆出圈，“哈工大”迎来一批特殊游客——来自广西的11名“小砂糖橘”和学校师生一同观摩了模型火箭发射。哈工大星、校训石、航天馆等入列社交媒体平台上的“种草清单”，坐落于百年老街中央大街的“哈工大中心”，同样人气爆棚。

这座名校的星光闪耀究竟有何密钥？传承红色信仰，勇担国之大者，打造“国之重器”，浸润科学精神……近年来，“哈工大”更是坚持立破并举，在中国式现代化的新征程上肩负起科学报国使命，形成名副其实的“哈工大现象”。

“八百壮士”

上世纪50年代，国家各项建设刚起步，800多名朝气蓬勃的青年，满怀着建设新中国的热忱，从各地奔赴远在东北的“哈工大”。他们扎根边疆，不畏艰难，平均年龄只有27.5岁，历史为他们留下了一个响亮的名字——哈工大“八百壮士”。

中国工程院院士、91岁高龄的沈世钊出生于浙江嘉兴。1953年，年仅20岁的他从上海同济大学毕业，远离家乡亲人，来到“哈工大”成为一名师资研究生。三年后，他留校任教，从事木结构研究与教学。

“我们是从旧社会走过来的，经历过那些真真切切的苦难。新中国成立，年轻人干劲十足，一心想为建设新中国贡献力量。”沈世钊说，当年的东北缺油少肉，校舍简陋，大家都不以为意。在他们心中，振兴国家就是最重要的抱负。

20世纪50年代，新调入哈工大物理教研室的25名青年教师。图：哈尔滨工业大学供

短短十余年时间里，他们创办了24个新专业，为“哈工大”乃至全国高等教育界创设了一批新兴学科，一个基本适应当时国民经济建设需要，以机电、电气、土木、工程经济等为主的专业教学体系基本建成，为国家工业化建设解决了“燃眉之急”。

从我国第一台智能下棋计算机诞生，到第一台点焊弧焊机器人亮相；从首颗由高校牵头自主研制的小卫星一飞冲天，到多项技术助力“神舟”飞天、“嫦娥”揽月、“天问”探火、“问天”升空……“哈工大”瞄准国家“卡脖子”难题集智攻关，取得了一大批原创性成果，持续助力航天强国、制造强国、网络强国、海洋强国等国家战略。

2020年6月7日，习近平总书记致信祝贺哈尔滨工业大学建校100周年，指出：“新中国成立以来，在党的领导下，学校扎根东北、爱国奉献、艰苦创业，打造了一大批国之重器，培养了一大批杰出人才，为党和人民作出了重要贡献。”

超前引领

2024年3月20日，在位于海南省的中国文昌航天发射场，火箭拔地而起，直冲云霄，轰鸣声、欢呼声、鼓掌声交织，“天都一号”“天都二号”卫星成功发射。由思政教师、专业教师、辅导员、学生党员、本硕博

哈尔滨工业大学组织思政实践团到海南文昌观摩卫星发射。图：哈尔滨工业大学供

学生组成的“哈工大”思政实践团见证了这一历史时刻。

近年来，学校注重将思政“小课堂”与社会“大课堂”有机融合、互联互促，构建全员全过程全方位育人体系，服务国家需求和发掘自身潜能并举的人才培养生态日臻完善。

在这里，很多同学感慨入学后的体验“远超预期”“只有想不到，没有做不到”。以“院士班”“战略班”“总师班”“尖班”为代表的品牌工程，以学术大师、工程巨匠、业界领袖和治国栋梁四类杰出人才为目标的培养体系，正在帮助越来越多青年学生在“强国有我”的跑道上加速奔跑。

“只有超常规，才能破陈规；不是停则退，而是慢则退。”中国科学院院士、哈尔滨工业大学校长韩杰才说。这种培养创新人才的紧迫感，来自全球科技迅猛发展的客观事实，来自国家急需行业和产业发展的实际需求，更来自不少家长和学生的深切期望。

冬雪飘过，“哈工大”的暖廊成为一景。室外冰天雪地，暖廊温暖如春，学校规划建设的前四期校园暖廊已全部投入使用，形成室内暖廊通道4.19千米。同学们穿着单衣从容地在暖廊间穿行，5分钟内可直达教室、图书馆、食堂、公寓、体育馆等。

这是“以师生为中心”理念的缩影。聚焦师生急难愁盼，学校加强调查研究，打造更加温暖、便捷的学习生活环境。

近年，“哈工大”一系列改革引人注目：全面推进核岗定编，以科学精准的干部考核评价机制，推动干部“能上能下”；以关键业绩贡献度为准绳，优化科研人员薪酬体系；“多劳多得、优劳优酬、不劳不得”鲜明导向持续落地……

“哈工大”正以更有活力、更具动力的风貌，构筑起中国人才与科创高地。

逐梦深空

2024年5月28日，在空间站机械臂和地面科研人员的配合支持下，神舟十八号乘组圆满完成第一次出舱活动。由中国工程院院士、哈尔滨工业大学副校长刘宏团队领衔的问天舱机械臂团队，已多次支持航天员成功完成出舱活动。

多年来，“哈工大”始终面向国家重大战略需求开展集智攻关，从国家重大工程项目中凝练重大科学问题，聚焦关键科学问题和国际前沿探索，成为重大工程项目与前沿基础研究有机结合的典范。

这是“空间环境地面模拟装置”国家重大科技基础设施–空间等离子体环境模拟研究系统。图：哈尔滨工业大学供

“过去我们仰望太空，总觉得遥不可及；如今，许多需要抵达太空才能进行的实验，在地面上就能完成。”在有着“地面空间站”之称的空间环境地面模拟装置现场，哈尔滨工业大学空间环境与物质科学研究院院长李立毅介绍，这是我国航天领域首个国家重大科技基础设施项目，由“哈工大”联合中国航天科技集团联合建设。

李立毅回忆说，装置建设过程中，团队发挥“靠天、靠地、更要靠自己”的硬核作风，秉持“越是打压制裁，越要自立自强”的斗争意志，战胜了诸多困难和挑战，最终实现重大突破。

站在开启第二个百年征程的新起点，“规格严格，功夫到家”八字校训已经融入“哈工大”人的血液，成为一种独特的气质和品格。“规格”代表着格局，决定了一个人能走多远，“功夫”意味着梦想和目标不是轻轻松松就能实现的，必须下一番苦功夫、实功夫、硬功夫。

“领略中国航天事业发展的辉煌历程，感悟航天报国的精神内涵，我们心中的呐喊更加清晰可见，脚下的步伐更加坚定。”首届小卫星班学生勾敬文说，“未来，相信我们每个人都可以成为太空中闪亮的星。”

（杨思琪）

“大工至善，大学至真”哈工程

我国古建筑的屋脊，通常排布着脊兽。在哈尔滨工程大学（简称“哈工程”），教学楼是仿古建筑，屋脊上站立的却是解放军战士的骑马塑像，后边跟着军舰、战机、坦克等武器装备，十足的国防元素。有网友感叹：“这满满的安全感，又是羡慕别人家学校的一天！”

哈工程，这座源于“哈军工”的“国防七子”之一，究竟有何神秘之处？春去秋来，人们在校园里赏杏花、观红枫，在一座座韵味悠长的建筑

这是哈尔滨工程大学校园内的陈赓大将雕像。图：哈尔滨工程大学/王一勇

中流连忘返，这和平宁静的幸福画面背后，是那远去的鼓角争鸣、枪炮硝烟，也是“中国军工院校摇篮”的70余载传奇。

哈尔滨工程大学源自1953年创办的中国人民解放军军事工程学院（哈军工），陈赓大将是首任院长，毛泽东主席为学院颁发《训词》。1959年被中央确定为全国重点大学。1960年、1970年，学院分别进行了分建和改建。

2023年9月7日，习近平总书记在哈尔滨工程大学建校70周年之际来校视察，嘱托学校发扬“哈军工”优良传统，紧贴强国强军需要，抓好教育、科技、人才工作，为建设教育强国、科技强国、人才强国再立新功。

当年军工圣殿，今日精英摇篮。这所红色学府牢记为党育人、为国育才初心使命，紧紧围绕立德树人根本任务，扎根东北，谋海济国。

急国所需

“要从‘我会干什么就干什么’，向‘国家需要什么，我就干什么’转变”“国家需要什么，我就研究什么，把自己的前途和国家的需要、人类的命运紧密地结合在一起”……入职10余年，“哈工程”教授、38岁的年轻博导倪宝玉这样分享自己的心路历程。

“极地是我国‘战略新疆域’之一，极地船舶支撑国家重大战略需求。”着眼极地船舶核心技术，倪宝玉和团队开展一系列科研攻关，不少成果已成功应用于我国雪龙2号极地科考船、极地甲板运输船等极地装备，为“冰上丝绸之路”建设和区域经济发展保驾护航。

“没有扎实的基础研究，就没有核心竞争力。”在学校大力支持下，他赴海外进行为期两年的博士后研究。回国后，为获得更加可靠的实验数据，冒着冬季零下30摄氏度的低温，在封冻的松花江面上连续试验，这对他来说是常事。

学校团队自主研制的非能动安全壳热量导出系统助力“华龙一号”达到国际最高安全标准，全球首套数值水池虚拟试验系统实现我国船舶CFD软件自主可控，深海亚米级水声综合定位系统保障“深海勇士号”“奋斗者号”精准定位……短短几年间，“哈工程”高层次人才不断取得新突破，一批核心关键技术取得突破，不断亮出服务国家重大战略的特色名片。

坚持“三海一核”（船舶工业、海军装备、海洋开发、核能应用）办学方略，“哈工程”为我国船舶工业、核工业、国防现代化和经济社会发展作出了重要贡献。

丹心铸剑

每年冬天大雪过后，“哈工程”的军工操场上，数百名师生喊着口号，挥舞铁锹，在厚达10厘米的积雪上，建造完成“雪地航队”。将“雪舰”开进校园，不仅火爆全网，还成为学校“大思政课”的保留项目。

这是“哈工程”始终践行强国强军初心的一个缩影。瞄准世界科技前沿和国家重大战略需求，学校强化使命担当，推进科研创新，不仅推出国内第一套条带测深仪等数十项填补国内空白的重大科研成果，还以双工型潜器、气垫船、梯度声速仪等成果摘取了“世界第一”的桂冠。

这是无人机拍摄的“海豚1”。图：哈尔滨工程大学/郭健楠

2023年6月30日，山东蓬莱。学校自主设计研发的数字孪生智能科研试验船“海豚1”成功交付并

哈尔滨工程大学师生在学校操场上建起“雪地航母”。图：哈尔滨工程大学供

首航，开展数字孪生系统测试、船舶智能设备性能验证等多项试验。这是我国首艘数字孪生智能科研试验船，在多源信息融合协同探测、船舶及海洋环境数字孪生等多方面实现突破。

学校研制的“悟空号”深潜器成功自主下潜至10896米，是目前我国自主下潜最深的无人无缆深潜器；研制的高精度超短基线定位系统，服务于以“蛟龙号”为代表的我国绝大多深潜器，获国家技术发明二等奖；助力打造我国大型邮轮、第七代超深水半潜式钻井平台等一大批国之重器……

水下机器人、高性能船舶、船舶动力、组合导航、水声定位、水下探测、核安全与仿真……这些前沿的词汇在这里变成现实，一系列自主可控的先进技术在这里诞生。

谋海济国

从敢立时代潮头、勇于突破创新的先锋教科团队，到传道授业解惑的优秀教师群体；从投身水声科教、一生为国听海的“时代楷模”杨士莪院士、深海“循声”四十年的杨德森院士，到“华龙一号”总师邢继、“奋斗者”号总师叶聪、“载人深潜英雄”唐嘉陵等杰出校友……一个个掷地有声的名字令人振奋。

建校70多年来，学校始终将绝对忠诚的红色血脉当成立校之根本、育人之方向，着力造就国际一流战略科学家、领军人才和创新团队，培养具有国际竞争力的青年人才后备军。

坚持“以祖国需要为第一需要、以国防需求为第一使命、以人民满意为第一标准”价值追求，学校毕业生中近50%进入国内及世界500强企业，涉船舶海洋、航空航天、通信电子等多个行业，凭借“可靠顶用”“拔尖创新”等特质而受到用人单位的广泛赞誉，成为全国毕业生就

哈尔滨工程大学的建筑挑檐装饰极具特色。图：王建威

业50所典型经验高校之一。

据统计，自“哈军工”以来，学校累计为国家培养近16万名各类高级专门人才，其中包括200多名共和国的将军、部长、省长、院士，近万名高等院校、科研院所、大中型企业的技术领军和高级管理人才，为国防现代化建设和国家经济社会发展贡献力量。

“大工至善，大学至真”的校训是激励一代代“哈工程”人的座右铭。

新时代新征程，哈尔滨工程大学目标远大：大力发扬“绝对忠诚、为军向战、敢为人先、严谨求实、攻坚克难、自信开放”的“哈军工”精神，深化中国特色、国防底色、工信特色、船海核特色，当好船海领域高校领头雁，奋力书写向海图强、谋海济国的新篇章。

（杨思琪）

攻略 这几本书，帮你读懂黑龙江

《黑龙江纪事》

这是学者卜键继《库页岛往事》之后，又一部关注东北区域历史、关注东北亚诸国关系史的力作，副题为“内河·界河·掐头去尾的大河”。作者放眼三千年的黑龙江流域史，重点关注300年来该流域上的重要人物与事件，着重检讨清代对黑龙江流域领土丧失的原因，有史料，有观点，有感情，是一部耐读而难得的历史非虚构作品。

《黑龙江纪事》封面图

《呼兰河传》

作家萧红最具代表性的作品，以她的童年回忆为引线，追索了20世纪20年代东北小城黑暗、落后、愚昧的社会生活，以及封建传统意识对人民的束缚和戕害。萧红是以含泪的微笑来回忆这段往事的，其中有讽刺，也有幽默，开始读时有轻松之感，然而愈读下去心头就会一点一点沉重起来。可是，仍然有美，即使这美有点病态，也能使你炫惑。

《林海雪原》

曲波的《林海雪原》是新中国成立后最早引起全国轰动的长篇小说之一，它讲述了20世纪40年代我军特战小分队在东北穿行茫茫林海、飞越皑皑雪原，剿匪战斗的故事。根据小说改编的样板戏《智取威虎山》成为一代人的红色记忆，英雄杨子荣的革命豪情至今激荡人心。《林海雪原》故事的发生地（牡丹江）、创作地（齐齐哈尔）都在黑龙江——作家曲波在两地分别战斗和工作过。

《夜幕下的哈尔滨》

1934年的哈尔滨正处在日寇与伪满的阴暗统治下，垂垂夜幕，阴霾天空……一个沧桑的民族在黑暗的沉默中觉醒、反抗！黑龙江籍作家陈屿以此为背景，创作了一部抗日战争时期在哈尔滨的我党地下工作者与日本侵略者斗智斗勇的小说。根据小说改编的同名电视剧，在1980年代轰动一时。近年，以上世纪三四十年代的哈尔滨为背景，又出现《悬崖之上》《哈尔滨一九四四》等热播影视作品，使这座城市有了“谍战之都”的名声。

《额尔古纳河右岸》

在中俄边界的额尔古纳河右岸，居住着一支数百年前自贝加尔湖畔迁徙而至，与驯鹿相依为命的鄂温克人。他们信奉萨满，逐驯鹿喜食之物而搬迁、游猎，在领受大自然恩赐的同时也备尝艰辛……黑龙江籍作家迟子建以一位年届九旬的鄂温克族最后一位酋长女人的自述口吻，讲述了一个弱小民族顽强的抗争和优美的爱情。小说荣获第七届茅盾文学奖。

《人世间》

出生于哈尔滨的作家梁晓声的长篇小说，以北方省会城市（哈尔滨）一位周姓平民子弟的生活轨迹为线索，从二十世纪七十年代写到改革开放后，多角度、多方位、多层次地描写了中国社会的巨大变迁和百姓生活的跌宕起伏，具有时代的、生活的和心灵的史诗品质，堪称一部“五十年中国百姓生活史”。这部长篇小说荣获第十届茅盾文学奖，改编的同名电视连续剧成为第31届中国电视金鹰奖最大赢家。

《大庆：为了石油的建设》

城市规划学者侯丽所著的一本城市史研究的别致之作，是关于大庆这座模范“城市”如何因石油而成为时代工业地标的故事，英文版2018年面世，张欢翻译的中文版于2024年由三联书店出版。书中采用双线叙事，一方面透过大庆城市的设计与建设，折射出新中国前三十年历史环境变化及政治路线选择；另一方面通过女规划师晓华的个人经历，讲述她在大庆的工作、生活与大历史中的个体抉择。国外关于

《大庆：为了石油的建设》封面图

城市的书籍非常多，但中国学者自己写的一座城市的前世今生，且与中国式现代化进程如此密切的著作，却不多见。

《如此容颜：梁晓声眼中的哈尔滨》

这本散文集以著名作家、老哈尔滨人梁晓声的独特视角，对“母亲城”的中央大街、太阳岛、江畔公园、萧红故居等25处景点和建筑逐一盘点。这部作品是作者对哈尔滨的全面解读，同时也是对哈尔滨城市风貌的一次独特展现。这些景点和建筑，既有历史的厚重，又有现代的气息，在作者的笔下活跃起来。“从前有风彩，现在更美好！”梁晓声对家乡哈尔滨发出这样的赞叹。

《烟火漫卷》

这是迟子建一部聚焦当下都市百姓生活的长篇小说。哈尔滨独特的城市景观与小说人物复杂隐微的命运交相辉映，柔肠百结而又气象万千。在作家从容洗练、细腻生动的笔触下，“一座自然与现代、东方与西方交融的冰雪城市，一群形形色色笃定坚实的普通都市人，于‘烟火漫卷’中焕发着勃勃生机。”

《烟火漫卷》封面图

尔滨 万种风情

“尔滨”既东北，又不太东北。无论城市的底蕴、文化、建筑，亦或是人们和生活方式，无不散发着迷人的“尔滨”风情。一定要邂逅“尔滨”的春，徜徉松江湿地，听花与城的故事娓娓道来；一定要偶遇“尔滨”的夏，在建筑中间领略欧陆风情，倾听音乐之都的美妙；一定要觅寻“尔滨”的秋，在美丽的太阳岛上，拾起醉美橙黄橘绿；一定要等场“尔滨”的雪，雪花悄然飘落间，与你许下“共白头”的约定……

这是哈尔滨城区和城市湿地风光。图：新华社/傅强

一江两岸传奇地

1946年4月28日，哈尔滨成为全国最早解放的大城市。

回望山河岁月，松花江滚滚东流，江桥述说往事浩瀚，老街上演烟火漫卷。

作为我国最北省会城市，有着百余年历史的哈尔滨演绎过荣光与辉煌，经历过彷徨与失落，不论高潮与低谷，始终澎湃着向上的力量。

从历史中走来，于多元融合中发展，在波澜壮阔中进取。东北振兴战略进入第三个十年之际，哈尔滨这座英雄的城市正描绘着高质量发展新蓝图，踔厉奋发，迈向未来。

英雄之城

哈尔滨市一曼街241号，一座象牙白色的仿古典式为主的折衷主义兼容风格建筑巍然矗立，这就是1948年辟建的东北烈士纪念馆。

馆内一楼，一套曾浸染血迹的鞋裤吸引不少参观者驻足凝神。1946年

这是东北烈士纪念馆外景。图：王建威

3月9日，东北抗联名将李兆麟正是身穿这套行装离开家门，惨遭国民党特务杀害。

“如果我的鲜血能擦亮人们的眼睛，唤起人们的觉醒，我的死也是值得的。”对于生命的价值，李兆麟早有定义。

“十四年艰苦奋斗，为了人民解放和民族独立，赵一曼、杨靖宇、赵尚志、李兆麟等一大批东北抗联将士，顽强抵抗日军铁蹄践踏，热血洒满黑土地。”东北烈士纪念馆馆长刘强敏说。

历史虽已远去，英雄却不曾离开。如今的哈尔滨，兆麟公园、一曼小学、尚志大街等以英雄命名的公园、学校和街道，成为人们缅怀英雄的去处。

黑龙江是中国共产党领导东北地区14年抗战的重要区域，革命文化、抗联精神奠定了哈尔滨的红色基调，成为激励人们前进的信仰之源。

新中国成立后，为支持国家工业化建设，哈尔滨始终挺立在前、奋斗在先，在党的领导下，迅速崛起为重要工业城市。

20世纪50年代，为培养国家急需人才，800多名青年师生响应国家号召，一路北上来到哈尔滨工业大学，建立新学科，创办新专业，被称为哈工大“八百壮士”。“振兴国家就是最重要的抱负，我们一心想的是建设新中国。”中国工程院院士、哈尔滨工业大学教授沈世钊回忆说。

“一五”计划时期，苏联援助的156个重点项目中，哈尔滨占了13项。哈尔滨电碳厂、哈尔滨电机厂、哈尔滨轴承厂等一大批企业拔地而起。到1957年“一五”计划结束，哈尔滨工业总产值位居全国大城市前列。

改革开放后，随着产业结构偏重、企业经营困难、经济增长乏力等问题浮现，哈尔滨经历转型之痛。

严峻挑战下，哈尔滨以滚石上山的闯劲、爬坡过坎的韧劲，加快推进产业转型、动能转换、增长方式转变；近年来更是主动服务和融入构建新发展格局，大力发展数字经济、生物经济、冰雪经济和创意设计等新兴产业，锻造“国之重器”，续写新时代的传奇。

哈电集团“十年磨一剑”，在2400多张设计图纸中铸造“核电之肺”高温气冷堆蒸汽发生器，达到世界领先水平；东北轻合金有限责任公司创新研制出国产大飞机机翼板材，率先打破国外封锁……

松花江气势磅礴，奔流向前。爱国与奉献早已如同江水一般，融入哈尔滨人的血脉，激荡出生生不息的城市精神。

魅力之城

哈尔滨，满语中意为“晒网场”。20世纪初，这里还只是一个默默无闻的小渔村。

1898年，中东铁路规划建设，哈尔滨被确定为其枢纽和修筑中心，曾经的小渔村逐渐崛起为国际性商埠，东西文化在这里碰撞、交融，赋予这片土地独特的魅力。

位于哈尔滨市道外区的中华巴洛克历史文化街区，游人的目光总会被临街建筑的巴洛克式装饰所吸引，仿若置身欧洲小镇。再往里走，带有门洞、天桥、天井的典型中式四合院迎面而来。

“这种前店后宅、院院勾连、四合院式的民居商市建筑，融汇东西元素，集气派、简洁、典雅于一体。”哈尔滨城史文物馆馆长杨伟东说。

哈尔滨是中国最早引入西方音乐的城市之一。1908年，这里诞生了中国第一个交响乐团——哈尔滨交响乐团。2010年，哈尔滨被联合国经济和社会事务部命名为“音乐之城”。

松花江畔，哈尔滨大剧院仿佛从湿地中破冰而出，传统与西洋、现代与古典，千姿百态的音乐与歌曲在这里轮番登场。剧院一隅的哈尔滨音乐博物馆，中西古今乐器集于一堂，词曲作者与歌者群星闪耀，述说着这座城市闻名于世的历史。建筑是凝固的音乐，哈尔滨大剧院融合人文、艺术与自然，这座大地景观已然成为城市灵魂的构件之一。

“如果让我给哈尔滨这张名片打上几个关键词的话，我会写：冰雪、教堂、步行街、啤酒、列巴红肠。”作家迟子建这样写道。在她眼中，哈尔滨自开埠以来就是一座多元、开放、包容的城市，如今在烟火漫卷中焕发着勃勃生机。

“冰城”因冰雪游火爆“出圈”了，人称“被流量唤醒的城市”。“尔滨”以市场需求为导向，更新城市治理观念，用热情与智慧感动游客、服务市民。仅龙年春节黄金周，哈尔滨就累计接待游客1009万余人次，实现旅游总收入164亿元。

朝阳映射下的哈尔滨大剧院笼罩在晨雾中。图：曲艺伟

游客在哈尔滨冰雪大世界梦幻冰雪馆内游玩。图：新华社/张涛

“一季火”如何实现“四季红”？2024年夏首次露面的哈尔滨冰雪大世界梦幻冰雪馆，被吉尼斯世界纪录认证为世界最大的室内冰雪主题乐园。这里温度保持在零下8摄氏度到零下12摄氏度，由冰雕、雪花、光影构成一个梦幻的天地，成为夏日哈尔滨的一大奇观，吸引了大批游人。

“‘反季冰雪’正成为哈尔滨的新名片。”哈尔滨市文化广电和旅游局局长王洪新说，哈尔滨正深挖地域特色，创新文旅产品，着力打造“绿水青山就是金山银山，冰天雪地也是金山银山”实践地。

开放之城

哈尔滨是中国连接亚欧的重要枢纽，向北开放的前沿之地。

从1903年建成通往繁华商埠的第一条铁轨开始，这座“火车拉来的城市”就此诞生。大豆、小麦、杂粮、畜产品等从这里远销日本及欧洲国家。

“中东铁路建设和城市建设时期，哈尔滨就是一个大市场，人员、资金、物资短时间内迅速集聚，铁路建设高潮时雇用的中国工人达到17万人。”哈尔滨市委史志研究室方志工作处处长韩士明说。

来来往往的俄商曾在哈尔滨开办秋林商会，附设灌肠作坊，成为生产欧式肉灌制品最早的加工厂。时至今日，红肠、格瓦斯仍是秋林公司的金字招牌，也是哈尔滨人餐桌上的日常美食。

创新与开放，成为融入这座城市骨髓的鲜明特质。

横跨松花江，昔日宏伟的中东铁路桥变身网红观赏点，与之平行的则是一座现代化双线电气化铁路桥。中欧班列在这里呼啸而过，把中国的优质商品运往万里之外的欧洲。

“老桥与新桥，是近代工业与现代科技的对话，是历史与未来的缩影。时过境迁，始终不变的是开放的步伐、向前的脉动。”哈尔滨市委书记于洪涛说。

中国—俄罗斯博览会、哈尔滨国际经济贸易洽谈会、世界5G大会……凭借地缘优势，背靠中国超大规模市场，哈尔滨举办一系列国际盛会。在巩固东北亚地区市场基础上，哈尔滨深化与共建“一带一路”国家交流，辐射范围向欧洲等地区延伸。

越来越多年轻人看中这座城市蕴藏的新机遇、新潜能，投身新经济、新业态，激扬青春与活力。

这是中国（黑龙江）自由贸易试验区哈尔滨片区的夜景。图：新华社/张涛

AOLUGUYA

赓续城市文脉，近年，哈尔滨完成对约600座历史文化建筑的数字化信息采集，一大批历史文化街区迎来更新改造。在中华巴洛克历史文化街区运营一家策展书店的于冰说，通过创新设计赋能老城发展，文化街区“变身”兼具文化底蕴和商业潜力的网红打卡地。

松花江北岸，中国（黑龙江）自由贸易试验区哈尔滨片区成立已逾五年，汇聚众多科创企业的深圳（哈尔滨）产业园拔地而起，数字经济、生物经济产业集聚效应初步形成。

市民和游客在国旗招展的哈尔滨百年滨州铁路桥上游览拍照，一列动车组列车从旁边的电气化铁路桥驶过。图：刘洋

站在更高起点，瞄准更高目标，哈尔滨在中华民族现代文明建设新征程上昂首阔步、续写华章，带着人民对美好生活的向往和追求，奏响新时代东北全面振兴的强音，融入中国式现代化的雄浑交响。

（顾钱江、杨思琪、杨轩）

相关链接

哈尔滨音乐博物馆

哈尔滨音乐博物馆内景。图：朱悦

在美丽的松花江北岸，毗邻哈尔滨大剧院，有一座追溯哈尔滨音乐历史渊源、讲述哈尔滨音乐情怀、展示“音乐之城”艺术魅力的专题性博物馆——哈尔滨音乐博物馆。展厅面积 4000 平方米，基本陈列依托哈尔滨百年音乐历史，立足时代发展变迁，展出千余件反映不同历史时期哈尔滨音乐艺术发展轨迹的特色展品，讲述着开放、多元、包容、优雅的城市故事。

这是哈尔滨太阳岛风景区。图：新华社/王建威

太阳岛上

一首歌，一个岛，一座城。很多人初识哈尔滨，源于郑绪岚演唱的那首《太阳岛上》。有人说，哈尔滨是“冬天里的一把火”，其实早在40多年前，电视风光片《哈尔滨的夏天》就已火遍中国。

太阳岛记忆

太阳岛，在许多名家笔下都被雕琢过。瞿秋白、朱自清、萧红、艾青、杨朔等众多作家和诗人，都曾留下松花江和太阳岛的记忆。

太阳岛是一个让人凝神静思的好地方。作家刘白羽战争年代曾在哈尔滨工作生活，多年后他曾用拐杖指着太阳岛说：“那一年，周立波住在太阳岛，写他的《暴风骤雨》……”

太阳岛究竟有何魅力？为何《太阳岛上》的词作者王立平和演唱者郑绪岚未曾见过此岛，却能描绘得如此之美？带着期冀远赴而来的人们因何会有些许怅然若失？……带着一个个追问，我们来到了太阳岛上。

哈尔滨，是一座不容易说清名字由来的城市。作家阿成在《哈尔滨人》中这样解释：有的说是蒙古语“平地”的意思，有的说是“晒网场”的意思，也有的说哈尔滨是“阿勒锦”的谐音，是女真语“光荣”与“荣誉”的意思。

松花江水，浩浩汤汤。江中的太阳岛郁郁葱葱，名字由来也是众说纷

游客在太阳岛风景区的花丛中游玩拍照。图：新华社/王建威

坛。有资料记载，这座岛第一次被正式标注上俄文名称是在1923年中东铁路管理局出版的《哈尔滨市全图》里，俄文名称的中文直译为“阳光明媚的岛屿”。

“太阳岛”名字由来还有诸多版本。一种流行的说法是，太阳岛附近盛产松花江“三花五罗”之一的鳊花鱼，当地满族人称其为“taiyaon”（音“太要恩”），谐音与“太阳”发音相近，久沿成俗，人们在后面加一个“岛”，便泛指这片岛屿了。

1929年出版的《滨江尘嚣录》如此描述：“太阳岛位于松花江铁桥之西侧，隔江与道里相望，面积约四平方里。其上有饮料馆数十家，并无可录之风景。惟以位于江心，独得清凉之气……虽着尺许之浴衣……华人望见者，多垂头掩面而过。惟彼卧者，仍坦然如故，并作犬吠驴鸣之歌，毫不介意，怡然自得，此之所谓非我族类，其习各异之谓也。”可见，当年的太阳岛，曾以苍莽的原始风光和奔放的异域风情而著名。

哈尔滨的夏天

太阳岛第一次闯入国人心扉，不得不提起《哈尔滨的夏天》。1979年，中央电视台拍摄了这部电视风光艺术纪录片，片中《太阳岛上》《浪花里飞出欢乐的歌》等优美旋律迅速传遍神州。

江风徐来，榆柳轻拂，往日重现。在颇具年代质感的修复老画面中，松花江南岸江边，身着五颜六色泳衣的少女们信步而来，江北岸太阳岛畔，孩子们在水里追逐嬉戏……彼时，电视在中国家庭还没有普及，9吋和12吋的黑白电视已算奢侈，很多人都是在广播中先听到了《太阳岛上》。自由明快的音韵，让“尔滨”成为那个时代年轻人心驰神往的浪漫之都。

“《太阳岛上》这首歌是再真实不过的了，它反映的就是我们哈尔滨人的生活，哈尔滨所特有的那些文化氛围和生活情境的实在描述，太阳岛一进去那种开阔、自然、大气浑然的感觉。”词作者之一的邢籁曾如此说。

早年间的岛上，大树连着大树，丛林接着丛林，摇摇曳曳，一望无际。每当5月，丁香林的芬芳笼罩着整个岛屿，向江面飘散而去。往深里去，蔓延开来的是绿草覆盖的湿地，“塔头墩子”一个接着一个，没边没沿儿。捡起一块“土坷垃”扔过去，立刻会有一群野鸭子扑拉拉嘎嘎叫着惊飞起来……岛上有不少小河汊子，藏在树林、草丛之间，清清的，潺潺的，曲曲弯弯。坐着小船划过去，低头一望，大鱼小虾就在船边桨旁。

正如阿成在《太阳岛：天籁的品格》一文中所说，“它总是矜持地与繁华的城市中心保持着一段距离，保持着一种天籁的品格、静思的个性、潇洒的风貌与超凡的神韵……”

游客在哈尔滨太阳岛上与天鹅互动。图：新华社/王建威

那些年，有游人说，太阳岛的美，来自歌声，止于歌声，可谓“闻名不如见面，见面不如闻名”。许多游人第一次踏上小岛，都不禁会问：“太阳岛究竟在哪儿？”既有地理上的不清，也有心理上的不甘，因为这并不是他们心中按图索骥的“太阳岛”。

“邢籁，亏了写这首歌的时候，我没先来过……”当《太阳岛上》的词作者之一王立平第一次踏足太阳岛时，归来的路上沉默良久，也向另外一名词作者邢籁“吐槽”。

当年，不知有多少人，从广播、电视、舞台上听到了这首歌，从祖国的四面八方，顺着歌声来寻找、体味太阳岛的美妙遐想。“这首歌比太阳岛本身要美丽多了！”“要是太阳岛真的像歌中所描述的那样令人神往该有多好呀！”来自歌迷的不解，让当时的演唱者郑绪岚也很费解，“有的朋友千里迢迢来到了太阳岛，结果有点失望。我第一次演唱这首歌的时候，也没去过太阳岛。”

仔细品味歌词可以发现，词作者对太阳岛自然景观的描写并未着墨几许，更多的是描绘一种追求自由的生活状态，尤其在那个特殊的年代，王立平“怀着希望面对明天”，开启了关于太阳岛的“小题大作”。歌词不见小岛的全景风貌，景外之意却又深深地烙印在心中。

松花江和太阳岛，与南方的秀丽婉约不同，尽显北方的苍莽与豪迈。这里没有富春江上“一折青山一扇屏，一湾碧水一条琴”的清绝，没有“无声诗与有声画，须在桐庐江上寻”的回味，也没有“奇山异水，天下独绝。水皆缥碧，千丈见底。游鱼细石，直视无碍”的灵动，更没有“一篙残腊雨，千古富春江”的怅然，这里有的是“东去大江水”和“混同天一色”的壮阔和旷达。也许，只有哈尔滨本地人，才能深刻感悟这座岛的不同。远眺观画，身入景中，人本身就是一道风景，如同歌声中所唱的那样。

游客在哈尔滨太阳岛风景区太阳石广场留影。图：新华社/王建威

哈尔滨人的后花园

猎枪早已入库，但帐篷、鱼竿，尤其面包与红肠，却成为哈尔滨人生命中不可或缺的一部分。受俄侨文化影响，这个城市对郊游有着天然的亲切感。当年，用白纱布做成的“网”，一兜一捞，几条活鱼、一堆儿江虾立刻出现在“网”里。上得岸来，舀些江水，加点咸盐一煮，合着大列巴、红肠、哈尔滨啤酒……虽然那时只有周日一天休息，却已是滋味无穷。

太阳岛，是每个哈尔滨人家中“最美的后花园”，也是精神的栖息地。这里有塞北原生态的自然风貌，也有自由自在天、地、人无限和谐的生活情境。只有享受“闲驻”的野趣，才能体会到这种生活的独到之美。

于是，“到江沿儿去”，来松花江南岸江畔，凭栏或席坐观赏壮观景色，远望余晖在太阳岛斜拉桥索上如同乐谱般的跃动；“到太阳岛去”，来松花江北岸太阳岛，在草坪上享受大列巴、红肠和啤酒的醇香自在，在六弦琴和笑语声中纵情歌唱……这一切，成了这座城市市民最神圣的享受和圣洁的精神洗礼，就像“撸串”和“锅包肉”一样作为城市基因流淌在市民血液里。阿成感叹：“多少年来，太阳岛始终是哈尔滨人心灵的圣地，精神的憩园，想象与遐思的翅膀，诗歌与爱情的乌托邦。”

据太阳岛上的老人回忆，最初的太阳岛并不是四面环水，而是三面。先后历经1932年、1957年、1991年和1998年等几次较大洪水，后经疏通实现四面环水。

沿松花江公路桥一路向北，至太阳大道入口处。右转即见“太阳岛”拱门牌，前行千余米，卧一巨石，列于巨型拱门建筑前，名曰“太阳石”。此石2003年立于此，状如芒果，长7.5米，重达150吨，上书“太阳岛”三字，由赵朴初先生1984年为《哈尔滨日报》太阳岛文学副刊题写刊头所拓而成。

抚石而立，观老人苍劲之字，吟唱《太阳岛上》，成为景区打卡的“网红”节目。跨过拱门，踏过太阳桥，就进入了太阳岛公园内部。这座公园建于1958年，是新中国成立后太阳岛风景区内最早建设的公园。1980年，重新规划建设后，水阁云天是公园主景之一，与太阳山隔湖相望，居阁之上有“扶栏观鱼跃，仰首观云天”之妙，湖面巨型钢塑天鹅栩栩如生。远处，太阳瀑假石中，有三叠瀑布，“清泉飞珠帘”颇有清凉之感。

太阳岛风景名胜区，由太阳岛核心景区、太阳岛休闲服务片区、系列博物馆和老建筑群、自然景观保护区和外围保护地带等组成，总面积80多平方千米。游客聚集的太阳岛公园，只是其中一部分，沿公园3号门向南直行300米，就到了松花江北岸。

炎炎夏日，走在古树成荫的小街，伫立静望眼前油漆斑驳的木制别墅，听堤岸旁激荡的江水鸣诉，岁月的弓弦仿佛又拉回到百年前。不远处，巨型的铜制钢琴雕塑三足鼎立，空中的《太阳岛上》余音绕梁，甜蜜的恋人在长椅上轻喃细语……这浪漫的岛，记录了数不清的美好爱情和岁月沉思。

有人走，有人留；有情来，有缘散。在这座哈尔滨的“城市会客厅”里，上映着人间百味和历史剪影。每个人的心里，都住着一个太阳岛，也沉浸着一段往事，有亲情、友情和爱情，有青春如歌和岁月如梭，有不远千里的奔赴和离别，有漂泊在外游子心中的江水和乡望。

（邹大鹏）

相关链接

哈尔滨大剧院

哈尔滨大剧院位于哈尔滨市松北区，是哈尔滨的标志性建筑，由MAD建筑事务所的创始人和主要设计师马岩松设计，以其独特的建筑设计风格和灵感来源而闻名。外观采用异型双曲面设计，仿佛北国冰雪的雕塑，晶莹剔透。剧院内设一大一小两个音乐厅，大剧场可容纳1538人，小剧场可容纳414人，是歌剧、舞剧、芭蕾舞剧的绝佳演出场所。哈尔滨大剧院建筑艺术风格独特，项目设计、建设难度及工艺复杂性在全国乃至世界都极富挑战性，其中部分设计建设元素为世界首创，同时填补了国内剧院建设的诸多技术空白。

一轮明月从哈尔滨大剧院上空升起。图：新华社/张树

游客在百年老街中央大街上的马迭尔冷饮厅购买特色食品。图：新华社/王建威

“摩登”传奇

作为来哈尔滨“必打卡”的热门景点之一，无论白日，还是黑夜，马迭尔宾馆内外都是人潮涌动。

雪花飘飘洒洒，异域风情浓郁的哈尔滨中央大街上，中外游客摩肩接踵，仿佛漫步在如梦如幻的童话世界里。落日余晖熏染了哈尔滨中央大街89号马迭尔宾馆棕绿色的穹顶和多姿多彩的女儿墙，在飞舞的白雪衬托下，散发着自由与浪漫的气息。

马迭尔宾馆引领“摩登”

“马迭尔”即Modern的音译，意思是摩登、时髦。马迭尔宾馆创始人是一位叫约瑟夫·亚力山德罗维奇·卡斯普的犹太人，中东铁路护路军退伍骑兵。卡斯普靠经营钟表、艺术品挖掘到第一桶金，当时他敏锐预判

人们在马迭尔西餐厅享用美食。图：张涛

到哈尔滨现代城市服务业存在巨大市场发展空间，并迅速把握住这个历史机遇。他开始有针对性地多方联络合伙人，筹集资金，开始创建集住宿、餐饮、影视、娱乐、休闲为一体的现代服务业大型综合体。

1914年马迭尔宾馆正式投入使用，当时的媒体对马迭尔开业庆典做了报道："一座巨大的三层建筑落成典礼隆重举行，该建筑内有酒店、餐厅、咖啡馆和一个名为'马迭尔'的影院。大楼位于埠头区最好的街道……"

当时有评价说："马迭尔不是哈尔滨的第一家西式酒店，甚至不是哈尔滨的第一家电影院，但它成为年轻城市中最大、最豪华的酒店，并将此地位保持了很长一段时间……"

马迭尔宾馆开业后，很多人回忆说，它的舒适程度和服务水平可与世界上最好的酒店相媲美。之后卡斯普又买下宾馆南侧相邻的第678号地块和东邻的第651、652号地块，于1921年至1923年完成南楼扩建，1923年10月10日举办了扩建庆典。

1931年，卡斯普又扩建了后楼，启动了剧场的大规模投资改造，将剧场的750个座位增加到1200个座位。当时的一家报纸这样描述："如果哪个人有幸去过远东地区的一些其他城市，他就会知道，装饰如此舒适豪华的剧院在整个远东地区也不曾有过。"

1934年马迭尔宾馆进行了另一轮翻新。从初建到后期的改扩建，马迭尔宾馆始终保持了复杂的建筑平面。一层平面正中是主入口及入口前厅、会客厅，以此为中心组织其他空间。会客厅北侧通过一个过厅与餐厅相连，餐厅又与一个100多平方米的舞厅相通，再往北则是狭长的冷饮厅。剧场近200平方米；建筑的南翼为大的南餐厅，沿西八道街一翼为几个小餐厅及其他辅助用房；建筑二三层则以客房为主……

建筑艺术很“摩登”

马迭尔宾馆是砖砌的建筑，建筑立面上方的女儿墙造型舒展，轮廓清晰；窗子呈弧形，装饰典雅，每处细节都充满“新艺术”风格。1997年，它被列入哈尔滨市保护建筑名单，并被归入中央大街历史街区的建筑群之列；同时，被认定为城市建筑艺术古迹。

女儿墙占据马迭尔建筑四个立面的顶端，呈“鸡冠”状，其圆形、矩形、椭圆形连接起来，形成多种装饰造型。

建筑立面通过窗、阳台、女儿墙及穹顶等元素体现出较强的“新艺术”特征。立面上窗的造型非常丰富，每一层窗的形式均不相同，有半圆额窗、圆弧额窗、圆额方角矩形窗以及圆窗等不同形式，又有单窗、双窗及三联窗之不同组合方式。

阳台也是马迭尔宾馆的一大特色。马迭尔阳台建筑华美大气，上部玲珑，底部敦厚。正面阳台以砖砌栏板及圆柱为基础特征，饰以连续圆柱状饰物，朴素而敦厚。三层阳台呈削角多边形，圆环状装饰。每个窗户下端都有三块长方体下陷的图案所托起，立面外形错落有致。

在马迭尔主楼右侧，有一座依附主楼的单层欧式建筑，原名叫“凉亭子”，即现在的马迭尔冷饮厅。这座建筑在靠近中央大街门脸顶端处镶有一顶铁艺造型的花栏，横竖弯曲造型独特，木雕金边立面。室内为水磨石地面，屋顶有玻璃镶嵌，据说原来可以放水养鱼，游人一边品尝美食一边欣赏。

走进建筑内部，法国路易十四时期的贵族气派扑面而来。室内墙壁或饰以优雅的壁画，或以整面镜子贴面，柱端饰有精美的雕刻；黄铜的楼梯栏杆，充满柔媚的线条，再加上熠熠生辉的枝状吊灯，大理石饰面以及精致的饰线，透出典雅的气质。

人们在马迭尔西餐厅享用美食。图：新华社/张涛

游客在马迭尔宾馆前“秀”马迭尔文创冰棍。图：新华社/朱悦

客房的设计也优雅舒适，精美的雕刻橱柜、丰富的墙面线脚、清新的色调以及优美的镜饰、灯饰……当时一家报纸撰文：“马迭尔建成之后，当你走上熟悉的哈尔滨大街，竟有一种奇怪的感觉，似乎已来到另外一个比哈尔滨更富裕、设施更完备的城市。”

老字号焕发新“摩登”

如今，一批批中外游客走进马迭尔宾馆。这里一张张“新政协筹备活动”的宣传展板、一件件马迭尔宾馆建店之初曾经使用过的老物件、一个个标注着民主人士曾下榻该房间的铜色铭牌和“语音讲解”，都令人沉浸在这段历史的诉说中。

除了旅游的爆火，背后的文化内涵挖掘也不缺席。黑龙江大学的师生们志愿在马迭尔宾馆内外进行冰雪文化、红色文化、城市文化等讲解，“愿更多游客能够听到我们的讲解，希望大家了解哈尔滨、喜欢哈尔滨，再来哈尔滨”。

如今，马迭尔冷饮厅、西餐厅、中餐厅、精酿啤酒屋等餐饮场所成为中央大街的打卡地。马迭尔冰棍更是凭借其“甜而不腻，冰中带香”的独特口感，成为中央大街上的“网红”产品。游客站在寒风中，缩着脖、跺着脚，排着数米长队，终于买到了属于自己的“网红冰棍”，马上一手举起马迭尔冰棍，一手拿着手机，对焦、按下快门……是中央大街冬季的一道风景线。

“从1969年至2023年，马迭尔冰棍累计销量高达1.4亿支，累计冰棍总长度已超过万里长城。”哈尔滨马迭尔集团股份有限公司的工作人员说。

马迭尔宾馆的“阳台音乐”也是音乐之城的“摩登”一角。洁白雪花轻盈飞舞，霓虹闪烁，音乐阳台上飘来悠扬的乐曲，熙熙攘攘的游客蓦然

一名乐手在马迭尔阳台音乐会上演奏提琴。图：新华社/王建威

驻足，欣赏各国艺术家的精彩演奏。“漫天雪花伴着琴声，感觉太唯美、太时尚了！”游客或拿起手机拍照，或伴着旋律热情摇摆，享受夜幕下的哈尔滨式“摩登”。

马迭尔阳台音乐始于2008年，是公益性音乐表演，每年邀请来自多国的艺术家参与演出。

“穿越百年时空，这个充满异国情调的‘老字号’见证着这座城市的变迁与发展，愈发闪耀着‘摩登’的别样魅力。”哈尔滨马迭尔文化旅游投资集团党委书记、董事长孔庆滨说。

（朱悦）

攻略 到中央大街踏访欧陆风情

中央大街 图：张启明

中央大街21号建筑 图：张启明

走进哈尔滨中央大街，沿着面包石路行走，风格多样的老建筑构成了凝固的乐章，折射了西方300年的建筑文化，中央大街也因此成为一座露天的建筑艺术博物馆，举例如下：

中央大街21号建筑（原阿格洛夫洋行）： 建成于1923年，原为阿格洛夫洋行，砖木结构，1951年增建为4层。该建筑的风格是中央大街建筑艺术博物馆四大建筑风格之一的折衷主义建筑风格。

中央大街48号与端街转角（奥谢金斯基大楼）： 名为奥谢金斯基大楼的这座砖木结构建筑，始建于1919年，由当时哈尔滨著名房产主奥谢金斯基投资兴建。这是一座中央大街建筑艺术博物馆四大建筑风格之一的新艺术运动风格建筑，大楼转角楼顶山花处原本矗立一尊希腊女神像。100年前，“里拉乐器店”“法商长途电话公司”“英国远东有限公司”“德商捷利洋行”等著名商号在此开办，曾经是哈尔滨商业最发达的大楼之一。

中央大街57号建筑（原哈尔滨犹太国民银行）：始建于1923年，原为哈尔滨犹太国民银行，砖混结构，是中央大街建筑艺术博物馆四大建筑风格之一的文艺复兴建筑风格。

中央大街58号建筑（原“米尼阿久尔”餐厅）：建于1920年代，原为犹太人卡茨开办的“米尼阿久尔”餐厅（俄文意为：精美的艺术品），砖木结构，竖琴造型，新艺术运动建筑风格。

中央大街73号建筑（奥昆大楼）：建成于1917年，原为犹太人A.奥昆大楼，1936年曾为白俄协和银行。砖混结构。该建筑以仿块石形式砌筑，形成深凹缝饰，以增强稳定感，为折衷主义建筑风格。

中央大街89号建筑（马迭尔宾馆）：建于1913年，经两期建设，1913年全面竣工，设计师为维萨恩，原为俄籍犹太人卡斯普经营的旅馆，砖混结构，新艺术运动建筑风格，地上三层，带有局部阁楼，地下一层，立面造型简洁流畅，窗的形式多种多样，内部装饰豪华典雅，外墙装饰精美，女儿墙轮廓和穹顶形式多变，体现了欧式建筑的精华。是当时哈尔滨旅馆建筑中最豪华的多功能旅馆之一。马迭尔宾馆曾接待过许多历史文化名人，是中国近现代许多重要事件的历史见证地。

中央大街89号建筑 图：张启明

中央大街107号建筑（原秋林公司）： 建于1900年代。1916年后为秋林洋行道里分行。是一栋新艺术运动建筑风格的建筑，原为法籍犹太人萨姆索诺维奇兄弟商会。1915年转卖给秋林公司，成为秋林洋行道里分行，砖混结构，主体三层。整座建筑给人以大胆，新颖，活泼的感觉。

中央大街107号建筑 图：张启明

中央大街120号建筑（原松浦洋行）： 建于1920年代，设计师为俄国人米亚科夫斯基。该建筑原为日本商人水上俊比左开办的松浦洋行。整体建筑为五层砖混结构，三、四层贯通科林壁柱，窗上饰以精美浮雕，壁柱上装点自由螺旋曲线，窗下出挑圆弧形花萼状阳台，顶层为半截阁楼楼层，孟莎式屋顶开老虎窗，半球形“洋葱头”顶端组成复合式穹顶，是典型巴洛克风格。该建筑是中央大街建筑艺术博物馆唯一的巴洛克式建筑，也可以说它是中央大街的标志性建筑。

中央大街120号建筑 图：张启明

中央大街126—132号建筑（原斯捷潘诺夫商场，俗称万国洋行）： 建成于1922年，主体后退凹进式院落，砖混结构，折衷主义风格。1925年之前，这座建筑俄文名称为“游廊”，很是形象。大概是因为各家商号来自不同的国家，所以俗称“万国洋行”。

这是取材于薛以恒沙画作品的明信片。图：王建威

“中华巴洛克”慢时光

提起哈尔滨的百年老街，很多人会想到驰名中外的中央大街，历经百年沧桑的“面包石”记录着城市变迁。而在距离中央大街3千米左右的地方，掩映着一个同样走过百年历史的街区——中华巴洛克历史文化街区。

从商贾云集的民族工商业聚集地，到现在的文旅消费聚集区，这个国内现存面积最大、保存最完整的中华巴洛克建筑群，正以历史文化赋能，用底蕴深沉的老建筑谱写着城市走向未来的弦歌。

中西合璧的“中华巴洛克”

地处松花江畔的中华巴洛克历史文化街区，曾是一个只有几十户渔民聚居的小渔村。1890年，山东德平人傅宝善、傅宝山兄弟在此开设了大车店和小药铺。自此，这里便被称为“傅家店”，后改为“傅家甸”。

哈尔滨市城源文化研究会专家李荣焕介绍，19世纪末，随着大量山东、河北、山西“闯关东”的移民来到傅家甸投亲靠友、合伙投资、开办店铺，内地许多富商也纷纷来此投资办厂。随着人气聚集，老街上建起会馆、文庙、票号、商行，傅家甸成为东北地区一处重要的商贸中心。20世纪初，傅家甸已初现商业中心迹象，也就有了“先有傅家甸，后有哈尔滨”的说法。

游客在哈尔滨中华巴洛克历史文化街区傅家甸城史文物馆内参观。图：王建威

那时，道里区建起了“中国大街”，也就是现在的中央大街。20世纪20年代中期，中央大街是东北地区社会名流和外国人的聚集地。大街两侧建有很多欧式、仿欧式建筑，汇集了文艺复兴、巴洛克等多种建筑风格。

“老道外”的民族工商业者吃苦耐劳，思想开放。他们在“老道外”的腹地置地盖房，效仿道里、南岗的洋人，选择富于装饰性的“巴洛克”风格，建设自己的“小洋楼”，在设计中融入中国传统建筑的构思与手法，创造出一批富有鲜明特点的建筑。

起初，人们不知道怎么称呼这种独特的建筑风格。直至日本学者西泽泰彦来到这里参观，提出以“中华巴洛克”命名该建筑风格，这种叫法才逐渐流传开来。

如今，在上海、天津等地，依然能见到一些带有“中华巴洛克”风格的建筑，但多是零星分布的单体建筑。道外区的中华巴洛克历史文化街区，是国内现存面积最大、保存最完整的中华巴洛克建筑群。

独特的历史讲述者

“建筑是凝固的历史。”作为经过中国化的巴洛克建筑风格，“中华巴洛克”在漫长的岁月中散发着温柔的光辉，用无声的语言诉说着历史的变迁。

“巴洛克”本义是一种形状不规则的珍珠，意为非常规的美，后指17世纪意大利兴起的艺术风格。巴洛克风格建筑具有外形自由、色彩强烈、装饰富丽、雕刻细腻的特点，因其豪华而富有激情的浪漫主义色彩，被公认为欧洲最伟大的建筑风格之一。

“中华巴洛克”则在西式的建筑风格内，加入了中国传统元素。临街立面造型精美、装饰华丽，运用西方的巴洛克装饰手法，但细部纹饰的雕花图案取材于中国传统的祈福文化元素——葡萄和石榴象征多子，字匾、

这是哈尔滨中华巴洛克历史文化街区街景。图：新华社/王建威

蝙蝠、牡丹、如意、铜钱、卷草等细节，表达福、禄、寿、吉祥之意。这些建筑临街立面背后的空间是典型的中国四合院，院落的分布形式各不相同，院落有门洞、天桥、天井，院落之间用木质回廊贯穿。

哈尔滨市道外区中华巴洛克专班工作人员介绍：“这种前店后宅、院院勾连、四合院式的民居商市建筑，其平面布局和功能是民族传统的，立面造型则是巴洛克式的，将中西元素集汇，集气派、简洁、典雅于一体，在漫长的岁月中体现着建设者的创意。”

传承百年的小吃街

绿豆糕、胶皮糖、棍糖、米花糖……市井大院里的孩子们，常盼望着售卖点心糖果的摊贩从院前经过。孩子们用牙膏皮换胶皮糖，商贩再用牙膏皮做钓鱼用的铅座换钱。在以物易物的日子中长大，孩子们也见证了老街店铺的流转变迁。

“老鼎丰”“张包铺”“范记永饺子馆”“李氏熏酱”“六合顺”……在中华巴洛克街区，各色小吃炒菜应有尽有，且历久弥香。

1902年开张营业的张包铺，坐落在南二道街和南勋街交口，是哈尔滨老道外最有名的小吃铺之一。每到饭点，店门口便排起长队，许多食客远道而来，只为打包几个包子。

相传在清朝末年，一位名为张仁的年轻人从天津来到哈尔滨道外区，开了这家包子铺。张仁做出的包子皮薄馅大，远近闻名，“张包铺”在道外区立住了脚。

游客在哈尔滨中华巴洛克历史文化街区游览。图：王建威

餐厅经理王丽介绍，如今张包铺以经营包子为主，排骨、豆腐、三鲜三种口味是店内招牌。“每天中午基本要排队20至40分钟，日平均客流量在1000人左右。”

行走在中华巴洛克街区，总能闻到一股肉香味。寻味而去，卖熏酱的李氏熏酱砂锅居前排了十几个人，护心肉、熏鸡架、猪大肠等几乎每天都被抢购一空。这间开设于20世纪30年代的店铺，传到李翠芹手里已是第三代。从一个没有招牌、没有吆喝的家庭式作坊，到如今，李氏熏酱砂锅已有五间分店，也是小吃街上最火爆的店面之一。

李翠芹坚持“当天做当天卖”。“爷爷用炭火烤肉，我小时候就跟着学。20世纪80年代，烤肉要用喷灯烤，现在用火炉烤。”

吃上一块“老鼎丰”点心，打包几份排骨包和熏酱，再到园子里听上一段评书大鼓……从市井大院的热闹嘈杂到旅游景区的人声鼎沸，现在的南二道街内，已有十几家“百年老字号”和老道外特色餐饮名店。

“吃”，串联起中华巴洛克历史文化街区的前世今生，也将吸引更多游客前来品尝美食。

创意产业赋能老街发展

在南头街和南二道街间的一处院落内，一幅高3.96米、宽28.8米的大型紫铜浮雕，展现着“老道外”的市井生活。会馆、文庙、票号、商行……二十余个五行八作的火热场景，用长卷式的手法铺展开来。画面以“老道外”特色建筑为背景，以老街市井风情为主题，生动塑造了99个栩栩如生的人物形象，全景式重现了当年“老道外”民族经济繁荣、兴旺的风貌。

古老的手艺在这个历史文化街区传承，现代创意也在这里生根发芽，带给老街区不一样的活力。在薛以恒沙画创意设计中心内，大人小孩都饶

一名小朋友在哈尔滨中华巴洛克历史文化街区一处戏台上玩耍。图：王建威

有兴致地观看着沙画制作过程。一缕细沙、一双巧手，瞬间勾画出一幢古朴的中华巴洛克建筑。

在沙画店旁边，一家策展型书店正在装修，负责人于冰曾在多家书店做过主理人。近年来，哈尔滨倡导发展创意设计产业，于冰也趁着这个机会挖掘哈尔滨历史文化，尝试将博鳌文创院引入中华巴洛克历史街区，并参与举办“中华巴洛克街区国际文化创意设计大赛”等项目，用文化创意激活城市发展。

“我希望能让读者来这里交流读书感受、设计想法、创作灵感，同时以书店为依托策划展览，举办活动，孵化创意设计产品。让书店不止于书，而是成为一个体验不同生活场景、生活方式的策展空间和城市创意聚集地。”于冰说。

为了提升游客的旅游体验，让街区更加智能，中华巴洛克历史文化街区借助一家企业的科技平台优势，打造智慧街区。通过AR导航、5G全息投影等现代科技手段，提升商业体验性和互动性，擦亮中华巴洛克文化街区的金字招牌。

在老街上欣赏老建筑的风韵典雅，在庭院内体会繁华的市井生活，穿梭在北三街道里喝羊汤、吃包子、听相声、嗑瓜子，观摩手工艺人的灵巧技法……在中华巴洛克街区游玩，时间在光影里流转，日子在闲适中飞跑。抿一口茶，烟火气从百年前的流金岁月蔓延至今。

（刘伟、管建涛、戴锦镕）

松光里书店主理人于冰（前排右一）和她的伙伴们。图：于冰供

老屋唤醒的城市记忆

在中华巴洛克品味沁人书香，在欧式“老屋”品尝地道西餐，在犹太老会堂欣赏古典音乐，在“哈工程”校园仰望屋脊上独特的“上山虎”……漫步哈尔滨，一座座风格各异的老建筑就像一本本厚重的书，记录着冰城的岁月变迁，散发出东西文化交融的迷人气质。

为了发掘好、保护好、利用好这些赓续城市文脉的老建筑，哈尔滨市开展了“历史文化建筑保护传承专项课题”研究。几年来，全市已完成近600座重要历史文化建筑的数字化信息采集、测绘建档，实现了历史文化建筑的“数字孪生”，为精准保护修缮和活化利用提供了重要科学依据，也助力“尔滨”迈进文旅之城的新境界。

让历史文化建筑实现“数字孪生”

2024年4月初，在哈尔滨工程大学主楼前，哈尔滨市勘察测绘研究院测量员白洪宇正“穿”着白色穿戴式激光扫描仪，对“哈军工”时期历史建筑进行全方位扫描。他一边在几根房柱前走动，一边观察着胸前的屏幕：“这种激光扫描仪能提供扫描物体表面的三维点云数据，可用于获取高精度高分辨率的建筑数字模型。”

为了积极推进历史文化建筑保护与城乡建设融合发展，2021年7月，哈尔滨市启动历史文化建筑保护传承专项课题研究，计划用三年时间实现

游客在哈尔滨市中华巴洛克历史文化街区一处院落游览。图：王建威

621座重要历史文化建筑的“数字孪生”，包括历史文化建筑的数字化信息采集、测绘建档等。

测绘建档是历史文化建筑维护和修缮中至关重要的一个环节。在获取到建筑信息后，工作人员将进行数据库和信息化平台建设工作，让历史文化建筑在数字世界里再现。

测量员杨磊是土生土长的哈尔滨人，在对中华巴洛克历史文化街区进行测绘时，他遇到了以前相熟的邻居。“那一刻很感慨，过去我们测绘都是为拆迁作准备，现在是为了保护自己从小长大的地方，特别自豪！”杨磊说。

在对中华巴洛克街区的建筑房檐雕刻进行精细化扫描时，工作人员采用空地一体化数字采集方法，构建可视化三维数据模型，赋予历史文化建筑新的生命，让观者“一目了然”。

索菲亚，只是“尔滨”的二十分之一

当夜幕降临，街区的灯光点亮，游人置身索菲亚教堂前广场，听着悠扬的小提琴声，不禁被历史与建筑的魅力所折服。

在哈尔滨现象级爆红的冬天，地标建筑索菲亚教堂成了热门景点，冰天雪地中，不少游客身着公主服、女王服，在这座有百年历史的拜占庭风格建筑前拍照打卡。这座已不再承担宗教功能的教堂，在现代楼宇环绕中更加彰显出独特美学价值。

“索菲亚教堂只是哈尔滨教堂建筑的一小部分，还有很多分布于哈尔滨的闹市街区中。”哈尔滨工业大学建筑学院教授卜冲说。

在历史文化建筑保护传承过程中，除了相关职能部门、技术人员外，哈尔滨还引入了建筑、历史、文保、音乐等方面十余位专家，对历史文化建筑认定信息、历史资料等进行搜集和整理。

在此过程中，专家组发现了尼古拉教堂、索菲亚教堂等12座哈尔滨老教堂原始设计图纸。这些图纸保存完整，其中多变的造型、别致的钟楼、精美的台阶等等，都标注得非常清晰。

“老图纸记录了哈尔滨城建的历史，也表明中西交融是哈尔滨鲜明的文化特色。”哈尔滨市资源规划局官员说，据不完全统计，哈尔滨市现有阿列克谢耶夫教堂、圣母守护教堂、呼兰天主教堂等各类大型教堂建筑20余处。

从中央大街地铁口出来，就能看到有着穹顶的哈尔滨犹太历史文化纪念馆，其建筑具有犹太装饰特征的折衷主义风格。建筑正中由一巨大的双圆小穹顶覆盖，门窗也采用双圆心式或马蹄型。

这里原为哈尔滨犹太新会堂，曾经可容纳800人同时做礼拜，是当时犹太人举行宗教、集会等活动的场所。如今，纪念馆收录了犹太人旅居哈尔滨的大量珍贵文物，供游人参观。

旅拍游客在哈尔滨建筑艺术广场盛装拍照。图：新华社/王建威

几条街之外，犹太老会堂经过改造，变身音乐厅对外开放，受到人们的青睐。专家介绍，20世纪前半叶，随着中东铁路修建及二战等多重历史原因，大量犹太人迁居哈尔滨。

值得一提的是，红专街犹太私人医院是不可多得的救助二战犹太难民旧址，东风街的甘布里努斯西餐厅也曾救助德奥犹太难民。

老建筑里珍存的红色历史

“母亲对于你没有能尽到教育的责任，实在是遗憾的事情。在你长大成人之后，希望你不要忘记你的母亲是为国而牺牲的……”

走在哈尔滨市南岗区一曼街上，很多人会联想到赵一曼这封感人至深的示儿信，重温英雄奋斗牺牲的故事。

“一曼街241号”的东北烈士纪念馆，是一座砖混结构三层楼房，外观庄严雄伟，色彩简洁明快。这里也是伪满洲国哈尔滨警察厅旧址，曾有赵一曼等众多革命志士在此被关押、刑讯或遇害。

东北烈士纪念馆是重要的爱国主义教育基地。清明节前后，每天有上千人到馆悼念在14年抗战和3年解放战争中牺牲的烈士。一曼街上，车流不息、游人如织。今日的繁华热闹，更让人感怀烈士、铭记历史。

作为全国最早解放的大城市，哈尔滨拥有诸多红色历史建筑，彰显着共产党人的信仰和坚守。近年来，哈尔滨加大对红色建筑的保护和利用，越来越多的革命遗址、遗存得以被发现，游人亲临其境，感受红色文化，接受信仰教育。

哈尔滨市城源历史文化研究会会长李荣焕说，一批批与中国革命史相关的老物件、老建筑，启迪人们既要传承历史又要展望未来。哈尔滨红色历史悠久，将红色建筑资源与文化旅游相融合的潜力很大。

唤醒“老屋”激发文旅新活力

1940年的一天午后，一位俄罗斯女郎坐在江畔餐厅的户外木廊，边品味咖啡，边望着松花江的流水。夕阳西下，点点微光照耀着江面晶莹闪烁。

2023年的夏日黄昏，一位身着连衣裙的哈尔滨女孩坐在江畔餐厅的户外木廊，边品味咖啡，边举起手机，和身后泛着微光的松花江自拍。

历经百年，这家坐落在松花江畔的餐厅见证了不同时代的人们在此品尝美食，品味风景。不变的是奔流不息的江水，变化的是往来的市民游客。

市民在哈尔滨斯大林公园内的江畔餐厅就餐。图：新华社/王建威

19世纪20年代，江畔餐厅曾是中东铁路职工的货场用房。劳累了一天的工人，经常在这里点上火炉，烤肉、喝酒、唱歌，卸掉一天的疲惫。

上个世纪，江畔餐厅曾被老哈尔滨人“攥”在手里。在那个布匹、豆腐都要凭票供应的年代，“油票”上占据页面的就是“江畔餐厅”的正面图片。当时，人们对她的喜爱不仅限于“油票”，纸质挂历、搪瓷脸盆、杂志封面、镜子甚至小小的手帕都有江畔餐厅的图案。

如今的江畔餐厅，外观上还原了曾经的“老味道”，木制的穹顶垂下欧式铁艺吊灯，灯光反射在赭色的天花板上，整个屋子上方是金黄色的基调。一楼摆放着几张小方桌，一个高高的玻璃柜内，摆满了不同时期的咖啡杯，制作精美。

和江畔餐厅类似，随着时代变迁，哈尔滨许多老建筑在保留原有外观的同时进行了改造升级和开发利用，与现代社会发展相结合，“旧瓶装新酒”，让人回味悠长。

在中华巴洛克历史文化街区内，一家“工业风”的书店吸引了不少游客。书籍之外，店里还有不少文创产品，“文艺范儿”十足。

听一场相声、穿着传统服饰品尝美食……畅游中华巴洛克历史文化街区的同时，人们还能享受到多种文娱活动，丰富文旅体验。

中华巴洛克历史文化街区改造项目正在如火如荼地进行。“我们实施‘一楼一策、一栋一档’，最大程度地保护建筑的原貌和安全。”项目现场负责人介绍，对百年前存留至今的泰来仁鞋帽店、大罗新商城、中华栈等，通过现代技术和手工修复手段，力争修旧如旧，尽量还原并呈现建筑固有的文化气息。

作为凝固的艺术，哈尔滨众多的历史文化建筑既是城市变迁的见证者又是亲历者，一砖一瓦都承载着岁月的重量，讲述着城市的故事。

（顾钱江、管建涛、董宝森、戴锦镕）

相关链接

索菲亚教堂

建于1907年，是一座拜占庭风格的东正教教堂，哈尔滨的标志性建筑。教堂构成了哈尔滨独具异国情调的人文景观和城市风情，同时又是沙俄入侵东北的历史见证和研究哈尔滨市近代历史的重要珍迹。哈尔滨市区有颇多教堂建筑值得探访，比如阿列克谢耶夫教堂，圣母守护教堂，圣伊维尔教堂，犹太老会堂等。

这是雪中的哈尔滨市索菲亚教堂。图：谢剑飞

“尔滨”书香地图

你试过走进书中的世界吗？行路，也是一种阅读。跟随这份“尔滨”书香地图，一起探寻文人笔下的哈尔滨。

1920年，革命先驱瞿秋白曾在哈尔滨留下“红色足迹”。他在《饿乡纪程》中记叙了在哈尔滨短暂停留时的过往。

在黑龙江省哈尔滨市道里区爱建路上，红砖结构的厂房、烟囱、水塔等建筑保存完好，被现代建筑群环抱。墙上黑色的“保护建筑”的牌子提醒着人们这里百年的过往。这些1907年建成的俄罗斯风格建筑，正是东省铁路哈尔滨总工厂旧址。

厂房侧面有一座花岗岩巨型卧碑，碑文标题为“哈尔滨早期工人革命斗争纪念地 哈尔滨车辆厂旧址”。卧碑上记录了哈尔滨工人运动的兴起——这里的工人第一次纪念“五一”国际劳动节，第一次传唱《国际歌》……

哈尔滨这座城市见证着历史，也被写入了历史。

“看坛下挤满了人，宣布开会时大家都高呼‘万岁’，哄然起立唱《国际歌》，声调雄壮得很——这是我第一次听见《国际歌》。”一个世纪前，瞿秋白在《饿乡纪程》中这样记述在哈尔滨的见闻。

东省铁路哈尔滨总工厂旧址往东，大概20分钟的路程，就到了哈尔滨知名的中央大街。

在中央大街经纬街起点的铁艺拱形门上，挂着“建筑艺术博物馆”的牌匾。整个步行街区就是一个博物馆展区，每一栋建筑都是艺术品。

这是松光里创意书店的手绘明信片。图：于冰供

这条全长1450米的百年老街上，汇集了欧洲15至19世纪时期西方建筑史中最具影响力的建筑流派——新艺术运动、巴洛克、古典主义、折衷主义、文艺复兴等建筑风格。

在中央大街与端街转角处，一栋砖木结构的百年建筑矗立在闹市中。这栋名为奥谢金斯基大楼的建筑，始建于1919年。

“这是新艺术运动风格的建筑，大楼转角楼顶山花处原本矗立一尊希腊女神像，曾是中央大街上唯一楼顶有立体雕塑的建筑。”哈尔滨城源历史文化研究会理事宋兴文说。

作家迟子建《烟火漫卷》中，主人公眼中哈尔滨最迷人之处，就是各城区的老建筑。“它们是散了页的建筑史书，每一页都是辉煌。”

中央大街往东的中东铁路桥是道里、道外的分界，也是哈尔滨的重要地标。

1934年的春天，萧红与朋友们也曾穿过中东铁路桥向北而行，她在文章中记录，“松花江在脚下东流，铁轨在江空发啸，满江面的冰块，满天空的白云……看不见绿树，塞外的春来得这样迟啊。”

萧红曾在中东铁路桥上发出了命运的感慨，而在作家梁晓声眼中，哈尔滨百年前的“八达”，是有了铁路，哈尔滨以后的“八达”，或许还是这些铁路。

顺着松花江的流向继续往东，会遇到另一条百年老街，也是文人笔下竞相描摹的景致，那就是中华巴洛克历史文化街区。

中华巴洛克的许多建筑，临街立面造型精美、装饰华丽，运用西方的巴洛克装饰手法，临街立面背后的空间是典型的中国四合院，院落的分布形式各不相同，院落有门洞、天桥、天井，院落之间用木质回廊贯穿。

作家阿成笔下《风流倜傥的哈尔滨》曾这样描写道外区，“这条街在洋里洋气的哈尔滨很有一股中国的文化味儿，无论是这的人啊，青砖黑瓦的建筑啊，街道啊，还是吃食，一律是纯中国式的。”

透过松光里书店的玻璃窗，夕阳和正在阅读的人们构成了静谧而美好的画面，他们在品味文人雅客的激情与灵感，还有墨香四溢的书香“尔滨”。

（张玥、张启明、吴悠）

攻略 跟着萧红游“尔滨”

哈尔滨呼兰区萧红故居（萧红出生地，《呼兰河传》中的小城呼兰）——萧红中学（哈尔滨第一女子中学旧址，萧红曾就读的学校）——哈尔滨靖宇街邮储银行（原东兴顺旅馆，萧红曾住在二楼带阳台的房间）——红霞街25号院（旧名“商市街”。1936年，萧红以街名为书名，出版了散文集《商市街》）——欧罗巴宾馆（位于西十道街与尚志大街交口处，萧红《商市街》散文集头一篇就是《欧罗巴旅馆》）——兆麟公园（萧红与爱人萧军在公园的桥边、池畔拍过很多照片）——中东铁路松花江大桥（1934年春，萧红与朋友曾穿过中东铁路桥向北而行，她在文章中写道：“松花江在脚下东流，铁轨在江空发啸，满江面的冰块，满天空的白云……”）

哈尔滨市呼兰区萧红故居。图：丁赫

丁香花与城

也许，并不是每个城市都有一种花作为代言，但哈尔滨有。如果你在5月来到最北省会城市哈尔滨，你会看到哈尔滨递出的季节限定名片——丁香之城。

从机场到市区的路上，丁香排成几千米长的欢迎队伍，每当车快速驶过，道路两旁淡粉浅紫的花簇幻化成两条飘带，这是专属于初夏的欢迎礼。

丁香是哈尔滨市内数量最多、分布最广的绿化树种，已有上百年的种植历史。丁香极强的生命力，非常适合哈尔滨的气候和土壤条件，不仅开花早、花期长，而且花形繁茂美丽，花香清新淡雅。

哈尔滨有多个丁香主题的公园，每年5月初至6月末，是丁香集中观赏期，随着不同品种的丁香次第开放，城市的大街小巷和公园充盈着沁人的芳香。

哈尔滨兆麟公园南门处，一山一石都保持着1906年建园时的样子。园区的工作人员告诉记者，这小小的山坡上，榆树、丁香都有上百年的历史了，每年慕名来观赏百年古树的游人络绎不绝，甚至有外地园林专家专程赶来。

丁香是我国的传统名花，在古典诗词中象征着美丽、高洁、幽怨。

“相思只在，丁香枝上，豆蔻梢头。”宋代诗人王雱曾在诗中表达自己丁香一般忧郁而未吐的思念之情。

哈尔滨有一个占地40万平方米的丁香公园，足以表达这座城市对丁香

哈尔滨建筑艺术广场附近的丁香盛开。图：刘洋

的喜爱。院内山地、湖泊、绿地交织环绕，丁香、白桦、山槐等70余种树木高低错落，俨然一个城市中的“小森林”。

紫丁香、欧丁香、白丁香……丁香公园内有30余种丁香品种。每当从花繁叶茂的树旁走过，总会有淡淡花香轻拂肩头，让人忍不住流连驻足，再深吸一口气，想要尽可能地留住这抹香。

丁香因花筒细长如钉且香而得名。丁香的叶片呈心形，还未开放时，花蕾密布枝头，称作“丁香结”。开花后，通常为四瓣花瓣，坊间流传着“五瓣丁香是幸运之花”的传说，于是每当丁香盛开的季节，哈尔滨便开启了“寻找五瓣丁香”的全民行动，大家都想和“幸运”撞个满怀。

“小时候总喜欢折一枝丁香带回家，插在花瓶里，满屋香飘，那时候丁香是‘稀罕物’。”哈尔滨市民邓燕芳和老伴每年都会算着花期前来赏花，两人携手走过了几十个花季，也成为丁香环抱中的温暖风景。

“一座城市应该有一个标志。”哈尔滨市城源历史文化研究会会长李荣焕回忆，20世纪80年代，哈尔滨市政府组织相关部门、专家、学者做了大量的调研工作，并进行论证，根据哈尔滨市的地理气候条件和社会、政治、经济等特点，将榆树作为市树、丁香作为市花备选。通过广泛征求各

在哈尔滨丁香公园，盛开的丁香与主题雕塑相映成趣。图：新华社/王建威

方意见，最终，丁香以绝对领先的票数胜出。1988年4月正式确定丁香为哈尔滨市市花。当年10月，丁香代表哈尔滨参加了全国市花展览。

如今，哈尔滨拥有百余万株、50余个品种的丁香，每个哈尔滨人都有一抹专属于自己的丁香记忆。

（张玥、张启明）

相关链接

哈尔滨博物馆

位于哈尔滨市道里区柳树街13号，为原哈尔滨市委办公区改造而成的大型博物馆集群，由哈尔滨中苏友好协会旧址纪念馆、哈尔滨文物馆、哈尔滨城市历史展馆、黑龙江文学馆等15个固定展馆组成。

“江沿儿”随想

游历哈尔滨，最有味道的可能是一种漫步——“上江沿儿”。

所谓“江沿儿”，就是江边（江畔），也即英文里的riverside。古今中外，江边都不仅是一个位置的概念，更是触发人们丰富感受的场景。

哈尔滨市民在松花江畔游玩。图：新华社/张涛

“江沿儿”是哈尔滨人对江边的叫法，透着地域特色与亲切感。如果说打开哈尔滨有许多方式，那么，“上江沿儿”可能是其中既惬意又有内涵的一种。

这条江，便是松花江——李健在歌声中咏叹的“童年的海洋”。哈尔滨人最爱去的“江沿儿”，通常是指松花江南岸老江桥至九站公园一带。

已有120多年历史的老江桥，是清末修中东铁路时所建的第一座跨越松花江的铁路桥，在哈尔滨通往满洲里的滨洲线上。正是这条铁道，划分了哈尔滨的道里、道外两个区域，把一个江边的村镇变成国际化的都市。

老江桥10年前退役，运输功能让位于旁边并行的新高铁大桥，自己则变身为供人散步休闲并怀古的网红铁桥。每逢十一假期，沧桑的老江桥上挂满五星红旗，游人纷至沓来，同庆新中国生日，成为社交媒体上刷屏的画面。

走在江沿儿，见松花江水滚滚东流，油然而生“逝者如斯夫，不舍昼夜”之慨，又有“江山留胜迹，我辈复登临”之幸。时间虽然一去不返，

游客与市民在百年滨洲铁路桥上观赏松花江上晚霞。图：张树

但历史所发生的空间仍在，一代代人走过的江沿儿，让我们仿佛回到这座城市的历史现场。

中东铁路建成十几年后，俄国十月革命爆发，这条因“中俄密约”而烙上屈辱印记的铁路，出人意料地成为向中国传播马克思主义，以及中国先进分子赴苏俄和欧洲求取真经的“红色之路”。哈尔滨位于枢纽，得风气之先。

1920年10月，瞿秋白来到哈尔滨，计划以北京《晨报》和上海《时事新报》特约通讯员身份经中东铁路赴俄采访考察，“为大家辟一条光明的路”。在哈尔滨滞留的50余天里，他深深感受到“共产党的空气”，在俄侨集会上第一次听到《国际歌》，为后来翻译这首“声调雄壮得很”的歌曲埋下伏笔。

他确曾来到江沿儿，《饿乡纪程》一书中留有生动的记录：“蔚蓝的天色，白云和堆锦一般拥着，冷悄悄江风，映着清澄的寒浪。松花江畔的景色，着实叫人留恋。”

九一八事变后东北沦陷，艰苦卓绝的14年抗战也在白山黑水间打响。大批中共党员奉命赴东北，赵一曼、杨靖宇等都在其中。来到哈尔滨组织工人罢工和打游击战的赵一曼，自然到过江沿儿。风景不殊，而山河异色，走在松花江边的赵一曼，胸中涌起的是亡国之恨与救国之志。

“誓志为人不为家，涉江渡海走天涯。男儿岂是全都好，女子缘何分外差？未惜头颅新故国，甘将热血沃中华。白山黑水除敌寇，笑看旌旗红似花。”这是赵一曼写下的《滨江述怀》诗。1936年8月，赵一曼英勇就义于珠河县（今黑龙江省尚志市），时仅31岁。哈尔滨将留下赵一曼战斗足迹的一条街命名为“一曼街”，以永远纪念这位来自四川的抗日女英雄。

江沿儿最具标志性的建筑，是高大的防洪纪念塔，它面朝着哈尔滨著名的中央大街。1957年哈尔滨发生特大洪水，军民英勇抗洪，终获胜利。为了铭记这一历史事件，次年，防洪纪念塔建成，塔身浮雕栩栩如生地描

游客在哈尔滨防洪纪念塔广场体验光影秀，帆船光影秀同时也在松花江上上演。图：新华社/王建威

绘了当年全民战洪水的生动场景。

它的存在也提醒人们，松花江滋养了这座城市，也曾是人们的心腹大患。防洪纪念塔基座上有三个数字：119.72米、120.30米、120.89米，分别是1932年、1957年、1998年哈尔滨遭遇特大洪水时的最高水位。其中，1932年大洪水给城市带来灭顶之灾，后两次则取得抗洪的伟大胜利——新旧社会对比，耐人寻味。

驯服了洪水，松花江畔越发成为哈尔滨市民生活的舞台。人们对美好生活的向往，令“上江沿儿”的仪式感更加丰富起来，扩展开来。

作为中国最北省会城市，哈尔滨的春天姗姗来迟，于是，市民们用一场盛大的仪式来作补偿。端午节前夜，人们不约而同地走向江沿儿，踏青，赏景，野餐，堪称人山人海——蛰伏了半年多，哈尔滨人喜迎户外生活的闪亮登场。

不知不觉间，在这座城市已经历冬春夏秋，碰巧每个季节都曾到过江沿儿，得以瞥见多样风情。

冬天，江沿儿是静谧的。岸上江中，一派银装素裹，冰封的江面成了游乐场。在友谊宫附近，过江索道静静地往复运行，眺望对岸的太阳岛，隐然可见一座城堡，有些神秘，几分浪漫。

春天，江沿儿是迷人的。从清明到谷雨，冰面融化，上演开大江的壮观。丁香、柳色、榆韵渐浓，有俄罗斯风格建筑点缀其间，再加上努力锻炼的人们和吹拉弹唱的大爷大妈，构成生机勃勃的江畔春景。

夏天，江沿儿是闲适的。江边的台阶或是栏杆上，坐满了人，大家望着江水，或者闲聊，或者畅饮，或者拍照，或者只是“呆着”……这排排坐的场景，让人联想起罗马城的西班牙台阶，若论风景或是场面，江沿儿恐怕会胜出一筹。

夕阳下，一辆马车从冰封雪覆的松花江哈尔滨段江面上驶过。图：新华社/王建威

秋天，江沿儿是爽朗的。黄昏时分，天空澄澈，天边是一抹浓浓的橘红，弯月如钩，摩天轮发亮。清风徐来，树影摇曳，江面水光粼粼。水边有垂钓者，台阶上仍有不少“呆着”的人，而热衷直播的人已站在手机屏幕前开演了。

这就是哈尔滨人钟情的“江沿儿”，融合这片天地的自然与人文，连接城市的过往和现在，更激发着对未来的想象与灵感。

（顾钱江）

市民带着孩子在哈尔滨松花江畔游玩。图：新华社/王建威

舌尖上的中西文化

一段段铁轨连接起了中东铁路大动脉，一块块面包石铺就了闻名百年的中央大街，哈尔滨红肠、大列巴、格瓦斯诱惑了无数人的味蕾，百年名菜锅包肉丰富了哈尔滨的黄金“食”代……百年来，中西文化在舌尖上相遇，让往来的人们可以品味哈尔滨这座融合之城的魅力和传奇。

哈尔滨红肠“火出圈”

每天清晨，在哈尔滨商委肉制品有限公司门前就会排起长长的购买红肠的队列。这一景，在这个城市已经延续了几十年，令人惊叹。

据不完全统计，目前哈尔滨有红肠生产资质的企业达60余家，年产值十几亿元。

哈尔滨红肠色泽枣红，表皮起皱，富有弹性，可以直接食用，也可以煎烤、炒菜、煮汤等，做法十分丰富，无论是家庭聚会还是馈赠亲友，都是人见人爱的美食。

在位于黑龙江省哈尔滨市的平山皇家鹿苑旅游区，几位露营的游客掰开一根根红肠，就着啤酒大快朵颐。诱人的香气弥漫萦绕，瘦肉干爽，肥肉不腻。

红肠在哈尔滨已经有超过一百年的历史。据《哈尔滨市志》记载，随着中东铁路工程的开展，俄商在香坊开办秋林商会，附设灌肠作坊，成为

游客在中央大街一家哈尔滨红肠售卖店铺前经过。图：新华社/王建威

哈尔滨生产欧式肉灌制品最早的加工厂。

2007年，哈尔滨红肠制作技艺被评为省级非物质文化遗产。

从前，哈尔滨红肠受制于手工作坊生产模式，效率一直不高。近两年，哈尔滨秋林里道斯食品有限责任公司从产到销都实现了数字化管理、精细化控制，打通线上线下销售网络，构筑出全渠道销售网，还利用互联网大数据画像，相继研发出更符合当下群众口味和需求的新品，可做到日产红肠120吨，年产1万吨。

红肠在哈尔滨经过百年传承与发展，已经成为闪亮的城市名片，飘香全国。

这里的面包像锅盖

“面包像锅盖，抗咬抗嚼又抗拽，好吃又好带，搁上十天半月都不坏。”这个顺口溜里的面包就是哈尔滨的大列巴。

1900年，俄国商人伊万·雅阔洛维奇·秋林创建了秋林洋行哈尔滨分行，设立面包坊等食品作坊，给哈尔滨增添了大列巴的香气。

“列巴”是俄语“面包”的意思。据哈尔滨秋林食品有限责任公司的工作人员介绍，大列巴用啤酒花自制液体酵母进行发酵，具有诱人的啤酒花芳香。采用传统的三次发酵工艺，使面团在充分发酵的同时产生丰富的

一对情侣在哈尔滨中华巴洛克历史文化街区的“列巴树”旁查看刚拍的照片。图：王建威

芳香物质，最后用硬杂木柈烘烤，使面包外壳微焦而脆，内芯松软可口，整个操作过程中没有任何添加剂。

每天凌晨三四点，生产面包的工人们已经在车间里忙碌。经过16个小时的啤酒花发酵、和面、揉面、称重、装炉、出炉、包装等多道传统手工工序后，大列巴准时出炉了。

大列巴可以切成片，烘热后，抹上果酱，夹上香肠片，配上格瓦斯、热牛奶、咖啡或红菜汤等，别有一番风味。

漫步哈尔滨中央大街，不同种类的大列巴比比皆是，众多老式面包、新式特色面包琳琅满目、令人目不暇接。

揉好的面团缠绕在圆柱上，用慢火烘焙，边转边烤，顾客目睹面包的外层逐渐变为金黄微焦，一阵阵香气扑面而来，面包呈圆筒形，犹如烟囱。哈尔滨万国洋行有限公司经理张明昊介绍，这是捷克泰德罗烟囱面包，1930年被德国商人带到了哈尔滨。

马迭尔餐厅的蔓越莓福谷斯面包，中华巴洛克街区的一元老式面包，松浦西餐厅的列巴圈面包……在哈尔滨，面包的故事还有很多。

“格瓦斯”的东方奇缘

“不起眼的格瓦斯好过圣水”，俄罗斯的民间谚语道出了人们对格瓦斯的喜爱。俄国诗人普希金也曾说，“格瓦斯对于人们而言，就像空气一样不可或缺”。

相传一千多年前，在东欧平原的一个村镇里，一位餐馆老板将客人食余的碎面包块和面包渣收集到木桶中，恰逢连日阴雨，雨水流进了木桶，经过数天的漫泡发酵，木桶中散发出诱人的香气。有人大胆尝试之后，酸甜可口，浓郁芳香，人们都喜欢上了这种味道独特的金黄色液体，并称它为“格瓦斯”，即俄语“发酵”之意。

一款由面包发酵，口感酸香，有助于消化的饮品就这样问世了。自此逐渐发展成为俄罗斯等东斯拉夫人的民族饮料，开始了千余年的传奇故事。

在哈尔滨中央大街111号，隐藏着一处百年文化馆，宛如时光隧道般带你穿越到一百多年前的哈尔滨。

当时，在这条街上，俄国商人伊万·秋林创建了秋林洋行哈尔滨分行，设立面包坊等食品作坊，也将“格瓦斯”的酿制工艺带入中亚各国及中国。

传承百年的大列巴熏烤炉一路见证了一个企业扎根这座城市的每一步艰辛和努力，几台格瓦斯鲜酿机，让整个大厅充斥着面包发酵的香气。如今它们被陈列在文化馆里，仿佛一位百岁老人向参观者诉说着这个百年品牌的文化底蕴和绰约风姿。

这种来自俄罗斯的饮料早已在哈尔滨落地生根，知名品牌秋林格瓦斯

在中华巴洛克历史文化街区，服务员从格瓦斯招牌旁经过。图：王建威

的俄式传统制作技艺还入选黑龙江省非物质文化遗产名录。

为了适应中国消费者，公司改良了格瓦斯的口感，面对人们对健康饮品的需求，还推出了低糖、无蔗糖的新品。2023年，秋林格瓦斯销量达5.3万吨。

“锅包肉”的由来

说到哈尔滨的地道美食，“闻着酸、吃着甜、外酥里嫩带点咸”的锅包肉绝对能排进前三名。

“锅包肉这道菜与哈尔滨这座城市相伴共生百年，最早出自哈尔滨的官府衙门——道台府。”老厨家第四代传人郑树国说，锅包肉是他曾祖父郑兴文所创。

一百多年前，哈尔滨道台府菜创始人、滨江道署首任道台杜学瀛的首席厨师郑兴文为适应外国来宾的口味，把原来咸鲜口味的“焦炒肉片”改成了酸甜口味的菜肴，按照菜肴的做法称它为“锅爆肉”，但因为外国人常把“爆”发音成“包”，久而久之就叫成了“锅包肉”。

而今，锅包肉制作已经是第四代传人了，走进用家传技艺传承哈尔滨味道的“老厨家”，古色古香的大厅，常年高朋满座，几乎每桌都会点上一盘锅包肉。

“哈尔滨锅包肉好吃，主要是独特的烹汁技法。”郑树国一边介绍，一边行云流水地操作。

将新鲜的猪里脊肉改刀成2毫米厚的大片，用精盐、料酒拌匀腌制10分钟，水淀粉及少许色拉油调成稠糊。油烧至六七成热时将码好味的肉片与淀粉糊拌匀，再一片片展开，逐一下入锅中，炸至外酥里嫩时捞出沥油，再复炸上色。锅留底油，投入姜丝、葱丝炸香，把炸好的里脊肉倒入锅中，在颠勺翻炒过程中把提前调好的糖醋汁淋到热锅里，醋的酸味被瞬

这是老厨家烹制的锅包肉。图：郑树国供

间激发，使得锅包肉更加爽脆。

“一般菜看都讲究色、香、味、型，惟锅包肉还要加个‘声’，即咀嚼时，应发出酥脆的声音，这也是锅包肉成功与否的标志之一。”郑树国说。

锅包肉的迷人之处在于，咬下一口酥脆的肉片，鲜嫩的口感和甜酸的味道会迅速填满你的口腔，而它的香气也会通过鼻子充满你的鼻腔，甚是酸爽。

“锅包肉呛鼻子才正宗。”哈尔滨市民薛先生在老厨家一边品尝，一边评价道。喜欢锅包肉的人，都希望在吃的时候能够充分感受到这个特色菜的魅力，被锅包肉的香气呛鼻子，成了许多人追求的目标。

（朱悦、张玥、刘昊东）

古钱币中看“金源”

从高速公路驶入哈尔滨市阿城区，一座大型“铜坐龙”雕像屹立在公路的交会处。“铜坐龙”是在这里出土的金源文化重要文物，如今，也成为了素有“女真肇兴地，大金第一都”的阿城的重要标志。

金朝是中国历史上由女真族建立的封建王朝，自1115年开国皇帝完颜阿骨打起兵抗辽起共延续119年，曾统治中国北方的广大地区，与宋、辽、元、西夏等政权并立。

今天，在许多人眼中，女真族是来自白山黑水的骁勇战士，除此之外的一切皆湮没于历史迷雾。然而，在哈尔滨市阿城区的金上京历史博物馆内，一枚枚跨越时空的古钱币却向我们讲述着不同的故事，它们流过士兵、贵族、商人之手，成为数百年前中国北方各民族交往繁荣的隽永见证。

走进博物馆，一枚拇指大小的银币正在灯光映照下闪闪发光，吸引不少游人驻足观看。银币表面上，“承安”“宝货壹两半”等汉字刻字清晰可见，诉说着它穿越9个世纪的不凡身世。

“‘承安宝货’银币自金朝承安二年（1197年）开始由金朝政府下令铸造，是中国历史上第一次以白银为币材正式颁行的法定货币，现为国家一级文物。”金上京历史博物馆讲解部主任胡志远说，银币侧边内凹、两端外凸的亚腰形外形与其上篆刻的汉字都明显受到中原汉族文化的影响，展现了金朝统治时期中国北方民族与汉族的文化交融。

胡志远介绍，女真族最初以渔猎、游牧为生，部落间交易多以物易物，但在受辽朝统治时期就已开始使用辽、宋流通的铜币。1125年，金在灭亡辽朝之后南下进攻北宋，大量中原钱币由此伴随女真武士流入现今位于哈尔滨市阿城区的金上京会宁府等金朝腹地，深刻影响了金朝的货币制度。

“比如这枚‘宣和元宝’金币，它在1996年被一位农民在流经阿城的阿什河中发现，其上铭文为徽宗赵佶所创的瘦金体。据专家考证，这枚金币并非流通货币，其形制与北宋徽宗时期铸造流通的‘宣和元宝’铜币相似，应是北宋皇家特制用以赏赐宗亲贵胄，可能是作为战利品被运到当

这是金上京历史博物馆展出的各类钱币文物展品。图：唐铁富

时的金上京。”胡志远说，金在熙宗时期（1119-1150）开始效仿南宋铸造以年号为名的“皇统元宝”铜钱，馆藏的金朝“大定通宝”采取相似形制，刻字为汉字篆书，字形峻整，女真民族对于中原汉文化的接受程度可见一斑。

胡志远说，在宋金百余年的接触中，有战争发生的只有20多年，和平交往才是实际上的主流。通过设在双方边境的互市贸易场所——榷场，宋金间的毛皮、人参、茶叶、纺织品等贸易日趋繁荣，由此带来的商品经济发展也催生出金代独具特色的各类银币、银锭，商人携带它们跨越千里走向中国各地。

“‘承安宝货’银币上还有‘库’‘部’的刻字，这分别应是掌管印钞的机构‘交钞库’和其上的中央政府管理机构‘尚书户部’的记号。”胡志远说，金朝银币与银锭为维持币值稳定，大多会在正面刻上官税银所属机构、铸造匠人、秤子主人等名称、戳记或花押，相当于当时的“防伪标识”。

“不少金代银锭的另一个特点是会刻有鉴定成色的‘行人’姓名，比如这块‘行人王林款银锭’。”胡志远说，这里的“行人”指的是金银行会的成员，这说明金代已有许多工商业行会组织，可以证明商业的繁荣，“根据郭长海等学者《大金国第一都》一书中记述，刻有‘行人张德温’‘行人唐公源’的银锭在阿城与陕西省临潼区都有出土，这有力证明了金上京与中原地区间密切的经贸往来。”

从战利品到通货，古钱币记录了宋金战争的金戈铁马，也将女真民族与汉族的文化交往篆刻入铭文之中。“尔滨”冬季文旅热潮之后，越来越多的游客来到金上京历史博物馆，探寻这里文物背后鲜为人知的北方民族故事。

（杨轩、刘奕彤、唐铁富）

相关链接

黑龙江省博物馆

黑龙江省博物馆内展示的“镇馆之宝”铜坐龙。图：黑龙江省博物馆供

目前的省博为俄式建筑，原是1904年俄国人所建的莫斯科商场。1922年由俄国人发起建立东省文物研究会，并于该处筹备成立了博物馆。馆舍面积1.2万平方米，藏品10.7万余件。其中五常学田村出土的古人类顶骨和左下肢胫骨化石，证明2万多年前就有古人类在黑龙江地区活动；哈尔滨市阿城区巨源乡城子村金代齐国王墓出土的大量丝织品，填补了我国金代服饰实物的空白；嘉荫县出土的平头鸭嘴龙化石、富拉尔基出土的披毛犀化石、松花江猛犸象化石骨架，其完整程度，都属罕见。位于太阳岛上的黑龙江省博物馆新馆即将建成，非常值得期待。

出圈的“尔滨人”

2024年开年，哈尔滨冰雪旅游现象级爆火，创造了一个东北老工业基地始料未及的“文旅奇迹”。

在一个个为人称道的“热梗”里，处于网络中心、被流量加持的“尔滨”已不再是原来的哈尔滨，而变成一个舞台和秀场。一时间，外地人欢呼、向往、涌入，直呼“不蹭上这波流量就亏了”，而本地人笑着笑着会感慨落泪。在900多万哈尔滨市民眼中，这里正在找回往日的骄傲与荣光。

他们，就是“尔滨现象”背后的“尔滨人”。

“宝藏家乡”终于被“get到了”

社交媒体上热度极高的短视频里，一款索菲亚教堂造型的蛋糕简直与现实中的教堂建筑如出一辙，上线即成“爆款”。

“这怎么舍得下口”“这么精致才58块，感觉很划算”“太漂亮了，这就订票去哈尔滨”……网络热评袭来，不仅游客为之惊叹，连本地人同样感到“陌生”。就这样，这款蛋糕的店主人郭金鹏，和“尔滨”一起迎来“泼天的富贵”。

索菲亚教堂是哈尔滨的地标建筑，也是游客必“打卡”的网红景点之一，郭金鹏的蛋糕店就在教堂对面。2023年12月，她便和团队开始筹谋，

索菲亚教堂蛋糕店店主郭金鹏展示“网红”蛋糕。图：何山

希望打造一款能带得走、尝得到的“哈尔滨礼物”。

这款巧克力慕斯蛋糕每天限量100个，刚“火”的时候，早上6点多，就有顾客冒着严寒来排队。

“有很多南方游客就是为了‘打卡’，想在离开哈尔滨前满足一下心愿，还有的是家长带着孩子来。看着大家渴望的眼神，尤其是小孩子趴在玻璃柜前，真的很着急。”郭金鹏说。

这么“火”，为什么不多做些？郭金鹏解释，这款蛋糕是利用3D建模的模具做出来的，由专业公司设计完成。一块蛋糕至少要冷冻6到8小时才能成型，即使后厨“白加黑”连轴转，也难满足需求。

“其实我哭也不是因为蛋糕这件事情，我觉得只有哈尔滨人才懂，真的觉得今年真好，大家都好了，看到这些开心的新闻，眼泪都止不住流下来，真的为我们的城市感到开心……”郭金鹏这段告白视频播放量达到4000多万次，被点赞52万次，并登上微博热搜。

这座“宝藏城市”的魅力被越来越多人“get到了”，这让郭金鹏发自心底地高兴。

她说，自己的父母都曾在哈尔滨的国有工厂工作，效益好的时候厂里经常发米面粮油，员工福利好、生活都不愁。后来工厂变得不景气，父亲开始自己创业，下海做生意。再后来，东北经济下滑，不少年轻人纷纷到南方工作，甚至小孩子从小被教育好好学习，就是为了“离开东北”。

“我体验过东北老工业基地曾经的辉煌，也感受过近年来的落寞和没那么风光，但是哈尔滨人的骄傲，就是刻在骨子里的。”郭金鹏说，重新被发现的哈尔滨，让“尔滨人”似乎找回了一度消沉的士气，找回了往日的荣光。

在她的视频下，很多人表达着和她一样的心声——“祝哈尔滨越来越好，愿东北越来越好”。

“反东北叙事”也精彩

一片薯片上盛地三鲜，小小水晶碗里装着杀猪菜，干豆腐被切成菊花造型，冻白菜盘成玫瑰模样，松仁玉米放在黄瓜片上，连血肠也被打造成西式“甜点”……

在精美的欧式托盘上，人们熟悉的东北食材变得“陌生”起来。这组“东北公主下午茶”系列短视频赢得点赞。还有网友给这些菜品起了名字——“黄金酱佐葱香千层”“泪目原味时蔬刺身”“秘制黑森林猪皮布丁”，很有幽默感。

这些视频的创作者是一名“90后”女孩，名叫李鑫。她出生在黑龙江省北安市，从哈尔滨一所学校毕业后，曾到北京做了两年会计，2018年重回哈尔滨定居，并成为一名美食博主。

“东北菜往往以量大、价优、不那么精致著称，”李鑫说，将东北菜的“土味”和西式摆盘的“洋气”相结合，再以“美拉德”配色调制，仪式感满满。她称之为“精致的土感”。

在她看来，“土”是乡土、天然、地道、绿色的代名词。东北人常说的“土鸡”“土鸡蛋”，其实是对食材的尊重和认可。血肠、蘸酱菜、干豆腐卷大葱、酸菜心……不光冰情雪景带来惊喜，东北美食也让南方游客感到爽口。特别是今年冬天，很多外地朋友来哈尔滨游玩，都感慨东北菜好吃，让她产生了做一组视频的想法。

“河南公主的下午茶是胡辣汤，陕西的是肉夹馍，那么东北的就应该是东北菜。”李鑫说。

从创意设计到食材选择，再到拍摄剪辑、后期推送，都是她一个人完成的。每天晚上睡觉前，她就会想好第二天吃什么，等醒来就准备食材、着手去做，等到下午一点光线最好的时候拍摄。

哈尔滨"90后"美食博主李鑫在展示"东北公主下午茶"。图：何山

“东北人勇敢、乐观，有人说这是‘小富即安’，其实就是一种‘自得其乐’。”李鑫说，尽管地处偏远、气候严寒，但东北人总是能用自己的方式在冰天雪地里开辟出一片新天地，倒腾出一番新乐趣。

在她看来，和父辈相比，自己这一代改变的是生活的方式、工作的形式，不变的是对美好生活的向往和热爱，是想要把日子过好的“热乎气儿”。“好吃 + 好看，是一件双赢的事，希望越来越多人在美食美景中了解东北、走进东北、爱上东北。”

来时是客，走后是亲

从哈尔滨到江西于都，3000多千米。

来自“尔滨”的“大增哥”司增辉和家人开启了一段特殊的旅程。酸菜、冻梨、红肠、大米、黏豆包、黏玉米……他们带着几大行李箱的年货，来看望两个“00后”江西女孩。

故事源于“尔滨”街头的一次偶遇。

2024年1月13日中午，司增辉在路边看到，两位从南方来游玩的女孩背着双肩包、推着行李箱，手里拎着好几个大袋子，在雪地里吃力地走着。司增辉见状，便停车询问是否需要帮助。

两个女孩今年22岁，来自江西于都，在考研结束后来哈尔滨玩了七八天，当晚准备坐火车返程。本想着在附近找个地方避避寒，可走了一会儿，她俩就被冻得瑟瑟发抖。

见状，司增辉提议可以去他家休息一会儿。为了打消对方的顾虑，他解释说，自己的妻子和妹妹也在家，并开着免提拨打电话，让妻子赶紧收拾收拾屋子。

一进家门，司增辉的妻子和妹妹就端来热水和冻柿子，给她们尝鲜。被问及还有什么想玩的，两人异口同声答道“没玩够雪”，司增辉想到家

从广西来研学的“小砂糖橘”在哈尔滨极地公园与企鹅互动。图：新华社/张涛

哈尔滨“95后”热心市民司增辉（右四）受邀前往江西于都旅行，与当地朋友合影。图：司增辉供

里新房所在的小区刚建好，还没有打扫，于是一家人开车拉着她俩去玩雪。躺在厚厚的积雪上打滚，两个南方“小金豆”又享受了一把“极致的冬天”。

“人这一生会有很多次旅行，但从一个陌生城市离开前，在一个陌生人家吃饭，可能也不会再有了。咱们今生可能都不会再见面，只希望给你们的人生旅途，留下一点温暖和回忆。”晚上，一桌热气腾腾的火锅前，司增辉以饮料当酒敬两个女孩一杯。

“哈尔滨真的一点也不冷，每天心窝都是暖暖的，活该你火！”当晚，踏上回家的火车，女孩小黄发了这样一条朋友圈，配上了和“大增哥”一家人的合影。

令司增辉没想到的是，几天后，他收到了一份快递。原来是两个女孩给他和家人邮寄的两大箱江西特产。1月27日，他还收到了一份特殊的邀请函，于都县文旅局请他去“探亲”，重走红军长征小道，参观中央红军长征出发纪念馆，并到“小金豆”家里串个门儿。

1月29日下午，G9881次列车抵达于都，两个女孩在站台相迎“大增哥”。“来时是‘客（qiě）’，走后是‘亲’，见到你们我就觉得到家了。”一行人有说有笑，开启新的旅程。

你善良热忱，我心怀感恩；你仗义相助，我念念不忘……这一来一往中蕴含着“尔滨人”的热情、南方人的感动，演绎着中国式的浪漫与温暖。

（杨思琪）

游客在哈尔滨伏尔加庄园内拍照留念。图：新华社/张涛

总要去一趟哈尔滨吧!

如今，提起他，人们总会亲切地唤一声“尔滨”，这可是个会“勾魂”的称呼！回想2024年初，他就是被这一声声“尔滨”给迷得家底都差点“掏空”。这个“东北大汉”的热情好客真诚得没有技巧，全是感情。

“尔滨”初见

那个冬天，哈尔滨冰天雪地的美景没“藏住”，令无数南方小金豆惊呼折服。可“嘴严”的哈尔滨人却没告诉你，冰壳褪去后的“尔滨”原来也这么迷人、舒适。

总要去一趟哈尔滨吧，去澡堂子搓个澡，去听大虎喵喵喵，去帮本地人梳理最新的旅游攻略，去和大哥唠一唠。

初到哈尔滨，扑面而来的异域风情可能会让你瞬间恍惚：就车上睡了

在欧式气息浓郁的哈尔滨站，旅客在神秘的光线中跑步赶车。图：新华社/谢剑飞

一觉，咋给我送欧洲来了？一幢幢别样的建筑是时代的浪潮给这座城市留下的印记，怪不得下车的时候，总感觉车站越看越眼熟，敢情是现实版的霍格沃茨魔法站台……

在岁月的变迁中，中西文化交融、碰撞、创新，时尚与古典兼收并蓄，对文化开放包容的尔滨在吸收欧陆风情的基础上，又保留了浓郁的东北地方特色，形成了哈尔滨如今独特的气质。

许多人来到哈尔滨，第一站就会直奔中央大街。有人说，没去踩踩那街道上铺设的“面包石”，就不算来过这里。这条全长1450米的大街，真真是一个建筑艺术的博物馆，巴洛克、文艺复兴、折衷主义等，很多有影响力的建筑流派都能在这儿觅得踪迹。

在老道外，这座城市文化交融的脉搏有了最直观的体现：外部是巴洛克的样式，而内部却是中式庭院的布局。当地劳动人民在原始巴洛克的基础上，融入中华文化而创造出的中西合璧的建筑，有个很直白的名字——中华巴洛克。

徜徉在哈尔滨的老街古巷，你所触摸到的一砖一瓦，都是历史的肌理。多元文化荟萃，是时代的缩影，更是激荡的岁月在这座城市的血脉里留下的深深烙印。

因水而生

这片土地的一切，要从一条江说起。松花江是哈尔滨的母亲河，江流穿城而过，把整个城市都带得“活”了起来。

这片流域的文明源远流长，早在旧石器时代晚期，就有了先民活动的踪迹。翻开城市的历史，有过屈辱的血泪，更有奋起的抗争。当日寇入侵、国土沦陷，杨靖宇、赵一曼、李兆麟等无数民族英雄英勇反抗。用鲜血浸染黑土地，用生命捍卫了祖国河山。他们的名字被熔铸进大街小巷：

小朋友在侵华日军第七三一部队遗址的一片雪地中插上国旗。图：谢剑飞

兆麟街、一曼街、靖宇街、尚志大街等，无声地诉说着悲壮往事。

很多人来到哈尔滨，还会来看一堵墙。它坐落在平房区，是侵华日军逃离前炸毁的“七三一部队”驻地遗留的罪证。曾经的焦土废墟旁，如今建起了一座陈列馆，时刻提醒后人不忘国耻，共图民族复兴伟业。

哈尔滨，诞生了东北地区第一个中共党组织，是全国解放最早的大城市。哈尔滨历经了雨雪风霜，依然血性硬朗。

新中国成立后哈尔滨的工业进入了快速发展阶段，是国家重点建设城

市之一。电机厂、锅炉厂、汽轮机厂……许多重要的工业项目都落户哈尔滨。

如今哈尔滨游人如织、高楼林立，文化、旅游、经贸、科技……多领域齐头并进，经济和社会的高质量发展，带给这座城市新的生机。

烟火人间

走过艰难的日子，便更加珍惜平凡的日常。哈尔滨人精彩的一天，从早市就拉开了序幕。冻梨、冻柿子、大冰棍、油炸糕、鸡蛋堡、大碴子粥、粘豆包……“嘎嘎好吃了嗷，不香管退，豆浆还免费”。

来自上海的游客在哈尔滨红专街早市，品尝粘豆包。图：新华社/王毓国

每个哈尔滨人，都像晚上偷偷背过梗似的，张嘴就是“段子”：

——“大姐，这个我要一小块。”

——“哎呀妈呀，孩子你可真幽默，一块咋卖啊，你直接拿走吃吧。”

菜场早市走一圈儿，在与本地人“交手”的过程里，你就能感受到这片土地上属于哈尔滨人的直爽。

中午，一顿正儿八经的哈尔滨“硬菜”是款待客人的“最高礼仪”。锅包肉金黄酸甜，但凡不呛鼻子，都不正宗。比胳膊还粗的大骨棒，比脸还大盘的大拉皮。热气腾腾的杀猪菜、铁锅炖，直接给香迷糊了。

晚餐，去尝试下考究的俄式西餐是个颇有吸引力的选择。蔬菜沙拉、酸黄瓜、红菜汤、烤奶汁鲑鱼、罐焖羊肉、厚切牛排……优雅的环境，精致的摆盘，“完美打造”精装的朋友圈。

但也有随性的人，一口红肠，一口大列巴，再配上一杯格瓦斯。简单的俄式美食轻松拿捏，宵夜的狂欢紧接着登场。约上三五好友穿梭在各大夜市里，没别的，就是可劲儿造。要是夏天来到哈尔滨，一个猛子扎进啤酒大棚，几扎哈啤，几把串，一堆毛豆，几头蒜，这小味儿，嗷一下就上来了。

来到这里，不准备1TB的胃，很难走出哈尔滨。

冰雪奇缘

哈尔滨，最最让人印象深刻和无法拒绝的，还是那冷得透彻，却依然令人无比着迷的冰天雪地。

每年，当第一场雪降临在这片大地，哈尔滨人的主场来了。在这里，打雪仗是个十分普遍，但也技术含量很高的项目。这个过程包含了柔道、散打、自由搏击……考验人的侦察和反侦察能力、长跑的耐力及短距离的爆发力，必要的时候还要会认怂。

游客在哈尔滨太阳岛雪博会园区游玩。图：新华社/王建威

在冰雪大世界参加国际冰雕比赛的选手向游客致意。图：新华社/王建威

堆雪人、滑雪、打雪圈、抽冰尜（gá，又称“冰陀螺”尖底、平顶，多为木质。北方孩子冬季常玩的一种玩具）、拉爬犁……眼花缭乱的娱乐活动，几乎填满了哈尔滨人的休闲时光。但更让人震撼的还得是在冰雪大世界或是雪博会，随处可见的冰雪被打造成了令人叹为观止的艺术品。

你可知道被几十万立方米的冰雪包围着是什么样的感受吗？楼梯、栏杆、墙壁……目之所及全都是冰。你能想象眼前有近10层楼高的精妙冰雪建筑是怎样的场景吗？那一刻才知道，什么叫巧夺天工。

一到冬天，哈尔滨就仿佛穿上了限定版的皮肤，为我们编造了一个童话世界中有关冰雪奇缘的美梦。

迷人“哈夏”

“冰城”是哈尔滨一张响亮的名片，可还远不止这些惊喜。豪放的性格下，音乐浸透在哈尔滨人的每一个细胞里，这里可是被联合国授予的“音乐之都”。

中俄艺术家在哈尔滨大剧院联袂演出。图：新华社/张涛

19世纪末，歌剧、芭蕾剧、爵士乐等传入哈尔滨。中国最早一批音乐学院和交响乐团在这里诞生，也使得哈尔滨成为中国现代音乐的发源地之一。

前脚看完二人转，后脚再去音乐厅里听场交响乐，这在哈尔滨一点都不稀奇。许多商场的大厅中，都能看见一整个交响乐团在演奏。那豪华配置，分分钟让你惊掉下巴。整座城市的上空仿佛到处都飘逸着灵动的音符，这点在夏季表现得尤为明显，这就是迷人的“哈尔滨之夏”。

在春夏秋季，你或许更能窥见当地人肆意松弛的一面。吹着微风，上江沿儿卖呆儿。带着背包，去太阳岛郊游。自在又热烈，闲适又惬意。

“百变尔滨”多么曼妙多姿，总要去一趟吧，去寻找北国的浪漫，去体味淳朴的人间烟火气，去感受豪放的爱意，去听“尔滨”说“贼拉稀罕你”。

许下一个约定，说好了，不见不散，我在哈尔滨等你！

（董静雪、颜秉光）

攻略　来哈尔滨不容错过的N种体验

“逛早市”——位于道里区红专街与高宜街交口的红专街早市，以其丰富的东北特色美食和极高的性价比受到八方来客的追捧，油炸糕、蛋堡、粘豆包、包子、馄饨、大碴子粥等都被列入“必吃清单”，快来感受“东北币”的快乐！

“上菜场”——位于道里区尚志大街57号的道里菜市场，被网友调侃是“不卖菜的菜市场”。这是一个有着100多年历史的老菜市场，被称为“八杂市”。这儿不仅有各种新鲜食材，还有很多小吃摊位，炸里脊、南瓜饼、大饭包、鸡西辣菜、东北黏糊麻辣烫……

道里菜市场。图：张启明

“搓大澡”——在哈尔滨，洗浴中心不光是搓澡的地方，更是一个社交场所。泡在温暖的大池子里，享受着水流的按摩，泡完澡拿上搓澡巾，往床上一躺……东北的搓澡不只是搓背这么简单，红酒、醋、浴盐、奶浴、芦荟、蜂蜜……没错，这不是在做菜，是在搓澡！一家好的东北洗浴中心往往涵盖了洗浴、按摩、理疗、餐饮、娱乐、休闲等一系列的服务，在汗蒸房叫上一壶茶水就能舒服地待上几个小时，朋友们在一起可以带上扑克牌，那就更舒服了。洗完澡再到休息大厅上网冲浪看电影……别说我没告诉你，东北的洗浴中心可以过夜，连酒店都省了！

“吃烧烤”——“在东北，没有什么事是一顿烧烤解决不了的，如果有，那就两顿！”这句话足以证明烧烤在东北人心中的地位。哈尔滨烤品的种类，从荤到素，上山下海，没有不能烤的，烤法也千变万化——野摊烤、五分熟、坑烤、缸烤、手把签……啤酒也要跟上节奏。

“面包夹冰糕”——马迭尔冰棍大家并不陌生，这个一天能卖出5万根的舌尖美味已然成为哈尔滨的一张名片。但哈尔滨人还要告诉你另一种吃法：在中央大街，

买上小槽子面包，再把经典原味马迭尔冰糕或冰棍，夹在面包里，品品哈尔滨人的童年味道。

“吃盒饭”——盒饭，是中国快餐中最基础的形式之一。但在哈尔滨，盒饭却早已超出简单的快餐概念，而成了一种颇具规模的市井食俗，一道让人念念不忘的隐秘风味。锅包肉、溜肉段、地三鲜……几十种现炒热菜一字排开，通常只要10-15元钱，所有菜吃饱为止！这大概是最接地气的“国民自助餐”，还有人说“东北菜的尽头是盒饭”。

“排大队”——要说哈尔滨的伴手礼，有着百年历史的哈尔滨红肠，无疑是不二之选。哈尔滨的红肠品牌繁多——秋林·里道斯、哈肉联、老哈红肠、裕昌等等。但是，“商委红肠”却有着独特的江湖地位。为了吃上一口商委红肠，你得去排大队——在红旗大街店面外的排队长龙，在哈尔滨已经持续了近四十年。虽然外地人可能品不出商委红肠和其他品牌口味的差别，但有一句话说得好，“如果有人给你买商委红肠，那他（她）一定很爱你，毕竟要凌晨起来排队的！”

“商委红肠”红旗大街售卖处外每天都会排长长的队伍。图：朱悦

极致大地体验

黑龙江同时拥有中国的两极——“神州北极”漠河与“华夏东极”抚远。到漠河泼水成冰、欣赏极光，成为人们去“找北”“找冷”的理由；到抚远迎接中国第一缕阳光，是人们看日出东方品紫气东来的向往。在世界面积最大的野生丹顶鹤繁殖栖息地与鹤共舞，到世界最大的东北虎种源繁育基地闻虎啸声声……总之，这片土地充满了极致体验与拍案惊奇。

这是漠河市北极村的清晨景象。图：新华社／张涛

童话北极村

如果此生有些地方一定要去一次，你会选择哪里？神秘的漠河北极村应该列入你的行程计划。

北极村是我国最北端边境小镇，坐落于大兴安岭山脉北麓七星山脚下，隔黑龙江彼岸就是俄罗斯。

游客在漠河市北极村七星广场上参与篝火活动。图：张涛

独特的地理位置带来独特的体验。

有着“神州北极”之称的漠河，最不缺的就是“北”——“最北学校”“最北哨所”“最北邮局”“最北咖啡店”，甚至还有“最北婚姻登记处”。一位游客说：“来到这里，就找到‘北’了”。

为啥要“找北”？生活中，遇到高兴事，人们会说“你开心得找不到北了”。置身中国最北端，“找北”似乎更多的是一种对地域边界的探索，对前进方向的追寻，对浴火重生、不畏苦寒的生命力的感佩和向往。

午夜，一起看一场“星光秀”。夜幕中的星辰璀璨多姿，顺着一位观星者手指的方位，我们看到了“勺子”样的北斗，不远处就是北极星——亘古不变地指引着北的方向。

北极村位于中国版图的最北部，是全国位置最北、纬度最高的村镇，也是国内观测北极光的最佳地点之一，每年都有众多摄影爱好者前来追逐极光。

极光实际上是地磁暴的“副产物”。当日冕物质携带太阳的能量与地球相遇后，其中一部分会随着地球磁场进入两极，并与距离地面100—400千米高的大气层发生撞击，撞击的过程伴随着能量交换。这些能量在被大气原子与分子的核外电子吸收之后，又快速得到释放，释放的结果就是发光——红绿两色交相舞动在北部星空，光彩变幻，灵动璀璨，是独属于天宇的浪漫。

没有极光的日子，北极村的星空也足以让人感叹。

入夜时分，一抬头便会被漫天繁星震撼。仔细寻觅，还会发现绸带一

这是在漠河市图强林业局“龙江第一湾”风景区内拍摄的极光。图：王晓峰

样的银河，在夜空中绘出迷人图景。大熊座、狮子座、猎户座……习惯了城市中漆黑夜空的人们，在明亮的星空中，都兴奋地找起了自己的星座。

“快看，那是流星！”一颗明亮的星星闪着金光，快速划过夜空。大家纷纷许愿，也将闪烁的星星印在脑海中。

清晨出门，又好似误入仙境，群山之间云雾缭绕，像害羞的姑娘遮上了一层面纱。驯鹿园中，鹿群在林间漫步，并不怕人，还会亲昵地舔着主人的手。

这个林海深处的小村庄，已经一改东北农村的传统生活方式，大部分村民不种田、不伐木，也不打鱼，而是家家户户开民宿、搞旅游。2023年，来北极村的游客超150万人次，相当于每个村民接待800多人次，人均年收入近4万元。

“这么偏远的地方，游客冲啥来？”

“森林、界河、冰雪、极光、极昼、极夜……”“85后”许睿峰是本地人，扳着手指讲起北极村独有的景观。他说，过去的北极村闭塞落后，但随着基础设施持续改善，越来越多的游客来这里“找北”。

2003年9月，在外打拼多年的许睿峰返乡经营民宿“俄罗斯人家”。他把先进的服务理念也带了回来，不仅给房间配备智能马桶、全景落地窗、语音控制系统，还设计咖啡馆、打造露营地、推出铁锅炖餐厅，成了村里规模最大的民宿之一。

地理位置也是一种资源。过去因“北”而贫的村庄，现在正因“北”而兴。

依托“神州北极”的地理坐标，北极村的旅游业也搞得有声有色。游客们一边感受广袤林海的魅力，一边打卡“最北咖啡馆”等各种以“北”为名的店铺，乐在其中。

（张玥、戴锦镕、徐凯鑫）

“东极”奇遇

清晨，我国大陆最东端黑龙江省抚远市将每天的第一缕阳光迎进祖国，引得无数游人和摄影爱好者们在东极阁和黑瞎子岛上按下快门，定格美景。

“莓”好味道

每年10月，蔓越莓丰收季，小小的果子火红似骄阳。近年来，抚远市聚力发展蔓越莓特色产业，打造了全国主要的蔓越莓规模化种植基地，并配套建有蔓越莓研发中心、冷链仓库、加工车间等全产业链区块。

2024年年初，黑龙江10万盒蔓越莓“回抱”广西“砂糖橘”引发全网热议，使蔓越莓这种酸酸甜甜的小果走进更多人的视野，得到很多人的关注和喜爱。有网友把蔓越莓鲜果做成了广西酸嘢，还有的榨成果汁或者泡水喝。

除了蔓越莓鲜果，蔓越莓还能用于制作果干、啤酒、饼干等各类食品。为了进一步丰富品类、拓宽市场，抚远市与哈尔滨一家公司推出联名产品——蔓越莓口味雪糕。

如今，这种曾鲜为人知的小红果变身为致富的“小金果”，让抚远这座边境小城涌现许多创收新渠道。

抚远市浓桥镇村民祝清华已经从事蔓越莓分拣工作好几年了。多亏了蔓越莓产业，她有了一份固定工作，即使在冬天，一个月也能挣4000元左右。

工人在抚远市蔓越莓种植基地进行蔓越莓水收作业。图：新华社

蔓越莓1年种植，3年产果，约5年后进入丰产期，丰产期可持续近70年，具有产量大、收益时间长、经济效益高等特点。目前，抚远市蔓越莓种植面积发展至4200亩，年产值7000万元以上，带动当地数百农户就业增收，让边疆百姓的日子同蔓越莓一般，越发红火。

蔓越莓的收获方式较为独特，是“水收”。成熟的蔓越莓果实内部有一些中空的孔洞，像一个个小气囊，让蔓越莓能够轻盈地漂浮在水面上。

基地内的种子智能培养室里，一排排蔓越莓幼苗整齐排列。这批蔓越莓幼苗是跟随神舟十四号载人飞船回来的，性状可能发生改变。还有一批种子已经随神舟十六号返航完成二度太空育种，经过一系列研发，中心将培育出国内自主知识产权的蔓越莓新品种，填补中国在蔓越莓研发领域的空白，为生物经济发展注入新动能。

这是在抚远市东极阁拍摄的日出景象。图：新华社/丁赫

抚远市的东极鱼市上挂着供市民选购的鱼产品。图：新华社/王建威

“东极”鱼市

零下30摄氏度左右的低温呵气成霜，半人多高的大鱼插在冰桶里，各色江鱼层层排列，叫卖声此起彼伏，场面蔚为壮观。

这里是冬天的“中国东极”抚远，因地处黑龙江和乌苏里江两大水系交汇处，得名“中国淡水鱼之都”。抚远原名“伊力嘎”，赫哲语意为“金色的鱼滩”。绿色无污染的水域环境为冷水鱼类在此生存繁衍提供了得天独厚的条件，当地盛产“三花、五罗、十八子”等21科105种鱼类，是中国鲟鳇鱼之乡、大马哈鱼之乡。

当地鱼市早期自发形成。近年来，抚远顺势而为，就地升级改造建起“东极鱼市”，是全国淡水鱼品种最多的鱼品交易市场。

走进小张鱼行，电脑上不断蹦出的“嘀嘀”下单声、撕扯胶带的快递打包声交织，好似交响曲。老板张云浩刚刚接单顾客从网上订购的100条乌苏里江大白鱼。

“不少都是回头客，忙‘开锅’了！直播都没时间整了。”老板娘郭春艳快人快语，干起活来板正麻利。说着，她从鱼筐捡出一条塑封好的冷鲜鱼，放进专用打包箱，箱四周紧缠胶带，最外层再套上编织袋，打包好一条鱼平均用三四分钟。

“从元旦到春节这段时间，每天发货量很大，年年如此。一天得发出上百单，远的卖到广州、海南等地。”张云浩说。

“我们祖辈就是靠打鱼为生，到了我们这一代开始销鱼，把产业链又延长了。”夫妻俩为了更好兼顾事业，忙时干脆就吃住在鱼行，“我们起早贪黑多，这样方便一些。早晨大概四五点钟就起来了，晚上可能要忙到八九点钟。”

百余米长的“东极鱼市”一条街两侧，加起来有近百个商户。尽管冬季室外滴水成冰，但鱼行的伙计们忙得头上冒热气。快递员开着小车，奔波于各家鱼行收取打包好的鱼，送至中国四面八方，为节日餐桌增添一道美味佳肴。从“伊力噶”到抚远市，这座“鱼都”，正走出“因鱼而生，因渔而兴，因生态而发展”的新路。

黑瞎子岛

冬天，接近零下30摄氏度的极寒中，中俄界江黑龙江和乌苏里江仿佛银龙延伸。抚远黑瞎子岛附近江面上是厚厚的一层积雪。远处，太阳从地平线上缓缓升起，阳光漫洒在江面上，将冰雪映衬成波光粼粼的金黄色，分外迷人。

黑瞎子岛位于黑龙江和乌苏里江交汇处，因岛上曾经多有野生黑熊出没而

左：黑熊在黑瞎子岛景区“探秘野熊园”内活动。图：新华社/王建威
右：游客在黑瞎子岛上的东极宝塔附近游览、拍照。图：杨威

得名。近年，黑瞎子岛景区游客接待量猛增，迎来了旅游业发展的新热潮。

如今，抚远市的旅游基础设施不断完善。飞机场、火车站、高速公路和莽吉塔港，让这个小城形成了水陆空立体交通网，黑瞎子岛等景点已成为游客的“打卡”必到之处。

（戴锦镕、徐凯鑫）

相关链接

抚远鱼文化体验馆（鱼博馆）

抚远鱼文化体验馆是中国最大的冷水鱼博物馆，也是国内最具地方特色，以展示黑龙江、乌苏里江流域水生物、生态为主题的淡水鱼博馆。在这里，你能欣赏到淡水鱼王鲟、鳇鱼的风姿，窥见其静谧多彩的江底生活习性，同时体会两江水生物世界的生态曼妙，以及人与自然的和谐共生。

参观者在抚远市鱼博馆参观。图：新华社/王建威

鸟儿在扎龙国家级自然保护区内迎着朝阳飞翔。图：新华社/王勇刚

实景“鹤鸣于九皋”

《诗经》有云：“鹤鸣于九皋，声闻于天。”善鸣的丹顶鹤，被古人用来比喻才德出众、隐居山林的贤人。因为对生活环境异常挑剔，丹顶鹤并不常见。你可能不知道，如此神秘的丹顶鹤，它的家乡在北方。

中国鹤家乡

位于黑龙江省西部的齐齐哈尔，嫩江水在境内蜿蜒流过，数以万计的鸟类在此繁衍停歇。世界上有15种鹤类，中国有9种，这里就有6种。因为拥有中国面积最大、保存最为完整的芦苇沼泽湿地——黑龙江扎龙国家级自然保护区（简称扎龙湿地）和世界上面积最大的野生丹顶鹤繁殖栖息地、最大的丹顶鹤人工繁育种群再野化基地，齐齐哈尔被誉为“中国鹤家乡”。

从齐齐哈尔市区出发，开车40分钟便能抵达扎龙湿地。白雪映蓝天，芦苇泛金黄。当熙攘的人群被静怡的芦苇沼泽取代，一场冬雪过后，扎龙

这是在扎龙国家级自然保护区拍摄的丹顶鹤。图：新华社/陈益宸

湿地有了不一样的景致。“那是雕塑吗？还是真的丹顶鹤？”游客们兴奋地举起手机，却又怕惊扰到眼前的丹顶鹤。

只见两只头顶红冠的丹顶鹤昂首挺胸站在木栈道上，两只小鹤陪伴左右。若不是它们回眸，还真让人误以为是丹顶鹤雕塑。

“每逢冬季，野生丹顶鹤都要南迁越冬，我们现在看到的是人工繁育的丹顶鹤。”扎龙生态旅游区讲解员赵丹介绍道，丹顶鹤是一种警觉性极高，且有领地意识的鸟类。在2100平方千米的扎龙湿地，每年在此栖息繁殖的野生丹顶鹤有300只左右。两米多高的芦苇为丹顶鹤提供了天然的掩体，而沼泽不仅提供了丰富的食物，也隔绝了掠食者的入侵，因此扎龙湿地成为丹顶鹤繁衍生息的家园。

穿过蜿蜒的木栈道，游客们快步走到保护区观鹤台前，上午10时30分，只见一位饲养员双手挥动着红色小旗。不一会儿，一群头顶红冠的丹顶鹤便飞了出来，展翅在空中飞舞鸣叫。

一群人工繁育的丹顶鹤在扎龙国家级自然保护区的空中飞翔。图：新华社/王建威

“晴空一鹤排云上，便引诗情到碧霄”，在世界范围内，湿地美景不胜枚举，但能够欣赏到银装素裹下翩翩起舞的丹顶鹤，则只能在扎龙。

野化放飞，守护家园

优雅的丹顶鹤让扎龙湿地有了灵性与动感，也让全世界喜爱鸟类的人们有了近距离观鹤、拍鹤的机会。

盘旋飞行过后，丹顶鹤翩翩着陆，轻盈高雅之美赢得人们声声赞叹。饲养员们提着小桶，拿出桶里的小鱼抛向空中。丹顶鹤踏着剔透的冰面飞奔而来，尖嘴衔食，享受着美味。

“我们都在等扎龙下雪，丹顶鹤见到雪也很‘兴奋’，四季的扎龙有不一样的美。”一名摄影爱好者说，丹顶鹤在雪中起舞，显得更有仙气，

更加灵动。

从哈尔滨来的几名南方学生兴奋地与散放觅食的丹顶鹤合影，“我们每天查阅天气预报，终于等到扎龙下雪了，情景交融，太美了！”

扎龙湿地的核心区域并不向游人开放。游人们看到的“丹顶鹤放飞”是人工繁育的丹顶鹤，它们在冬季不会南迁越冬，因此成就了“雪地观鹤”的独特景观。

“放飞丹顶鹤也是一项重要的野化训练，有助于增强人工繁育丹顶鹤的体力、飞行以及觅食能力。”黑龙江省扎龙国家级自然保护区管理局散养鹤监测组组长徐惠介绍，目前，已有380多只丹顶鹤从这里被野化放飞。

“在中国文化中，丹顶鹤被赋予了太多美好的寓意，长寿、富贵、忠贞、高洁。丹顶鹤还是爱情忠贞的典范。”赵丹丹说，齐齐哈尔的一名摄影师，曾用8年时间跟踪记录一对丹顶鹤情侣在扎龙湿地的爱情故事：一见“终”情，牵手相携，守护一世。

得仙禽栖息，扎龙便生出神韵。

从“人鸟争食”到“人鹤和谐”

曾经，黑龙江扎龙国家级自然保护区面临湿地退化、“人鸟争食”的威胁。

过去扎龙湿地靠乌裕尔河、双阳河的间歇性泛滥补给水源，然而受自然和人为因素的影响，湿地降水量与蒸发量一度“入不敷出”。

在扎龙湿地工作了18年的徐惠看来，近几年扎龙国家级自然保护区湿地生态明显改善，人鹤关系比过去更和谐了。

徐惠说，过去有的年份芦苇荡里的水都快见底了，芦苇退化，甚至发生过火灾，“人鸟争食”，这些都威胁丹顶鹤等珍禽赖以生存的家园。

如何破解湿地“干涸”困局，保护丹顶鹤的生存环境？近年来，扎龙

这是搬迁中的扎龙国家级自然保护区核心区唐土岗子屯照片。图：齐齐哈尔市铁锋区扎龙镇政府供

国家级自然保护区建立了长效补水机制，黑龙江省每年投入200万元，齐齐哈尔市和大庆市每年各投入100万元，从嫩江引水至扎龙湿地，年引水量达2.5亿立方米。实施长效补水机制后，芦苇退化现象得到控制，芦苇产量、鱼类资源逐年恢复，水禽等鸟类的种类数量趋于稳定，并有增加趋势，湿地生态系统的完整性、持续性和物种多样性得到了有力保障。

丹顶鹤是机警的动物，尤其是在繁殖期，为了躲避人的干扰，芦苇是它们最好的隐身之处。由于历史原因，扎龙湿地核心区内生活着数千名以割苇草、打鱼、种田为生的村民。以前每年村里人割苇子，就像剃光头，鹤想找个筑巢的地方都不容易，对丹顶鹤的栖息造成很大影响。

2017年底，黑龙江扎龙国家级自然保护区开始采取芦苇征租的方式，持续实施湿地修复预留苇带项目，给农民相应的补偿保留芦苇资源，为丹顶鹤等珍稀水禽营造适宜的栖息地。

近年来，扎龙国家级自然保护区还实施了核心区居民搬迁工程，计划将区内5000多名居民陆续搬出。徐惠见证了搬迁过程，他说，在地方政府

这是扎龙国家级自然保护区景色。图：新华社/张涛

的帮助下，他从小生活的扎龙村很多村民已经搬到了附近的城市。目前，已完成首批搬迁的居民共计1400多人，为丹顶鹤和其他珍稀物种腾出了生存空间。

2022年，我国在《国家公园空间布局方案》的制定下，将重点建设三江源、青海湖、若尔盖、黄河口、辽河口、松嫩鹤乡等湿地类型国家公园，实施全国湿地保护规划和湿地保护重大工程。黑龙江扎龙湿地作为国际重要湿地、国家级自然保护区，建设松嫩鹤乡国家公园的步伐已经迈出坚实的一步。

一座城市如果拥有一片与它相依相伴的湿地，无疑是这座城市居民的福音，而这片湿地更是数百种鸟类繁衍栖息的天堂。有着“鹤城”之称的齐齐哈尔也找到了与丹顶鹤和湿地相处的“和谐密码”。

（张玥、王建）

饲养员在扎龙国家级自然保护区内喂食丹顶鹤。图：新华社/魏弘毅

这是在黑龙江东北虎林园拍摄的东北虎。图：新华社/王建威

超级“虎爸”

从刚走出校门的大学生，到如今几百只东北虎的“虎爸”，再到救援“完达山一号”野生虎的专家……1987年开始从事东北虎繁育保护工作的东北虎林园总工程师刘丹，见证了野生东北虎种群从濒临灭绝到人工繁育不断壮大的历程。

与虎结缘

白山黑水，是东北虎的家。坐落于哈尔滨松花江北岸的黑龙江东北虎林园，是世界最大的东北虎种源繁育基地，如今有300多只东北虎在此生活。

在这里，刘丹的巡逻车格外引人注目。这是一辆越野车，车窗和轮胎外都被罩上铁丝网，车门上歪歪斜斜粘着不少胶带，看起来“全副武装”却“伤痕累累”。

“这都是‘虎子’蹭上来玩的时候咬坏的。”刘丹笑着说，“它们都认识我的车，我一开车进来，经常会有一两只趴在车顶，让我带它们兜风。等我准备出园了，就按两下喇叭，它们就懂事地跳下来，跟我告别。”

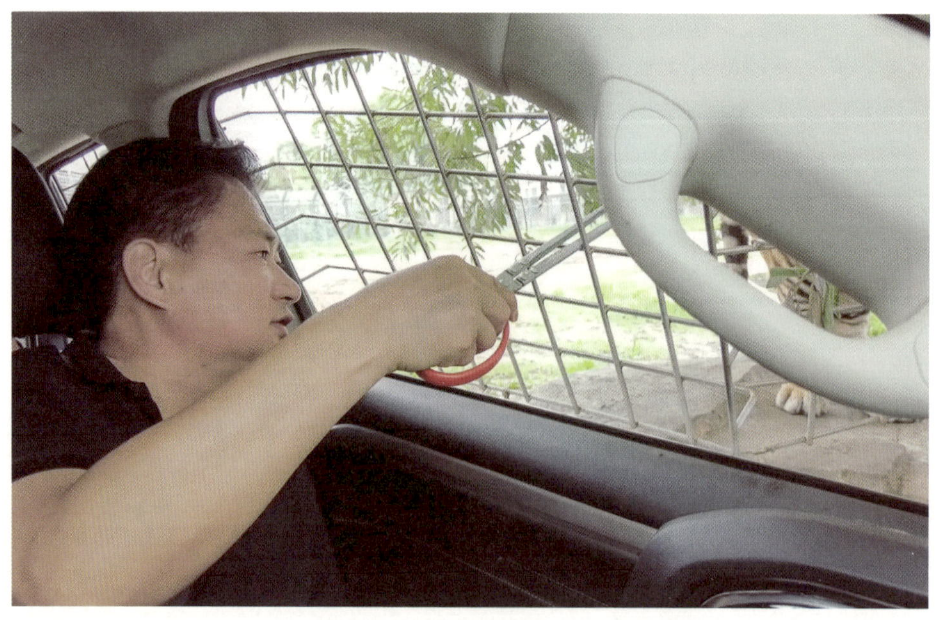

刘丹在投喂黑龙江东北虎林园中的散放东北虎。图：新华社

长期相处，让刘丹成为名副其实的超级“虎爸”。饲养繁育、疾病防控、巡视虎舍、科学研究、分析数据、野化训练……都是他的工作日常。他告诉记者，老虎发出“吐吐”声，相当于人之间的问好、打招呼；低声咆哮、吼叫，说明它处于警戒状态。

刘丹出生于哈尔滨，1987年从东北林业大学野生动物专业毕业后，来到中国横道河子猫科动物饲养繁育中心工作，这也是中国第一家人工饲养繁育东北虎的迁地保护基地。

“20世纪末，中国野外东北虎数量仅剩10余只，处在灭绝边缘，我们要做的就是通过人工繁殖把优秀种群保留下来。”刘丹说。

经过近十年努力，繁育中心的东北虎数量从最初的十几只增长到1995年的百余只。“东北虎食量巨大，夏季一只虎每天要吃4到5公斤肉，冬季则需要6到8公斤。”刘丹说，这是不小的负担。

为了解决资金问题，1996年东北虎林园对游客开放。通过“以虎养虎”的方式满足园区开支，同时普及东北虎保护知识，开展虎文化宣传。事实证明，这些大型动物深受游客喜爱。今年7月以来，东北虎林园日均接待游客量超1万人次，预计全年门票收入上亿元。

“虎口”救援

獠牙如人拇指粗细，体重达250公斤，东北虎是地球上最大的猫科动物。即便隔着观光车厚厚的玻璃，游客也时常毛骨悚然。但对刘丹来说，这种来自顶级掠食者的“血脉压制”，则化成一种使命感。

2021年4月23日，野生东北虎“完达山一号”意外闯入村庄，受惊扑咬了一名村民，引起当地居民恐慌。得知消息后，刘丹和两名兽医驱车6个多小时赶往现场。

“实际上这只老虎也怕，它长时间在野外生活，遇到人也很陌生。”

在黑龙江省穆棱林业局有限公司林场，被放归自然的野生东北虎“完达山一号”从铁箱子里走出离开。图：新华社

刘丹回忆说，他赶到时，“完达山一号”躲在一户村民后院的柴火垛里，只露出一个脑袋，不敢出来。

经过现场警戒疏导和科学研判，团队对其进行了两次吹管麻醉、两次麻醉枪麻醉，直到晚上10点才将其捕获，并送往横道河子猫科动物饲养繁育中心进行救治。

“野外救护最困难的工作是如何将收容的东北虎重新放归。”刘丹说，经过一段时间的隔离观察和健康评估，多方认定“完达山一号”已经具备了重返自然的能力。

2021年5月18日，在龙江森工集团穆棱林业局有限公司施业区，随着笼门缓缓打开，“完达山一号”迈着矫健的步伐走出笼子，重新回到属于它的广袤天地。它是中国第一例野外救护、又成功放归山林的东北虎。

“作为养老虎的人，我们非常希望它们能和人类和谐共处，但随着人类村庄和公路扩张、建设，自然环境变化是客观存在的。”刘丹说，“我们要做的就是不断提高应急救护能力，同时跟踪并监测野生东北虎的活动范围，尽可能避免与人类活动区域交叉重叠。”

如今，黑龙江省多地已制定出台东北虎救护与安全防控应急预案、野生动物意外伤害应急预案，行业主管部门与专业救助团队组成的联防预警机制逐渐建立。

放虎归山

目前中国境内野生东北虎数量已达70只左右。东北虎林园存在的重要意义在于帮助更多老虎回归自然。“人工饲养会导致东北虎的野外生存能力丧失，但放任老虎自生自灭是不行的，我们一直在寻找一条科学合理的野化训练之路。”刘丹说。

通过无人机投放活禽、牲畜，采取半散放方式饲养，在基因检测的基础上对部分一岁以上的东北虎进行野化训练……东北虎林园努力为东北虎营造接近自然的生态环境，帮助它们初步获得野外捕食等能力。

“中国野生种群东北虎近交系数达40%，很可能造成遗传疾病或缺陷。”刘丹说，通过严格的基因筛选，团队精心挑选预备野化训练的人工繁育小虎，确保为野外种群注入高质量血液。

为此，团队与东北林业大学合作构建了东北虎谱系数据库、国家级疫源疫病监测体系及信息化管理网络，每一只东北虎的诞生地、种群归属与成长历程都被记录在案。

谈及未来，刘丹希望能够建立更高级别的野化训练区，对核心种群实施活猎物捕食、野外繁育等高层次训练。同时，东北虎作为跨国分布物种，其保护需要国际社会的共同努力。

在横道河子东北虎林园，一只东北虎上树“捉鸡”引来众虎“围观”。
图：新华社/王建威

这是在横道河子东北虎林园拍摄的东北虎。图：新华社/王建威

“俄罗斯境内的野生东北虎数量达700多只，他们拥有丰富的野外监测保护经验，值得我们学习。”刘丹说，早在2014年，俄罗斯放归野外的东北虎“乌斯京”“库贾”曾到黑龙江省抚远市、萝北县“串门”，团队进行了全程监测，并在2016年与俄罗斯科学院专家，就东北虎野化放归等进行了交流。

近年来，中俄两国在东北虎保护方面开展了广泛合作，共同推进生态廊道建设、种群监测等工作。相信在不久的将来，越来越多东北虎将重啸山林。

（杨思琪、杨轩、唐铁富、沈易瑾）

这是五大连池世界地质公园温泊景区冬日雪景。图：新华社/谢剑飞

“秘境”五大连池

在去五大连池风景区之前，我们本不想挑战在零下30摄氏度的严寒探访北疆，却没想到这次前往，竟是与冬天最美的遇见。

五大连池位于黑龙江省黑河市境内，距离黑河市区有3个小时车程。游客可以乘飞机到五大连池机场转大巴，或者坐火车到北安站再转大巴。

路途的辗转和寒冬的凛冽，让五大连池显得有些“寂寞”。“冬季是冰雪旅游旺季，却是五大连池旅游的淡季。这么冷的天，能看完一两个景点都是一种挑战。”五大连池风景区党委宣传部副部长罗曼说。

“这里原来是一条河，叫白河。”罗曼介绍道，白河水经讷河流入嫩江再汇入黑龙江，最后奔腾至白令海峡。

“好神奇，这里的水是带气的。”来自广东的游客争相品尝着大自然的甘露，兴奋地拍照留念。

一口带气的天然矿泉水打开了神奇的五大连池。罗曼告诉记者，这里的水是世界三大冷泉之一的天然含气矿泉水，带气的口感是由于水中天然含有大量二氧化碳气体。这让人不禁感叹，火山即使在休眠的时候，也并不是无所作为。它将自己生命的甘露和精华融之于泉，化之于水，灌溉着黑土地和生活在这里的人们。

“五大连池另一个神奇的景观就是‘温泊仙境’。温泊有大大小小26个自涌泉，全长1800多米，那里的水温常年保持在14摄氏度左右，即使在户外温度零下40摄氏度以下仍然不冻，热气腾腾。”在罗曼的带领下，穿过蜿蜒的栈道和被白雪覆盖的翻花石海，一处盆景式火山奇观便呈现在眼前。

坊间流传，温泊水是连池仙子的眼泪，为了融化善良的黑龙那颗化作了石头的心。

木栈道贯穿温泊，行走其间，两侧是千姿百态的火山熔岩石，黑白画映让人发出美的赞叹。

“高寒温泉”“水泊高磁”“一泊三景”号称温泊三奇。说这里是“温泊仙境”一点不假，即使滴水成冰的隆冬，湖面依然波光粼粼。从观赏台仔细观察水面，温泊中的苔藓多彩交织，一片片水草顶着浮雪，令人称奇叫绝。

“这里真是如同仙境一般，美得不真实。”游客们的赞叹声在空旷的“温泊仙境”中回荡。

据地质水文专家推测，在温泊北部方向的石龙熔岩台地下，有一个地热出口，热水从此冒出后，与玄武岩中的冷水混合，然后，又潜入温泊，使这里的水温常年保持在40摄氏度以上，四季不结冰，却热气腾腾、云雾缭绕。池面上袅袅升腾的热气，如缕缕轻纱缥缥缈缈，经微风吹到岸上，

游客在五大连池世界地质公园内观赏秋色。图：新华社/黄宝印

立刻挂到零下30摄氏度严寒中的柳枝、芦苇、蒿草上，并迅速凝结成洁白、晶莹的冰花。

温泊四周，一枝枝一簇簇的雾凇，使林木变成洁白无瑕的玉树琼枝，呈现出“白杨吐玉蕊，垂柳开银花”的绝妙景象。那棵棵蒿草，附挂着毛茸茸的小冰晶，既像一丛丛白珊瑚盛开在银色的世界，远远望去，疑是银花昨夜开。

下午3时，太阳便急着躲进夜色，匆匆留下一片粉紫色的霞光，晕染了冬日里静谧的五大连池。

（张玥、张启明、王大禹）

相关链接

五大连池世界地质公园博物馆

博物馆位于五大连池风景区，为“国家二级馆”，是全国唯一获此殊荣的火山地质类博物馆，带人们感受五大连池地区特有的地质与文化。博物馆建筑设计充分运用了五大连池独有的天然元素，是以喷气锥（碟）为整体形状，以五个溪水相连的火山堰塞湖为整体构造，形成了火山元素突出、构造新颖独特的设计风格。

这是日出时分的五大连池世界地质公园景观。图：新华社/谢剑飞

横道河子“慢时光”

100多年前，为修建中东铁路，俄国铁路工程师、技术人员等云集如今的黑龙江省海林市横道河子镇，商人们随之而来开设工厂和商行，这个地处林海雪原深处的小镇由此货铺林立、商贸繁荣，处处流淌着优美的旋律。横道河子由此被称作“火车拉来的小镇”，也有人称其为“一个巴扬（手风琴）遗落的音符”。

游客在拥有百年历史的横道河子火车站留影。图：新华社/王建威

横道河子因铁路而立，因铁路而变，更因铁路而兴。如今，高铁疾驰驶入林海雪原，历经百年沧桑的小镇日渐迎来属于自己的“高光时刻”。

火车拉来的小镇

“坐上高铁去看山沟里的城，感受不一样的异域风情。”踏上黑龙江旅途，越来越多的游客喜欢前往林海雪原中的一个小镇——横道河子。

从哈尔滨乘高铁向牡丹江方向，一个半小时后，高铁钻出连绵起伏的长白山余脉张广才岭，就到了横道河子东站。出站后，醒目的“横道出租车线路价格表”的大牌子竖在路边，油画村、老街、机车库等打卡地明码标价，透着东北人的质朴和可爱。

车停在俄罗斯老街的石板道旁，两旁的老建筑尽显异域风情，岁月的沧桑并没有掩去它们的独特美感。建筑上的黑色大理石牌上“中东铁路建筑群”字样，揭开了这些建筑百年前的身世。

“该镇地处张广才岭山脊东侧，山势高峻，山峦重叠，林木葱郁，横道河自西北向东南流经该镇中部，平均海拔900米……”《海林县志》记载，横道河子是牡丹江通往哈尔滨必经的咽喉要地，清末因中东铁路修建而得到发展。

19世纪末，大批俄国铁路专家、技术人员和大量铁路工人来到横道河子，这里成为铁路施工的重要指挥中心和技术指导中心，被当时的俄国人称为“乌恰斯”，意为大机关。

1903年，中东铁路建成通车后，横道河子开始繁华起来。来自不同国家的人与中国人共同生活在这座小镇。鼎盛时期，居住在此的俄国人数量甚至超过中国人。横道河子先后建起俄式民宅等，供专家和技术人员居住。

在横道河子中东铁路博物馆，墙上展出的一张张老照片，生动展现横

上左：星轨之下的中东铁路博物馆展区。此建筑原为圣母进堂教堂，建于1902年，主体为原木木刻楞结构，平面呈希腊十字架型，造型、结构、工艺装饰等均为俄罗斯早期建筑风格。图：新华社/王宝勋
上右：星空下的中东铁路博物馆机车库展区。图：新华社/刘崴
下左：星轨之下的俄式建筑“大白楼”。“大白楼”系1903年为修建中东铁路的技术人员建造的办公及住所，为俄式砖瓦结构。图：新华社/王宝勋
下右：星轨之下的中东铁路博物馆机车库展区。图：新华社/王宝勋

道河子的昔日景象。商人们来此开设工厂和商行，处处货铺林立，“火车拉来的小镇”一派繁荣。

旧日的横道河子早已十分“洋气”。每逢周末，公园里举办露天舞会、交响乐演奏会。夏季的傍晚，人们聚集在街头，伴随音乐翩然起舞，优美欢快的旋律在小镇上空久久回荡。

据统计，小镇有俄式建筑256栋，其中国家级文物保护单位6栋，是我国30个历史文化名镇之一，也是中东铁路沿线俄式建筑遗存最多、保存最完整的一个小镇。

巴扬遗落的音符

横道河子镇中东铁路博物馆是小镇里6栋国家级文物保护单位之一。百年火车头似乎能触摸到工业革命的脉搏，15个漆黑的大门扇形排开，犹如一台拉开的手风琴。

“当时，火车要翻过西侧的张广才岭驶向哈尔滨方向，需要在进山前加挂车头在后面助推，为了存储和检修机车，修建了这个扇形机车库。”横道河子镇人民政府宣传委员范忠伟带我们来到车库前的中心位置，铁轨从机车库伸向一个圆形转盘，火车头开上去，转盘转动，完成调头，让火车头顺利进入某一个车库。

从空中俯瞰，一条铁轨加上圆形的转盘仿佛一个四分音符，而这个“被遗落的音符”，在寂静的山涧里，与岁月拼凑出一段肃穆庄严的旋律。

“建筑是凝固的音乐，音乐是流动的建筑。”在横道河子，音乐和建筑始终是它最具魅力的“名片”。

被称作“西部歌王”，曾创作《在那遥远的地方》《掀起你的盖头来》等脍炙人口作品的王洛宾，年轻时曾在横道河子站工作。

小镇的融合气质深深影响了王洛宾，也影响着生活在这里的人们。

酿果酒、做列巴、吃香肠……这里的居民长久以来保持着独特的生活习惯。

生活在文物里是种什么体验？被婉转悠扬的手风琴声吸引，走进一栋百年老宅，倾泻而来的阳光仿佛打通了时空隧道，成就了一次与过往岁月的邂逅。

这是横道河子中东铁路机车库遗址和部分俄式建筑。图：新华社/王建威

2018年，俄侨文化爱好者宋兴文乘坐高铁从哈尔滨来到横道河子，第一眼便喜欢上这个小镇。后来，他买下横道河子的一栋百年俄式老宅，并将其改造成一家民宿。

“民宿是典型的俄式建筑风格，却采用了中国传统的海棠格样式进行木质窗花雕刻。”宋兴文说，在横道河子，文化交融是一个永恒的话题。很多民宿都有着百年历史，门窗周边镶以别致的木制彩色饰件极具辨识度，体现出异域风情的审美情趣。

林海雪原上的明珠

寒冬时节，在横道河子的一栋百年俄式老宅，喝一杯热气腾腾的果茶，享用中俄融合风味大餐，望着窗外的袅袅炊烟，时间仿佛都走得慢一些。也正是因为横道河子的融合气质，《悬崖之上》《闯关东》《智取威虎山》等多个热门影视作品都选择在此取景拍摄。

尽管百年风雨给小镇带来了岁月的沧桑，但那犹存的韵味仍然充满魅力。油画村、中东铁路博物馆、俄罗斯老街等景点让小镇的历史价值、美学价值得到完美展现。有专家称，横道河子称得上“中东铁路的一座露天博物馆”。

百年前建成的横道河子火车站也是小镇里有名的拍照打卡地。如今仍在使用，是绿皮车和货车专用线。

来自广州的游客付女士和朋友在网上找到了一家“橙子旅拍”工作室，化上了带有欧式田园风情的妆容，闺蜜二人在横道河子火车站牌下拍照留念。付女士说，这是她第一次见到雪，乘坐高铁时被沿途雪景感动得又哭又笑，“真是一段难忘的回忆。”

在横道河子，你无需匆匆赶路，走在凹凸的石板路上，能更好地寻味小镇厚重的美。

学生在横道河子镇的文化艺术主题街区写生。图：新华社/王建威

坐在街边休闲椅上，享受午后阳光。想象着百年来这条街上走过的工程师、画家、民工、商人也曾在这里休憩……目光穿过樟子松树梢，云卷云舒，岁月悠然。“横道河子，不老的时光”就这么刻进了心里，连同这一段与横道河子共度的慢时光。

驱车驶离横道河子俄罗斯风情小镇，约10分钟便可到达海林又一处旅游“名片”——被誉为“中国虎乡”的横道河子东北虎林园。这里四面环山，林木葱郁，森林覆盖率高达98%。

横道河子东北虎林园是中国横道河子猫科动物饲养繁育中心的重要饲繁基地之一。自1986年建立以来，繁育中心的东北虎数量由最初的8只发展到1000余只。

这是横道河子东北虎林园局部景观。图：新华社/王建威

时而悠哉散步，时而登高远眺，时而嬉戏打闹。成群的东北虎在这里尽享四季暖阳。虎啸山林，奏出人与自然和谐的交响。

“依托横道河子这张旅游名片，海林持续实施旅游产业提升行动，常态化举办林海雪原冰雪文化节、莲花湖冬捕、威虎山越野跑等具有特色的节庆活动。”海林市委书记魏红梅介绍，除了横道河子俄罗斯风情小镇，海林市还整合了横道河子东北虎林园、威虎山影视城、七里地村红色与生态游等系列旅游产品，着力打造横道河子冰雪风情小镇，不断丰富旅游业态。

（刘赫垚、张玥）

现实版“绿野仙踪”

在中国北疆的广袤林海，一条条铁路线蜿蜒而上，通往神秘的大兴安岭、秀美的小兴安岭。今年夏天，越来越多游客乘火车，打卡现实版“绿野仙踪”。

从哈尔滨出发，向东北方向约350千米，便是处于小兴安岭腹地的伊春市。这里拥有400万公顷浩瀚林海，森林覆盖率达83.8%，有着“祖国林都”“红松故乡”的美誉。

“今年从哈尔滨到伊春的游客明显增多，几乎每趟列车都要加挂车厢，也就是大家看到的‘加1车’。”中国铁路哈尔滨局集团有限公司K7137次列车长李鑫正在度过一个忙碌的暑期。

李鑫所在的这趟列车途经伊春、五营、红星、新青、汤旺河等地，将五营国家森林公园、黑龙江新青国家湿地公园、汤旺河林海奇石风景区等景点串联，每到一站都有好风光。

沐浴着林间斑驳的阳光，呼吸带有松香的清新空气，聆听脚边的潺潺水声，在花岗岩石林地貌景观中穿行……生态游逐渐成为消费新热点，来伊春“森林walk”成为越来越多游客的避暑首选。

“我带的游客大多来自北京、天津等大城市，大家都说好久没这么亲近自然了，身心都平静了。”伊春市汤旺县“90后”旅游团团长杨智源说，当地森林资源丰富，夏季平均温度仅21到23摄氏度。今年南方游客特别多，其中不少提前数周就开始规划行程、抢购车票。

在哈尔滨西北方千余千米处，是大兴安岭。在这里，“找北游”同样火热。

K7127次旅客列车行驶在伊春市金林区金祖峰山脚下。图：吴雨南

“这是我第一次来黑龙江，在火车上，我一直看着窗外，仿佛被平原和林海所拥抱。”深圳游客刘女士说，来自五湖四海的旅人在火车上相聚，或三五成群聊天，或举起手机记录飞逝而过的风景，人们的脸上都洋溢着兴奋与期待。

“火车可能是很多游客对黑龙江的第一印象，我们必须让他们有宾至如归的体验。”李鑫说，现在乘务员都接受了更加完善的综合培训，对床铺清理更换、卫生间打扫等提出了更高要求，有力推动了铁路运输与文旅产业融合发展。

2024年1月至7月，伊春市累计接待游客1358.1万人次，同比增长74.5%，其中7月单月游客接待量首次突破300万人次，旅游业增长势头强劲。铁路方面，上半年，哈尔滨至漠河的铁路线客流量较去年同期增长28.8%，特别是周末、节假日，客流量达到高峰。

乘客在“林都号”旅游列车餐车车厢望着窗外的杂绿流景。图：新华社/王大禹

乘务员准备登上“林都号”旅游列车。图：新华社/王大禹

为满足市场需求，哈铁集团还创新推出“林都号”等多条高品质旅游专列，方便旅客深度体验大森林、大湿地、大界江等“中国之美”。

在大兴安岭图强林业局生态旅游发展公司经理安石春看来，东北林区蕴含珍贵的生态资源，随着游客的到来，木耳、蓝莓、白桦树汁等林下产品销售激增，有效带动林区职工增收。

寒地铁路火起来，北国风光更风光。眼下，愈发繁忙的铁路线，正成为绿色经济转型发展的生命线。

（杨思琪、沈易瑾、徐凯鑫）

相关链接

"林都号"旅游列车被誉为"移动的五星级酒店""轨道上的豪华游轮"，线路涵盖哈尔滨冰雪大世界、中国雪乡、神州北极、中国林都、华夏东极等黑龙江顶流冰雪旅游胜地。

"林都号"旅游列车在哈尔滨火车站停靠。图：新华社/张涛

"伊春号"是全国首列沉浸式森林观光高端列车，首创全景式观光车厢、怀旧式旅拍车尾，让游客白天可以在列车行进过程中沉浸式感受山林美景，晚上可以在列车里看星星，体验在山林间渐行渐远的浪漫。

齐齐哈尔一家烤肉店里的食客在烤制肉片，香气升腾。图：张玥

寻味齐齐哈尔

在美食爱好者圈子里，一直流传着一条“最好吃的纬度线”——北纬47度。从北美到欧亚大陆，世界上的好食材总是挑着这条线长。比如美国威斯康星州的乳制品、日本北海道的蜜瓜、阿尔卑斯山脉的黑松露、俄罗斯的优质小麦……而在中国，北纬47度穿过了黑龙江省齐齐哈尔市。

“如果城市有味道，那齐齐哈尔一定是烤肉味！”有人说，即便哈尔滨、延边、锦州已经撑起了中国烧烤的半壁江山，那另外一半，齐齐哈尔烤肉必定有着不可撼动的地位。

从民族美食到非物质文化遗产

齐齐哈尔是达斡尔语，意为“天然牧场”，位于黑龙江省西南部，地处世界三大黑土带之一的松嫩平原腹地，优质的地域环境孕育出品质极佳的肉牛。

“齐齐哈尔烤肉历史悠久，在辽金时期，生活在齐齐哈尔的契丹人将生肉片放在烧热的石头上，形成了烤肉制作工艺雏形。后来，烤肉逐渐进

这是深受游客喜爱的达斡尔族风味柳蒿芽拌肉。图：张玥

入家庭，富裕人家用平底铁锅，穷人家则用铁锅的残片。到了清朝，回族人带来牛肉的屠宰加工分割技艺。”走进齐齐哈尔市梅里斯达斡尔族区的烤肉博物馆，讲解员向游客娓娓道来齐齐哈尔烤肉的历史。

几百年前，中国塞外广袤的土地上，北方的冬季寒冷且漫长，一种将石头加热来炙烤的吃肉方法被达斡尔族人所喜爱，滋养着游猎民族矫健的体魄。

随着达斡尔族人从黑龙江迁至嫩江畔，这种烤肉美食也飘香而至，来到了齐齐哈尔市梅里斯达斡尔族区。

将柳蒿芽焯水，放入切好的鲜牛肉中，再加少许盐和食用油抓拌均匀，一盘达斡尔族特色烤肉就拌好了。柳蒿芽拌肉下锅时嗞啦作响，野菜和着牛肉散发出独特的香味，顾客品尝后连连称赞。

“柳蒿芽拌肉是达斡尔族的传统吃法，后来被越来越多的人喜爱，也是齐齐哈尔烤肉的特色之一。”康艳是达斡尔族人，家在齐齐哈尔市梅里斯达斡尔族区哈拉新村。

“烤肉＋露营”“烤肉＋咖啡”等新业态让这个以农耕为主的少数民族村，搭上了乡村振兴的快车。康艳和很多村民在家门口就能享受到乡村振兴带来的红利。

齐齐哈尔烤肉是多民族融合的结果。经几十名专家查阅大量资料、考察认定，齐齐哈尔烤肉极具北方地域特色，传承脉络清晰，传承人群众多，历史悠久。2021年，齐齐哈尔烤肉成功入选齐齐哈尔市非物质文化遗产。

从地方名片到香飘全国

齐齐哈尔烤肉从兴起到现在，经历了几代变迁。从最开始的家庭烤肉，到一口锅“烤遍天下”，再到现在根据肉质不同进行精细化烤制，

2024龙江美食文化节暨齐齐哈尔烤肉美食节现场。图：新华社/丁赫

“齐齐哈尔烤肉在发展中对肉品要求越来越高，也一定程度反映了社会的进步、人们生活的变化”。

“大片肉”是梅里斯烤肉的招牌，选取牛上脑与牛肋扇两个部位，切成薄厚均匀的大片。大片肉不仅能在烤盘上迸发出优质的口感，串在竹签上经过恒温的炭火烘烤，更能让挑剔的味蕾得到满足。

来齐齐哈尔，不可能只吃一顿烤肉。

“师傅，去广信路烤肉一条街。”

“姑娘，我们齐齐哈尔的烤肉，可不止一条街。”

司机师傅所言非虚。齐齐哈尔市商务局统计数据显示，齐齐哈尔市，各类烤肉门店有1万多家，广信路烤肉美食街是齐齐哈尔烤肉店铺最多、烤肉最具特色、人气最旺的烤肉街区，网红烤肉、街边烤肉、家庭拌肉等不同特色的店铺从这里向整个城市蔓延。

2022年6月18日，在“2022齐齐哈尔烤肉美食节”启动仪式上，世界中餐业联合会授予齐齐哈尔市“国际（烤肉）美食之都”称号。如今，烤肉对于齐齐哈尔来说，就像北京烤鸭、天津狗不理包子、哈尔滨锅包肉一样，成为一张城市名片、一种特色文化。

“烤肉是齐齐哈尔的待客之道，来齐齐哈尔旅游不吃烤肉，就相当于到了北京不吃烤鸭。”齐函杨佳烤肉店总经理何若嘉一边忙着为顾客烤肉，一边介绍着齐齐哈尔烤肉的独特吃法——先用一块牛油润锅，雪花大

在齐齐哈尔一家烤肉店内，食客在“围炉”烤肉。图：新华社/丁赫

片肉在烤前蘸上秘制酱料，铺在烤盘上瞬间嗞啦作响，烤至焦香后剪成小块，搭配紫苏叶、蒜片、青椒圈等配菜一起入口，“简直香迷糊了！”

“燕翅拌肉是我们家的招牌，胸口是半肥半瘦，能吃出一股奶香味，原切牛上脑肉质软嫩，外脊板的肉更有嚼劲……”何若嘉告诉记者，如今的齐齐哈尔烤肉种类繁多，会根据牛肉不同部位的特点进行精细化分割，以满足消费者的不同需求。

除了端出烤肉这份献给世界的礼物，扎龙湿地的壮阔、丹顶鹤的灵动、梅里斯湖的民族风情、龙沙动植物园的自然奇趣、中国一重的工业探秘以及亚洲最佳冰球城市的速度与激情都是齐齐哈尔文化旅游的金字招牌。

依托哈齐高铁2小时经济圈的便捷交通优势，到齐齐哈尔开启一场“寻味之旅”成为越来越多人的心愿清单，一起奔赴一场味蕾奇遇吧！

（管建涛、张玥、张启明）

火山岩上稻花香

黑龙江省宁安市渤海镇上官地村，是在万年前火山喷发后形成的熔岩台地之上形成的传统村落，有着数百年的开垦历史。

这是上官地村全景。图：新华社/张涛

在上官地村，村民在罕见的雾虹下收割水稻。图：新华社/张涛

得益于火山灰、腐殖土带来丰富的矿物质、有机质和微量元素，这里的“石板大米”有着优秀的品质和口感，成为“石板大米”的核心产区，2023年入选第六批中国传统村落名录。

秋日之下，温暖的阳光洒照在玄武湖上，升起晨雾，村落若隐若现，金色的湖面波光粼粼，一阵微风拂过，稻浪滚滚，美不胜收。

近年来，上官地村创新营销模式，拓宽了销售渠道，提升了“石板大米”的知名度和影响力。上官地村建设稻田景观栈道、风车水车公园、烧烤广场、沙滩浴场等多个景点，配套开发特色民宿，为农户增收拓宽路径。

（张涛、王松）

村民在上官地村内收割水稻。图：新华社/张涛

这是上官地村的稻田景观栈道。图：新华社/张涛

赫哲人与乌苏里船歌

赫哲族是中国人口较少的民族之一，世居黑龙江、乌苏里江、松花江流域，因地处中国东方，被称为“守望太阳的民族”。“乌苏里江来长又长，蓝蓝的江水起波浪，赫哲人撒开千张网，船儿满江鱼满舱……”传唱半个多世纪的《乌苏里船歌》，形象描绘了赫哲族的劳动生活场景。

在黑龙江省同江市非物质文化遗产展示馆，赫哲族群众和学员唱起《乌苏里船歌》。图：新华社/王建威

在抚远市东湖，赫哲族群众展示刚捕上来的狗鱼。图：新华社/王建威

在同江市街津口赫哲族乡渔业村，几乎家家户户门口都晾晒着渔网，展现着赫哲族“以鱼为生”的特点。每年禁渔期结束后，赫哲人孙玉民都和乡亲们一起捕鱼，以供应族人全年的吃、穿所需的鱼产品。

“鱼是赫哲人的生存密码，现在正值打鱼季，大家都早出晚归，希望有个好收成。”孙玉民说，夏季禁渔期一般是鱼的产卵期，渔民利用这段时间修渔船、补渔网等，或是提前放置大网以备冬捕，禁渔期后就开始忙碌了。

20世纪80年代，国家向赫哲人发放了新型柴油机，安装在村民们的渔

身着赫哲族服饰的赫哲族群众和饶河县文旅推荐官在中央大街与游客互动。图：新华社/王建威

船上。生产工具的改善，极大提高了劳动效率，也让赫哲人告别了人力划桨时代。

几十年来，在党和政府的帮助下，赫哲族不断转变生产方式，实现了从单一捕捞到渔农并重、再到多业并举的跨越式变迁。

除了食用鱼，赫哲人还“衣其皮，用其骨”。严寒地区的生活环境及渔猎生产活动，使赫哲族学会了用鱼皮制衣的技艺。

作为赫哲族民族标志的鱼皮、鱼骨制作技艺，是赫哲族历史文化的“活化石”，也是全世界唯一传承下来的鱼皮制作技艺，已被列为国家级非物质文化遗产。

在各大文旅推介活动中，非遗赫哲鱼皮制作技艺染色项目传承人赵同华，带着她的“改良版”鱼皮衣，总能吸引不少人的目光。

赵同华的老师是今年72岁的国家级非物质文化遗产“赫哲族鱼皮制作技艺”传承人尤文凤。“做一件鱼皮衣，需要大约50条鱼，不同的鱼皮，纹路是不一样的，每一件都很独特。这是赫哲族祖先智慧的结晶，也是渔猎文化的一个集中体现。”尤文凤说。

从师傅那里学习了鱼皮制作技艺的赵同华，加入自己的创意，经几次迭代升级，让这项非物质文化遗产走进寻常百姓家。鱼皮高跟鞋、鱼皮包、鱼皮手链……在赵同华开办的工作室里，各种时尚的鱼皮制品将传统技艺与现代元素相结合，让鱼皮技艺“活起来”“走出去”。

2023年冰雪季，在哈尔滨冰雪大世界景区，赵同华设计的各式鱼皮制品受到游客喜爱，一款能够在夜晚发出荧光的鱼皮雪花挂件受到热捧，一度售罄。

从全族仅存300余人到如今的5000多人，从只会打猎打鱼，到科学种田，再到制作鱼皮衣发展文化旅游，如今，赫哲族唱响了新时代的“乌苏里船歌”。

（戴锦镕、刘赫垚）

镜泊湖上有奇人

在中俄交界的牡丹江市，有个镜泊湖，那里有世界最大的玄武岩瀑布——吊水楼瀑布。每逢汛期，瀑布水声如雷，激流飞溅而下，卷起数丈波涛。极寒时节，瀑布流水成冰，但深潭却终年不冻，弥漫着茫茫白雾。

在一年中的绝大多数时间，每逢下午两点，游人们都会守在瀑布边，等待老狄的出现。

老狄叫狄焕然，已经60多岁。他在当地是个名人，镜泊湖边，不断有人找他签名合影，人们都说他是“中国悬崖跳水第一人”。

“像鹰一样在飞”

老狄面色红润，走起路来虎虎生风，看上去也就四十多岁。他嗓门很大，隔着几十米的悬崖，声音都能听得清清楚楚。老狄话也很多，说到悬崖跳水就滔滔不绝。

1983年，老狄第一次见到了吊水楼瀑布。从小在牡丹江上游泳的他，想要去瀑布边的潭水里游泳，遭到了拒绝。当地老百姓跟他说，即使是圆木从瀑布顶落下也会摔成粉末。

老狄不信邪，为了打破这个传言，他游到瀑布的急流中，顶着水流就爬了上去，然后跳了下来。老狄说，那一刻，他感觉自己“像鹰一样在飞”。一跳不够，他就连续跳了四次。这还不够，他就跳了一辈子。

老狄在冰瀑悬崖上纵身跃下。图：新华社/王建威

老狄很喜欢吊水楼瀑布，因为这里不仅夏天能跳，冬天也能跳。冰天雪地里，瀑布上气温零下36、37摄氏度，扎到水里却有摄氏7、8度，脱了衣服往下跳，“兴奋点最好”。2001年，镜泊湖景区管委会找到老狄，聘请他来专职表演跳水，老狄欣然接受。

成为景区正式职工的老狄，把跳水看作了事业。他在2008年创造了世界最高瀑布跳水吉尼斯纪录，还拿到了不菲的表演收入。他的车上，印着自己跳水的大幅照片。他的画册，在景区各处出售。

下午两点，只要有游客，老狄都会走到瀑布顶上，脱掉衣服，大喊一声“起飞”，然后纵身一跃，在游人的欢呼中，享受飞翔的快乐。

“不管在哪儿，每次有老鹰或者燕子从身边飞过时，我都会停下来，注视着它们，我觉得这是我的同类。”老狄太喜欢“飞”的感觉了，所以他很少失约。

“跳水就是我的生命”

前几年临近退休前，老狄失约了一段时间。平日健壮如牛的他，病倒了，去医院打了十多天的点滴。老狄得的是心病。

有人跟他说，退休后景区不会再与他续约，这让他沮丧不已。悬崖跳水是极限运动，连保险公司也拒绝投保。

老狄说，在跳水的这40多年里，没少受各种讽刺打击，开始亲戚朋友没有赞成的。“说我瞎逞能，说我玩命。说你都这年龄了，你还能进国家队啊？”但老狄不为所动。

危险是真有的。1986年镜泊湖水大，有一次老狄就被漩涡卷到水下去了，一下子就失去方向了，十多秒钟才挣扎着游上水面。这也没能动摇他：“别人可能就不会继续了，而我恰恰相反，给我卷出经验来了。”老狄总结出了要诀：扎得浅、出水快，千万别急着兴奋，忘乎所以。

老狄非常自信，跳水前如果有人提醒他注意安全，他会直接将对方怼回去：“这不是你该操心的事。”他解释说自己的理念是“做探险家，不做冒险家”。这么多年，他坚持游泳、滑冰、骑独轮车，而且滴酒不沾，就是为跳水打好基础。

这是镜泊湖吊水楼瀑布的冰瀑景观。图：新华社/王建威

面对讽刺，老狄坚持了下来。面对危险，老狄也坚持了下来。如果不让继续跳水，老狄一时间很难接受。“我永远不会告别，如果这个地方不用

我，上外地我也得去跳。”打点滴的时候，老狄心里暗想。

后来峰回路转，景区又同意返聘他。老狄非常高兴，开着车就回了镜泊湖，扯着嗓子跟游客打招呼。

“跳水就是我的生命，如果身体允许的话，我要跳到80岁。”

“一点遗憾没有”

老狄说，开始的时候还有些人跟他一起跳，后来，就剩下他自己了。老狄这个人，想做一件事情就要做到极致。为了实现自己的目标，他放弃了很多东西。

“应该说我干跳水把家庭都给耽误了，对家庭的关怀基本应该说是没有，应该是没有。”老狄叹了口气。

但被问到是否遗憾时，他这样说：“对他们关心不够，应该说有点遗憾。但是要说我从事这项活动，我一点遗憾没有，现在我都没有遗憾，没有遗憾。”老狄一连说了三遍。

不知是40多年的悬崖跳水塑造了老狄的执着，还是老狄与生俱来的倔强让他选择了悬崖跳水。老狄觉得，追求梦想比家庭重要。他喜欢自己的选择，不过也尊重别人不喜欢自己的选择。

和老狄交流的过程中，有一个画面让我印象极深，也大概能理解到老狄为何痴迷于这项运动。

老狄脱掉衣服，翻过护栏，走到冰瀑边，站定。他的背后，是封冻的冰川和枯黄的树木。他的身前，是漫天的风雪和十数米的高崖。

老狄一个人站在那里，赤裸着上身，张开双臂。远处的游人在护栏外挤作一团，穿着厚厚的棉衣，呵着白气。瀑布两岸，天地一景；护栏内外，两种况味。

（王君宝）

攻略 “火车迷”这样游龙江

哈尔滨·中东铁路印象馆（馆里陈列着1910年中东铁路的铁轨、中东铁路建造时的画册以及那段与中东铁路有关的岁月）——**中东铁路建筑群横道河子机车库**（位于牡丹江市海林市的横道河子镇，经过一百多年的风霜，依然保留着俄式风情的自然古朴。镇上中东铁路建筑群中最具代表性的就是机车库，状如一台拉开的手风琴，建成于1903年，是国内保存最完整、规模最大的中东铁路机车库。）——**桦南林业局·百年蒸汽小火车**（桦南森林百年蒸汽小火车休闲旅游区依托13.14千米森铁线路，形成了集观光游览、民俗体验、婚纱摄影、特色餐饮等于一体的综合性旅游景区。）

游客在横道河子中东铁路机车库遗址参观拍照。图：新华社/王建威

寒地铁血 热土

这里是自然的寒地，更是奋斗的热土，见证革命时期的艰苦卓绝，迎接民族解放的破晓曙光，经历新中国建设的峥嵘岁月，探索改革年代的前行之路。一代代坚强不屈、甘于奉献的铁血勇士，用生命书写壮丽史诗，化成鼓舞中国人的榜样力量。东北抗联精神、北大荒精神、大庆精神（铁人精神）等历久弥新，为这片土地上的人们加油鼓劲，在中国式现代化之路上脚步铿锵。

“遇见”赵一曼

“我最亲爱的孩子啊！母亲不用千言万语来教育你，就用实行来教育你。在你长大成人之后，希望不要忘记你的母亲是为国而牺牲的！”

这是赵一曼，家喻户晓的抗日女英雄，临刑前写给儿子的绝笔信中的话，感人至深，广为流传。哈尔滨冰雪旅游火爆出圈时，不少游客冒着严寒，专程来到位于城区的一曼街，和路牌打卡留念。

这是哈尔滨一曼街街牌，正前方就是一曼公园。图：王建威

这条长2375米的街，始建于1921年，原名“山街”，和赵一曼有着不解之缘。

早在1932年，赵一曼曾到这条街上的老巴夺烟厂从事革命活动，后来逃离虎口、秘密养伤。也是在这条街上，她被捕后关押在伪满哈尔滨警察厅。如今，这座建筑是东北烈士纪念馆，门牌“一曼街241号”。

人们说，因为有赵一曼的革命足迹和不屈精神，这条街是名副其实的英雄街。1936年8月2日，年仅31岁的赵一曼壮烈牺牲。10年后的7月7日，作为中国共产党领导下解放的第一座大城市，哈尔滨市将这条她战斗过的街，命名为“一曼街”。

斗　争

冰城三月，早春天气，风中透着寒意。哈尔滨火车站附近的一曼街车流不息。一座欧洲仿古典式为主的折衷主义兼容风格的三层建筑巍然醒目，这就是1948年辟建的东北烈士纪念馆，是新中国成立前，由中国共产党建立的全国首家规模较大的革命烈士纪念馆。

行至纪念馆院内，在黄色办公楼外一隅，停放着一辆旧式有轨电车。东北烈士纪念馆馆长刘强敏说，这是赵一曼当年领导电车工人大罢工时的电车，至今保存完好。

时间回到20世纪初，哈尔滨是当时闻名远东的国际都会，有“东方小巴黎”“东方莫斯科”之称。1921年，哈尔滨电车公司开始筹办，1927年10月正式通车，有轨电车联通各大主城区，是城市主要交通工具。

九一八事变后，日军于1932年2月侵占哈尔滨。一些日伪军警横行霸道，不仅乘电车不买车票，还殴打、辱骂、剥削电车工人。种种野蛮行径令人发指，让原本收入微薄、生活贫困的民众愈发潦倒。

在民族危难时刻，中国共产党派遣大批干部赴东北沦陷区领导和发动抗日斗争。1932年9月，赵一曼来到哈尔滨总工会工作。

1933年4月2日晚，哈尔滨一名伪满宪兵拒不买票，殴打电车售票员。电业局知道后，非但不同情伤者，还责骂他惹了祸，并声言开除他。

消息传来，赵一曼立即赶往电车厂，连夜指导大罢工。200多名工人齐聚食堂，宣布集体罢工，紧急刻印《电车工人告哈尔滨市民书》和各种宣传材料。

工人们走上街头，把揭露日伪军警、宪兵丑恶行径的标语和宣传画张贴在墙上、电线杆上，向全市民众宣告罢工行动。就这样，哈尔滨市内交通一度瘫痪，城市陷入混乱。

强大的舆论压力，日伪统治当局只好同意工人们的复工条件，大罢工取得全面胜利。

作为领导者之一，赵一曼展现出非凡的策略水平和领导能力，赢得了

这是赵一曼在1933年4月2日参与领导哈尔滨电车工人大罢工时的电车。图：王建威

同志们和群众的信赖与认可。

赵一曼似乎从小就和别的女孩不同，她爱读书、性格豪爽、刚毅坚强。1926年11月，赵一曼进入宜宾中山中学；1927年初，她考入黄埔军校武汉分校，成为中国军事学校第一批女学员；同年9月，赴莫斯科中山大学学习；1928年冬回国后，在江西、上海等地从事地下工作。

崇尚真理、追求自由、敢于反抗、勇于斗争，摆脱封建束缚，满怀革命豪情，是这位先锋女性的鲜明写照。在东北抗日的战场上，赵一曼曾写下七律《滨江述怀》：

誓志为人不为家，涉江渡海走天涯。
男儿岂是全都好，女子缘何分外差。
未惜头颅新故国，甘将热血沃中华。
白山黑水除敌寇，笑看旌旗红似花。

忠　诚

走进东北烈士纪念馆，步入地下一层，映入眼帘的是伪满洲国哈尔滨警察厅旧址及罪恶展，一张张黑白照片记录着残暴的侵略者犯下的罪行。

一间不大的关押室逼仄阴暗，摆放着一张硬板床，铁门上有一把锈迹斑斑的大锁，赵一曼1935年负伤被俘后曾关押于此。几米外的刑讯室里，成排的刑具挂在墙上，投下长长的阴影，赵一曼曾在这里饱受摧残。

电刑破坏神经，撒盐鞭打伤口，钢针刺入手指，辣椒水灌进鼻子……“金木水火土”五种酷刑，把赵一曼折磨得一次次昏死过去。

在清醒的间隙，她则厉声斥责：“你们这些强盗可以让整座村庄变成瓦砾，可以把人剁成肉泥，可是，你们消灭不了我抗日的信仰，打败不了中国人的抗日决心。”

从1935年11月到1936年7月，在长达9个月的时间里，敌人打了治，

这是在东北烈士纪念馆中拍摄的赵一曼当年被临时关押的牢房。图：王建威

治了再打，对赵一曼用尽了各种手段，她却没有说一句对党组织和战友不利的话。

“赵一曼已经无法提供更多信息。”审讯人员只能这样向上级报告。

“从入党宣誓的那天起，就已经把生命置之度外，为了民族的解放，牺牲也是值得的。”《赵一曼传》中这样写道。

牵 挂

“宁儿：母亲对于你没有能尽到教育的责任，实在是遗憾的事情……今天已经到了牺牲的前夕了……”

“宁儿”，是赵一曼之子陈掖贤的乳名。1936年8月1日夜，赵一曼被敌人押上开往珠河（今哈尔滨尚志市）的火车。她明白，自己的生命即将走到尽头。在被送往刑场的车上，她最放心不下的就是年幼的儿子，于是提笔写下最后的话。

每每讲解至此，东北烈士纪念馆讲解员周平宇都难掩激动："我的孩子今年9岁，同为母亲，哪怕稍稍代入一下，我的心里就如同刀绞，那是和爱人分离，和孩子永别……"

在展示窗对面，是赵一曼生前照片。其中最大的一幅是她坐在藤椅上，神情坚毅，宁儿依偎在怀中，一双大眼睛里满是好奇。

这张照片是赵一曼母子唯一的合影，摄于1930年春天。那时，她辗转于各地开展地下工作，艰难度日，甚至自身难保。在上海征得小姑子陈琮

左：赵一曼和儿子合影（资料照片）。这张照片是赵一曼从苏联回国后在上海拍摄的。图：新华社

右：在一曼公园里，一位母亲为孩子讲述赵一曼的英雄事迹。图：新华社/王凯

英的同意后，她将年幼的宁儿送到汉口，托付给丈夫陈达邦的堂兄陈岳云抚养。

1936年8月2日，赵一曼挺直身躯，高昂头颅，迎着晨风，再次高歌。路两旁的人们认出了“女政委”，暗自紧攥起拳头，燃烧起对敌人的怒火。

敌人用子弹夺去了她年轻的生命。“赵一曼倒下了，她态度从容，毫无惧色，令人震惊……”目击刑场上这一幕的日本警察这样描述。

在赵一曼牺牲后，经过九年浴血奋战，中国人民同世界人民一道，彻底打败了法西斯主义，赢得了期盼已久的伟大胜利。又过了四年，赵一曼等革命先烈为之奋斗牺牲的新中国，成立了。

传 承

如今，赵一曼已经离开了80多年，她的英名和故事却一直流传。

为了纪念她，哈尔滨有了一曼街，街上有了一曼公园，公园里有了她的青铜塑像。她战斗和牺牲的地方尚志市，以她的名字创办了中小学校，她战斗过的侯林乡更名为一曼村，她的被捕地成为赵一曼纪念园，她的牺牲地建起纪念墙和衣冠冢。

2019年7月1日，距一曼街仅300多米的南岗小学，更名为哈尔滨市一曼小学校；2021年6月16日，再更名为哈尔滨赵一曼红军小学校。

这所学校设有赵一曼纪念馆，楼道里张贴着孩子们写给赵一曼的“回信”；组建赵一曼小红军讲解班，引导孩子们传颂一曼事迹；通过主题舞台剧、绘画、演讲等多种形式，师生共同研读一曼精神，传承一曼遗志……

在被问及“你会在什么时候想起赵一曼”时，孩子们的回答令人意外又感动——

有的说，在做题做不出来的时候，赵一曼躲避家人阻拦、偷偷坐在树下看书的样子会浮现在脑海，激励自己不能放弃；

有的说，作为鼓号队成员，经常背着大鼓一练就是好几个小时，汗流浃背，非常辛苦，就想起赵一曼喜欢“一”字，要学习她“一生革命、一心一意、一贯到底”……

这些孩子只有十来岁，面庞稚嫩，目光清澈。对他们来说，“英雄”不只是写在书本上的名词，“一曼”不只是一所学校的名字，而是具体可感的形象，成了近在身边的榜样。

清明前后，东北烈士纪念馆迎来参观的高峰。人们缅怀英烈，驻足瞻仰，献上白花，铭记过往，而后奔赴各自的“战场”，躬身力行。

这，便是纪念“一曼”们的意义。

（杨思琪、刘奕彤）

相关链接

东北烈士纪念馆

参观者进入东北烈士纪念馆参观。图：王建威

成立于1948年10月10日，是在新中国成立之前，由中国共产党领导建立的全国首家革命纪念馆。纪念馆坐落于哈尔滨市南岗区，以抗日英雄赵一曼名字命名的一曼街西端北侧，是一栋典型的仿古典式为主的折衷主义兼容风格建筑。纪念馆分抗日战争和解放战争两部分，陈列着杨靖宇、赵尚志、赵一曼、陈翰章、李兆麟、杨子荣、董存瑞、朱瑞等烈士的光辉事迹，是理解东北抗联精神的必到之地。

这是星空下位于佳木斯市的东北抗日联军战绩纪念塔。图：朱宗强

东北抗联极简史

他们同日本侵略者展开长达14年的艰苦战斗，与红军两万五千里长征、南方红军三年游击战争并称为中国革命“三大艰苦”。

在世界反法西斯战争中，他们被称为“抗敌最早、坚持最久、条件最恶”，呼唤和凝聚起捍卫民族尊严的磅礴力量。

他们，就是20世纪三四十年代，活跃在白山黑水间的东北抗日联军。

抗敌最早

1931年9月18日，日本法西斯侵略者在中国东北悍然发动侵华战争。

九一八事变后，中共中央连续发表宣言和决议，在东北加紧发动群众，号召全民族武装抗日。一时间，各阶层群众和东北军部分爱国官兵，组成义勇军、自卫军、救国军、大刀会等抗日武装，统称为东北抗日义勇军。

东北抗日义勇军是东北人民革命军、东北抗日联军的前身之一，其兴起、组建和开展武装斗争的过程中，得到了中国共产党的支持、领导与协助。据统计，1931年10月起，中共满洲省委和各地党组织先后派遣大批党团员到各部义勇军中工作。在一些地方，中国共产党还直接组建了工农义勇军。

义勇军在东北大地风起云涌，1932年全盛时期规模一度超过30万人，但在日军疯狂打击下，义勇军伤亡甚巨。

1933年后，一部分义勇军接受中国共产党创建的反日游击队、人民革命军的收编。同时，中国共产党提出了创建党直接领导的抗日武装的重要任务。

在黑龙江省佳木斯富锦市革命烈士陵园，有一座墓碑，是为了纪念牺牲时只有30岁的张甲洲。中共党员、清华大学学生张甲洲，出生于黑龙江省巴彦县一个地主家庭。1932年，他告别清华大学，北上哈尔滨，奔赴家乡，在中共满洲省委支持下，组织巴彦抗日游击队。

像张甲洲这样出身“名校”的抗联将领还有很多：赵尚志是黄埔军校学员，周保中就读云南讲武堂，赵一曼曾在苏联莫斯科中山大学学习，冯仲云是清华学子，童长荣求学于东京帝国大学……他们有着共同的理想、不屈的信念。

这是东北抗日同盟军第四军总司令部行营办公处。图：东北烈士纪念馆供

经过两年多努力，东北党组织先后在南满、东满、北满、吉东等地创建了党领导的十几支反日游击队。

1934年，杨靖宇、赵尚志联合数十支抗日义勇军、山林队，分别成立东北抗日联军总指挥部、东北反日联合军总司令部，协同打击日伪军。

木炮打宾州就是经典一仗。1934年5月，赵尚志率领反日游击队和义勇军等1500多人，杀向宾县县城宾州镇。部队使用一门湿柳木制成的木炮轰城。七八尺长的炮身内，装着几十斤火药、大秤砣和碎铧铁。随着赵尚志一声令下，木炮发出震天之响。“木炮打宾州，声威震敌胆”。这场战斗极大震慑了宾县、五常、双城、阿城一带的敌人。

1935年，中共中央《八一宣言》发表后，东北人民革命军根据抗日民

族统一战线和斗争发展需要，组建为东北抗日联军。从1936年2月到1938年6月，东北抗日联军11个军相继成立，达3万余人，成为东北抗战的中坚力量，揭开了世界反法西斯战争的序幕。

坚持最久

在黑龙江省佳木斯市汤原县太平川乡旭日村村委会旁，矗立着一座硕大的纪念碑，上面写着“东北人民革命军第六军授旗遗址”。

1936年1月30日，千名将士在这里集合，李兆麟将军亲自授旗，号召

这是位于佳木斯市汤原县的“东北人民革命军第六军授旗遗址”纪念碑。图：陈志国

这是位于牡丹江市牡丹江畔的“八女投江”群雕。图：新华社/王建威

六军为驱逐日寇、收复东北、实现民族解放而战！

时至今日，生活在这片土地上的人们，仍以当年“家家有抗联，户户是堡垒”为荣。日军当时称这里“地皮红透三尺”，实际上说的就是老百姓和抗联部队密不可分、生死与共，共御外敌。

抗战时期，汤原地区抗日民众四起，抗日组织遍布城乡。孔庆余、黄有等开明士绅，筹措枪支、马匹、粮食、药品支援抗日。多年后，孔家后人在家族史中发现这样一首诗：“患难兄弟手足般，枪林弹雨几多年。优秀儿女齐参战，同心同德灭敌顽……但愿抗日成功后，你我兄弟乐晚年。”落款是东北抗联第六军夏云杰、冯仲云。

战场上，英雄豪杰不分男女。赵一曼参加革命被捕入狱后，面对日本法西斯的酷刑，她始终未招供，英勇就义时只有31岁。

1938年，以东北抗联第二路军五军一师妇女团政治指导员冷云为首的八名女战士，为掩护大部队突围，主动吸引敌人火力，最后毅然投江殉国。

由于日本关东军疯狂“讨伐”，抗联部队原有的抗日游击根据地大部分被破坏。抗联部队从1937年的3万余人，缩减到1940年的约2000人。

为保存有生力量，1940年前后，抗联部队陆续进入苏联整训。1942年8月1日，东北抗联教导旅组建完成，周保中担任旅长，李兆麟任政治副旅长。

1945年8月，苏联对日宣战，抗联教导旅配合苏联红军歼灭盘踞东北的日本关东军，加速了日本法西斯灭亡，为中国人民抗日战争和世界反法西斯战争的胜利作出了重要贡献。

自1931年九一八事变至1945年日本投降，由东北抗日武装开辟的抗日战场，成为世界反法西斯战争中开始最早、坚持时间最长的抗敌战场。

条件最恶

曾有人说，在世界战争史上，没有哪一支部队像东北抗联这样，无论是普通士兵还是军官，在长达10多年的时间里，几乎随时可能面临死亡的威胁。

抗战14年，东北抗联“孤悬敌后”，没有外援，在日伪布下的“天罗地网”中与敌周旋苦斗。

为切断百姓与抗联的联系，日本关东军实行“归屯并户”，把民众赶下山，实行集中管理。在汤原县太平川乡太安村，当地人介绍，日本人把村民集中到一个集团部落居住，在部落周围修有高墙、壕沟，东南西北四个门，有敌人把守，百姓进出要出示“良民证”，还有专门的指纹班负责比对指纹相片。百姓难以跟抗联部队取得联系，抗联重要的补给源被切断了。

缺粮。

“面对日伪的凶残‘围剿’，我们最大的困难是没粮食、缺子弹。”

抗联老战士李敏生前接受采访时说，东北到了十月份就开始下雪，战士们没吃的，老百姓想送也送不了。况且，老百姓自己也没多少粮食。

当时在通北县南北河的李兆麟和三路军总指挥部的部分同志，就遭遇了绝粮难关。他们20余人因山洪暴发、南北河涨水，被困在南北河旁的一片森林里，断粮一个多月。抗联战士饿得站不起身，难以行走，只好躺在地上以减少体力消耗。

极寒。

日本关东军把主要抗日游击区的民房烧成废墟，抗联战士长年累月住不到房子。原来能在百姓屋子里休息，但山里成了无人区后，抗联将士只能住在帐篷、地窨子等简易密营里。

大雪封山时，大小兴安岭人迹罕至，气温常常降到零下40摄氏度。在东北，“一年四季半年寒”，冬季约六七个月，寒冷和饥饿严重威胁着抗联部队的生存。

东北抗联密营。图：东北烈士纪念馆供

这是位于佳木斯市汤原县的东北抗日联军三军会师组雕。图：陈志国

少药。

东北抗联部队西征期间，很多战士为躲避敌人围追堵截，经常在沼泽里行军。数天过去，战士的双脚被沤烂了，往下一踩，如针扎般疼痛。行走在森林、草甸子里，战士的头和脸，被各种蚊虫咬得肿起来。

环境艰苦还能忍，造成抗联战士减员的更重要问题是药物稀少。战士负伤后，没有药治。为了活下去，坚强的抗联战士在没有麻药和消炎药的情况下，强忍疼痛，自己给自己做手术。

苦中作乐，险中求生，难中求胜。东北抗日武装14年艰苦战斗，致使日军毙、伤、病、俘约17万人，牵制日军兵力数十万人，为世界反法西斯战争取得胜利作出不可磨灭的贡献。

今天的我们，永远不要忘记这支当年随时可能饿死、冻死和战死的英雄部队。他们在中国共产党领导下挑战人类生存极限，以生命和鲜血书写了民族复兴史上的悲壮一页，打赢了世界反法西斯战争中最漫长一战。

（韩宇、管建涛、闫睿、何山）

“731击穿了科幻想象力”

“科幻作品都没有写出这样的残酷，没有想象出用活人做科学实验这样的可怕情形。”著名科幻作家韩松说。

2024年端午节前夕，韩松访问了位于哈尔滨的侵华日军第七三一部队罪证陈列馆。这是他时隔近30年后第二次来访。他回忆说，上世纪90年代初来时，这里只是一排未经复原的小房子，参观的人也不多，而今馆前排

参观者在侵华日军第七三一部队旧址的本部旧址参观。图：新华社/王建威

起了长队，有许多年轻人。

“当时就有用科幻写731的冲动，但是发现资料还不足。”韩松说，上世纪80年代，他就读过日本作家森村诚一写731部队的小说《食人魔窟》。

本部位于哈尔滨市平房区的731部队被称为“恶魔部队”，是日本侵华期间实施细菌战、研制细菌武器、开展人体实验的大本营。

而今，新馆落成已近9年，外形如同“黑匣子”。这里存储并展示了大量新材料，包括馆长金成民等中国专家五批次从美国搜集来的档案，四十多次赴日调查获取的罪证。

韩松在长达七千多页的美国解密档案前做笔记，并仔细观看用于人体活体解剖的手术刀及培养细菌的容器……他还久久观看馆中循环播放的录像——那是中国专家历经艰辛从日本拍摄到的731部队老兵的口供。

731部队病理班原队员大川福松说：“有各种人体实验和‘马路大’……我是亲自解剖的。一般都会解剖三四个人。”

“难以想象人类历史上发生了如此骇人听闻的事情。”韩松说，他曾在科幻小说《医院》三部曲中探讨了“药战争”，但731完全超出了科幻的尺度。

“也有科幻作家把731写入了小说，最著名的是刘宇昆的《纪录片：终结历史之人》，写了后世人们穿越到历史现场，重新目睹那场灾难。

上左：参观者在侵华日军第七三一部队罪证陈列馆内参观“人体实验”部分。图：王建威

上右：参观者在侵华日军第七三一部队罪证陈列馆参观“毒气实验”部分。图：王建威

下左：参观者在侵华日军第七三一部队罪证陈列馆参观“冻伤实验”部分。图：王建威

下右：中外参观者在侵华日军第七三一部队罪证陈列馆参观“细菌人体野外实验”部分。图：王建威

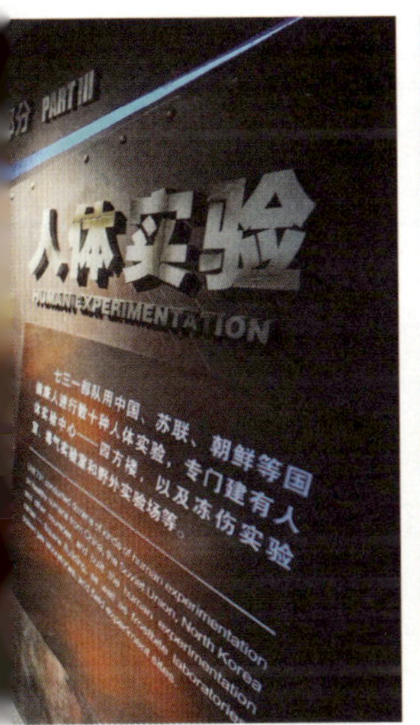

但馆中复现的残忍、痛苦和黑暗，是科幻作品无法描述的。”

“没有一个人能活着走出731部队，来自中国、苏联、朝鲜等国家的3000多名民众丧生。”解说中的这句话令韩松印象深刻。

“这里的材料充分证明，这是一次日本军国主义有意而为的国家行为，是一场系统化的有组织的反人类犯罪。这也击穿了科幻作家的想象力。”他说。

与上次来时不一样的是，专家已用考古学方法，对日军战败逃亡时炸毁的731部队营房和实验室遗址进行发掘，并用钢结构做了保护。站在细菌实验室及特设监狱旧址前，韩松说：“我看过好多考古现场，从新石器时代的红山文化遗址到青铜时代的三星堆遗址，都闪现着人类文明的骄傲光芒，但在这里，我感到了阴森恐怖。”

馆中展呈了53名日本医学博士在这里拿活人做实验的场景。在韩松看来，作为亚洲率先进入现代化的国家，日本有那么多顶级科学家卷入这场屠杀，这值得深思。“人类进化了几百万年，但人性中的恶并没有随着科技和经济的进步而消失。”

韩松说，当前科技迅速发展，原子能、人工智能、纳米技术、合成生物学等都成了造福人类的力量，但如果不能坚持科技向善，用道德和理性的力量加以约束，那么先进的发明创造或会成为毁灭人类的工具。

他说，人类如何从历史经验中吸取教训，避免在未来重蹈覆辙，科幻作家需要贡献一份力量。

韩松表示打算写一部关于731的科幻小说。“金成民馆长告诉我，牢记731这段历史的目的，是为了未来人类能够和平、和解，这将是小说的主题。”他说。

（杨思琪）

相关链接

侵华日军第七三一部队罪证陈列馆

在冰雪旅游热火爆出圈的“尔滨现象”中，侵华日军第七三一部队罪证陈列馆前，在冰天雪地中等候入馆的长长队伍，是最令人感动的一幕。这座特殊的陈列馆，通过大量日本细菌战罪证文物、历史档案和口述史料，全面揭露日本七三一部队反人类、反文明和反伦理的本质。七三一罪证陈列馆新馆建筑设计方案简称“黑盒”，主要创意以大地的割裂营造震撼的灾难场景，让人们在裂痕中体验到七三一部队的野蛮和反人类罪行。

这是侵华日军第七三一部队罪证陈列馆。图：新华社/王建威

清水英男的梦魇

2024年“8·15”日本无条件投降纪念日来临之际，侵华日军第七三一部队（以下简称731部队）“少年队”原队员清水英男重返离开了79年的中国，来到位于哈尔滨市的731部队罪证陈列馆、731部队旧址，指认侵华日军细菌战罪行，并向受害者表示真诚道歉与忏悔。

第二次世界大战期间，侵华日军公然违反国际法，发动令人发指的细菌战，进行惨无人道的人体活体试验，犯下反人类滔天罪行。731部队的存在，是日本军国主义发动细菌战的铁证，不容否认和抵赖。

清水英男此行吸引了海内外关注。中国外交部发言人林剑8月13日表示，中方赞赏清水英男揭露和直面历史真相的勇气，日方应认真倾听国内外的正义呼声，正确认识并深刻反省日本军国主义侵略历史。

背负记忆重返“梦魇之地”

“我想去中国说出我的证言，这是为了和平。”2024年8月12日晚，94岁高龄的清水英男乘机抵达哈尔滨。这是他战后第一次出国，也是第一次返回中国。

8月13日清晨，清水英男站在731部队遗址前，恍如隔世。这位曾经的侵华日军少年兵，如今白发苍苍，重访这个让他背负一生沉重记忆的“梦魇之地”。

731部队是二战期间日本策划、组织和实施细菌战的大本营。1945年3月，清水英男作为731部队最后一批少年兵，在哈尔滨度过4个多月时间。同年8月14日，日本战败，他随部队逃离中国。

8时40分许，天气晴朗，731部队遗址安静肃穆。在工作人员引导下，清水英男来到731部队卫兵所旧址、本部大楼部队长办公室、标本陈列室，以及冻伤实验室、细菌实验室、小动物地下饲养室旧址等，逐一指认侵华日军细菌战罪行。

在标本室里，他亲眼见过胎儿、婴儿、幼儿的标本。“一名女性腹中的孩子还在体内，就被残忍地做成标本。我无法理解，为什么孕妇也要被做成标本。为什么这些小孩子，甚至还未出生的胎儿也要被解剖，这让我非常震惊。”指认过程中，清水英男不时双手合十，表示忏悔和谢罪。

2024年8月13日，侵华日军第七三一部队“少年队”原队员清水英男（左）在侵华日军第七三一部队旧址“谢罪与不战和平之碑”前忏悔谢罪。图：新华社/王松

2024年8月13日，清水英男（左）走过侵华日军第七三一部队罪证陈列馆的“证言墙”通道。图：新华社/王建威

在731部队遗址群第二保护区，矗立着一座黑底白字的“谢罪与不战和平之碑”。这是由日本民间友好人士于2011年集资建立的。碑文中写道：“侵华日军第七三一部队在中国犯下了世界历史上史无前例的国家级罪行。”

10时30分许，清水英男来到碑前，缓步踏上，双手合十，深深鞠躬。再向前，他右手抚碑，左手举至胸前，低头沉思。最后，他说：“向中国的受害者表示真诚的道歉、谢罪。”

18时许，清水英男一行来到侵华日军第七三一部队罪证陈列馆参观。该馆于2015年8月15日建成，外形如同“黑匣子”。这里保存并展示大量日军侵华档案、遗物和物证。

731部队高等官在本部大楼前的合影，一页页泛黄的部队名簿，用于繁殖鼠疫菌的金属容器，大小不一、样式各异的手术刀和显微镜……看着展馆内的展品，清水英男神情凝重。

站在馆内陈列的一墙玻璃容器前，工作人员问：“这些和您当时见过的是否一样？”

“是这样的，我见过有的比这个还要大，装的是人头标本。”清水英男回答。

“731部队名簿记录了3600多名成员，绝大多数已不在世，清水英男是第五位返回哈尔滨现场指认、谢罪的原队员，也可能是最后一位。”侵华日军第七三一部队罪证陈列馆馆长金成民说。

清水英男步出陈列馆已是19时31分，哈尔滨天色转黑，但他的内心或许因为此行而多了些光亮。

遭受良心拷问“夜夜难眠”

“我对加入731细菌战部队成为侵略和犯罪行为幕后黑手，无法抑制强烈的悔恨和歉意，我向死难者郑重道歉”“我要再次表示衷心的歉意”……在接受记者专访时，清水英男撑起身子连连鞠躬，数度哽咽。

“某些日本政界人士恐怕巴不得我死。这可能是我最后一次回到中国表达歉意的机会。”他说。

清水英男是极少数持续公开揭露侵华日军暴行的731部队原队员。清水英男说，当他退伍时，他被严格要求遵守三个誓言：隐藏服役记录；不得担任公职；不得与其他731部队成员联系。同时，他被告知不得从事与

2024年8月13日，清水英男在侵华日军第七三一部队罪证陈列馆内的殉难者名单前祈祷。图：新华社/张涛

医院相关的工作。

“我们‘少年队’队员没有军历资格，存有一切收入的存折也在溃逃时被下令烧毁，在逃回日本前就已经一无所有。”清水英男回忆。

由于没有高中文凭，清水英男找工作非常困难，他只能跟随做木匠的父亲做些木工活养家糊口，后经十年努力才成为一名建筑师。许多731部队原队员因这些所谓誓言颠沛流离，生活困苦甚至自杀，“原因就是很多日本人不接受731部队存在的事实”。

2016年，清水英男在日本民间和平团体“为了和平的信州战争展实行委员会”的鼓励下，公布自己曾是731部队“少年队”队员的身份，开始公开对外演讲，揭批侵华日军的暴行，以唤起更多日本民众反思历史。

“曾经有日本国会议员公开辱骂我，说‘清水英男这个老头子，完全在撒谎’，当时的报道我还保留在家中。”清水英男说，他听过很多人说他是“骗子”“撒谎”，甚至有日本书籍写731部队就是一个“历史骗局”。

“日本确确实实做了残酷的加害行为，事实就是事实！”面对诽谤与谣言，清水英男以自己的亲身经历和保存的史料有力回应。他曾多次展示自己在731部队“少年队”的合影、留有他姓名的《731部队留守名簿》等确凿物证，向不了解、不认可731部队历史的人证明这支“恶魔部队”的存在。

“现在的日本政权几乎不触及过去的战争责任，对731部队的罪行也完全没有反省，他们甚至想当这些残酷的历史没发生过！”清水英男说。

加害者证言更具说服力

“731部队的所有秘密必须带入坟墓！”1945年8月9日，在获悉苏联红军出兵中国东北后，731部队长石井四郎紧急传达关东军密令，要求将命令文件、实验报告、医疗器械等烧毁或炸毁，安排15趟专列将部队成员送回日本，并严令不准暴露身份、不得互相联络，试图将惨绝人寰的罪行深藏坟墓。

当时，12名未能逃亡的日军细菌战犯在苏联远东审判中受审，美国以获取731部队实验数据、战略战术、组织结构等秘密为条件，与日本达成秘密交易，使大批战犯逃脱受审免于惩罚。

金成民说，731部队是一支“绝密部队”，由于种种原因，其侵华罪行一直被隐瞒，绝大多数参与者都持回避、否定态度。像清水英男这样有良

扫码观看纪录片《清水英男的梦魇》

知、有人性的原队员愿意讲述731部队的真相并回到现场认罪，非常难得。

“来自加害者的证言也更具有说服力，能够进一步证实731部队的存在，固化731部队暴行。”为此，金成民对这位特殊的来客格外重视，提早向其致信邀请。

清水英男接受记者专访时说，这次来哈尔滨的讲述与忏悔之旅，因为许多爱好和平人士的捐款得以成行，他对此非常感激。如果没有这些人尽心竭力地争取和努力，他的心愿很难实现。

“大阪府保险医协会”成员原文夫是帮助清水英男重返哈尔滨的访问团团长。24年前，他访问过731部队遗址。他曾帮助在日本神奈川县登户研究所旧址设立的资料馆，把石井式滤水器的零部件和滤水筒等捐赠给

731部队罪证陈列馆。

他说，清水英男并非第一位揭批731部队真相的原队员。731部队原队员胡桃泽正邦曾拿出服役时使用过的手术工具和医学书。中日双方友好人士一直在为澄清历史而努力。

“对清水英男这样自愿、主动站出来讲述自己经历的人，一定要尊重。有一种信念和力量在支撑着他们，让世人知道即便他们曾是加害者的一分子，也可以唤起良知与人性，客观对待历史真相。”金成民说，我们承载着记录历史的责任，也担负着祈愿和平的重任。面向和平的未来，这就是731部队遗址保护的价值。

“现在的日本人对战争历史知之甚少，教科书只字不提。”清水英男说，自己回国后，将通过演讲等方式，把在哈尔滨的经历告诉更多人。

“如果现在还不让孩子们知道什么是真正的历史，不知道战争会带来怎样的恐怖和悲惨，那日本就没有未来可言。为了孩子们的幸福未来，我会继续讲述。”

（李建平、杨思琪、杨轩）

侵华日军的“坟墓”

在中国东北角，至今保存着一个规模宏大、世界罕有的军事要塞群遗址。1945年8月末，这个被侵华日军自诩为“东方马其诺防线”的要塞群被全部攻克，第二次世界大战激烈战事在此“终结”。这里的“地下堡垒”也成为好战者的“坟冢”。

“恶魔之眼”窥视苏联远东

无边的黑暗伴着令人窒息的霉气迎面扑来，脚下湿滑的腐物与头顶手指般粗细的钢筋呼应，令人仿佛置身“恶魔之口”。记者借助强光手电筒，不仅看到混凝土墙壁上凝结的水珠，还看到了储水池中的“寒霜”……

冰冷、坚固，这是侵华日军东北要塞群遗址留给到访者最深刻的印象。在暖意融融的初秋，要塞内外“冰火两重天”的巨大反差，仿佛是战争与和平的暗喻。

据《日本关东军要塞》一书记载：1934年至1945年，侵华日军历时10余年，在东起吉林省珲春，中部经黑龙江省中苏边境，西至内蒙古自治区海拉尔和阿尔山5000千米的中苏、中蒙边境地带，共修筑17处要塞，8万个永备工事。

人们如今探查这些要塞，仍能真切感受到它昔日的庞大。

这些幽深的“地下堡垒”内，设有宿舍、会议室、弹药库、发电站、

上：星空下的东宁要塞兵器园中的战车周围萤火虫飞舞。图：王宝勋

下左：这是东宁要塞景区局部。图：新华社/王建威

下右：参观者探访虎头要塞。图：新华社/王建威

医院、指挥室等，有的可以进出汽车，有的配有飞机库，如同“陆地航母”。一些要塞据称在战时可容纳数万兵力。当时的“亚洲第一巨炮”就架设在这里虎视眈眈地注视着苏联。

这门被当时日本报纸称为“帝国陆军最后的决战兵器”的巨炮，炮身长13.37米，总重300多吨，最大射程近20千米。伊曼铁桥、西伯利亚铁路、萨里斯基军事区……这些当年苏联重要的交通枢纽和军事要地均在炮口之下。

为了在对苏联开战初期能够及时切断苏联重要交通运输线——西伯利亚大铁路，侵华日军于1941年将这门巨炮从东京湾运抵虎头要塞。专家考证，二战中这门巨炮还未发挥太大作用，就遭到苏军火炮近距离攻击，随后巨炮阵地内部发生爆炸，巨炮被摧毁。此后，巨炮下落不明，遗址留存至今。

“这些要塞如同一双双‘恶魔之眼’窥视着苏联远东。”牡丹江师范学院中国抗联研究中心专家李洪光说，侵华日军要塞一般都具有防御、进攻双重战略功能，有的要塞还有战时军事指挥以及观察瞭望苏军动向等作用。

不论侵略者装备了多么先进的武器，修筑了多么坚固的要塞，但由于他们发动的是不义战争，终究避免不了失败的命运。这就是侵略者的下场！这就是历史规律！

这场战争再次证明，决定战争胜败的主要因素是人，而不是兵器与堡垒。日军修筑的防线看似庞大，但苏军采取穿插迂回，将这些要塞逐一分割攻克，使这些要塞最终成为埋葬侵华日军的“坟墓”。

累累白骨见证日军罪恶

在中俄边境的东宁要塞博物馆内，3具中国劳工的尸骸陈列于此，其中一具双腿被齐齐锯断，含冤惨死的他们甚至没有留下姓名。

“陈列的尸骸就是当年参与暴动逃跑的劳工，他们被抓后遭日军活活锯断双腿，杀害示众。”东宁要塞博物馆研究员王宗仁说，1994年黑龙江省专家小组对当地8个劳工坟进行挖掘，发现尸骨18具，其中3具在此陈列。

修建如此规模的军事工程，必然要使用大量劳工。这些要塞是中国劳工用白骨堆砌起来的。王宗仁介绍，仅在东宁要塞附近的一处劳工坟内，至少埋葬了4000多名劳工的尸骨。

1934年5月12日，日本关东军司令部下达了《关作第589号命令》，确定在中苏、中蒙边境沿线实施“筑城工程”，由此拉开修建东北军事要塞群的大幕。在这些冰冷、坚固、昏暗的“地下堡垒”背后，书写着的不

这是东宁要塞群勋山要塞遗址中一处侵华日军作战指挥室。图：新华社/王建威

仅是中国劳工和妇女的血泪史、屈辱史，更是侵略者对中国资源的掠夺史和对中国人民的残害史。

史料显示，为修筑要塞，日军诱骗、强征中国劳工上百万人。这些劳工被运送到要塞后，如同进入了人间地狱。他们衣不蔽体、食不果腹，每天十几小时的重体力劳动，累死、病死和被杀害的劳工数不胜数。曾在虎头满洲第851部队服役的日本士兵加纳传三曾表示，他入伍第一年，看见虎头要塞猛虎山背后许多弃于山野的苦力尸骨。

侵华日军在要塞周围配备了医院、浴室等后勤设施，还建造了“慰安所”。仅东宁要塞就发现了40余处“慰安所”遗址，有些遗址保存完整。而孙吴要塞附近的“慰安所”规模属国内罕见。

侵华日军在修筑军事要塞的同时，还对要塞附近自然资源进行勘探、掠夺。黑龙江省鸡西市当年就被视为完成“东亚共荣圈煤炭自给自足”重大使命的生产基地。当年日本人把鸡西各煤层都采出煤样，送到实验室化验分析，认定这些煤炭是制铁用焦最好的原料。从1933年到1945年，日本共掠夺鸡西煤炭2000多万吨。

在内蒙古阿尔山林区伊尔施一带至今还留有半人高的黑色木桩。当地人说，这是侵华日军掠夺林业资源的罪证。内蒙古党委党史研究室提供的资料显示，日本侵略者从阿尔山林区掠夺的木材量在5200万立方米以上。

如今，这些填满了罪恶的侵华日军要塞群多数在当年已被苏军炸毁，深埋地下。少数保存完好的碉堡和一些断壁残垣隐蔽在茂密山林中，控诉着侵华日军罪恶。

要塞群成为“二战终结地”

1945年7月下旬，“东北抗联教导旅”侦察分队约280名指战员，组成20多支特遣队，从苏联秘密回到我国东北境内，进行战前侦察。侦察员们使用各种方式，接近或潜入日军数百个营区、工事、弹药库等要害设施，将日军17个要塞及中苏边境上三道防线，制成图表，星夜传递至“东北抗联教导旅”情报中心。其间，侦察员们不仅摸清了日本关东军的军力部署，还多次完成暗杀、破坏等任务，为苏军总攻东北铺平道路。

1945年8月8日，苏联对日宣战，苏军从东、西、北三个方向对侵略我国东北的日军发起全线进攻。8月9日凌晨，在东北抗联战士配合下，苏联红军向虎头要塞、东宁要塞展开猛攻。但日军仍凭借坚固工事负隅顽抗。8月26日，虎头要塞被攻克，不久后东宁要塞中的残余日军也最终放下武器，此时距离8月15日日本宣布无条件投降已过去10余天。因此，侵华日军东北要塞群也被称为“二战终结地”和“二战最后战场”。

战争是残酷的，军国主义迷梦和法西斯政权造成的危害更值得世人深思。

据亲历那次战役的苏联“二战”老战士莫尔代科夫描述，他看到驻守在中国东宁胜哄山要塞的900余名日本官兵打着白旗从山洞里走出来。走在前面的人举起双手投降，后面跟着的是伤兵，最后拖出来的是尸体……

中国人民抗日战争是世界反法西斯战争的重要组成部分，是世界反法西斯战争的东方主战场。苏联红军出兵中国东北，则为中国人民抗日战争的最后胜利发挥了重要作用。

专家认为，目前从学术角度和唯一性等方面去探寻“二战终结地”已很难考证，而从广义角度和社会影响衡量，侵华日军东北要塞群的虎头要塞、东宁要塞具备成为“二战终结地”的条件。

毕竟我们追寻这段历史，目的是为了警醒世人、呼唤和平。

如今，在虎头要塞主阵地中猛虎山山顶耸立着一座纪念碑。在纪念碑基座的黑色大理石上，有碑文镌刻如下：

1939年9月1日，德军突袭波兰，随后英、法对德宣战，第二次世界大战爆发。

1941年12月7日，日军偷袭珍珠港，太平洋战争爆发。

1945年5月8日，德降。同年8月15日，日降。二战结束。

是时，此地要塞日之守军不知世事已变，仍顽抗不降，被苏军全歼。战争又延续了十一昼夜，时值1945年8月26日……

此次大战，历时六年。参战者凡六十余国，涉及全球人口五分之四，亡者约五千余万人。中国实为遭受战争伤害最严重的国家之一，其惨烈之状不堪回首。

建碑以记，昭示和平。

（李建平、马晓成、王松）

走进《林海雪原》

穿林海，跨雪原，气冲霄汉……林海雪原究竟在哪？是不是真的有那么一座威虎山？传说中的座山雕又是何许人也？真实战斗生活中的杨子荣是个怎样的人？《林海雪原》，它或是珍藏在童年卷边的连环画中，或是回荡在铿锵有力的革命样板戏里，亦或是缤纷在浓墨改编的影视剧上。可是，在中国地图上却找不到一个名叫“林海雪原”的地方。

大雪封山，疾风呼啸，带上一本曲波创作的《林海雪原》，搭乘着岁月列车穿行于张广才岭腹地，在虎啸山林中感受“北大荒”又“荒”了，在神奇的黑土地上见证冰天雪地变成金山银山，我们走进了林海雪原。

《林海雪原》的由来

北国大地，千里冰封，沃壤肥硕，山高林密。因此，过去的人们喜欢将黑龙江统称为“北大荒”或“林海雪原”，而小说中的“林海雪原”则是曲波真实战斗过的地方。黑龙江省东南部张广才岭、老爷岭、太平岭和完达山等构成的山地，是《林海雪原》故事主要取景地。

关于《林海雪原》的由来，曲波与时任作协主席邵荃麟在北戴河偶遇时说：“我在北满剿匪，站在高山之巅，俯瞰着眼前的森林，风一刮，森林鼓凹鼓凹的，像海洋的波涛一样，‘林海’两个字出来了；这个雪是无边无岸的原野，这个‘雪原’就出来了。”

根据曲波同名小说改编的故事片《林海雪原》：杨子荣化装为敌军副官，深入威虎山侦察敌情，和小分队里应外合，生擒惯匪座山雕。这是杨子荣和战友们在威虎厅里胜利相见的场面（资料照片）。图：新华社

那些年，正如书中所描绘——“山连山，山叠山，山外有山，山上有山，山峰插进了云端，林梢穿破了天。虎啸熊嗷，野猪成群，豹哮鹿鸣，黄羊结队，入林仰面不见天，登峰俯首不见地。”放眼北大荒，遍地林海雪原，尽是青山不老、绿水环绕。

七八十年前的东北深山老林，苦寒之景也绝非今日可想：“狂风卷来的暴雪，它的密度向来没有见过，空中几乎拥挤不下了，两人相隔三步的距离，这密雪就像一堵雪墙一样把两个人隔开，谁也看不到谁。天、地、空、雪，成了无空间的一体，小山沟填平了，百年的老树折断了腰，人在帐篷外甚至连几秒钟也立不住。在这里，人和雪花的重量几乎是相等了！谁也不敢说可以凭着自己的重量，而不会和雪花一样被大风刮跑。”

英雄儿女辈出

寒冷却是这片土地挥之不去的底色。

在这片冰封的黑土地上，英雄儿女辈出，用鲜血和生命守护着中国精神火种。“火烤胸前暖，风吹背后寒”，抗联将士们在缺衣少穿、食不果腹、血沃山河的悲歌中舍生取义、勇赴国难，书写了抗战十四年的艰苦卓绝，“八女投江”中的冷云、“断首将军”陈翰章等抗联英烈就是牺牲在了牡丹江市境内。

牡丹江，作为松花江第二大支流，古称“忽汗水”，牡丹江市依此江得名。今天人们熟知这座著名的旅游城市，很多是因为镜泊湖飞瀑和跳水

游客在威虎山主峰景区内游玩。图：新华社/王凯

奇人，当然还有那首旋律优美的《牡丹江》，“到不了的都叫做远方，回不去的名字叫家乡……”，歌词就像风筝线，牢牢地牵着漂泊的乡愁。可是，七八十年前牡丹江的“出圈”，却是源于一场场剿匪战斗。

东北的土匪，有研究显示源流可追溯到元末时期，许多劳动人民“落草为寇”，成为“山大王”。明朝末年，“土匪”成为一种职业，加之东北崇山峻岭特殊的地理位置，匪患始终不绝。民国初期，东北地区的土匪活动已经成为严重的社会问题。

土匪有响马、胡匪、胡子等各种称呼，东北早期的土匪成分复杂，有占山为王、劫富济贫的绿林好汉，也有打家劫舍、无恶不作的凶匪恶寇。抗日战争胜利后，东北各地出现很多大股和小股土匪。到1945年底，仅黑龙江地区土匪总数就达7万人以上，气焰极为嚣张。他们绝大多数都与国民党有联系，属于“政治土匪”，打家劫舍反对人民政权。

走进牡丹江市所辖的海林市东山烈士陵园，门墙上是曲波题写的“杨子荣烈士陵园”。园区内高耸着革命烈士纪念碑，碑后就是“革命烈士杨子荣之墓”和“革命烈士高波之墓”，松柏环绕的皑皑积雪下，是杨子荣和160多名战友的英名和不朽功绩。

杨子荣原名杨宗贵，1917年出生，祖居山东省胶东半岛，因生活所迫闯关东，在资本家开设的工厂当缫丝童工。1940年，被日本侵略者抓为劳工，后逃回山东老家给地主当长工。1945年，参加八路军胶东军区“海军支队”。后随军挺进东北，加入中国共产党。

1946年初，盘踞在牡丹江地区以东的谢文东、李华堂和以南的马喜山等被国民党委任的大股土匪，向我党已建立政权的牡丹江逼近。杨子荣所在部队被编为牡丹江军区二团，1947年2月7日，杨子荣等6名指战员化妆成土匪深入海林镇西北匪巢，活捉匪首张乐山（座山雕）及以下25名土匪。

张乐山历经清末、北洋、伪满三个时期，当地人称“三代惯匪”，此时已是穷途末路，躲在海林北部山区。现实中的“座山雕”，脸黑、白头发，下巴上长一撮山羊胡子，鹰勾鼻子两旁的小眼睛闪着贼光，他的老巢

杨子荣（资料照片）。图：新华社

没有影视剧中“威虎厅”那样气派，只是一个山里窝棚，更没有“百鸡宴”的嚣张。最终，张乐山病死于监狱中。

1947年2月23日，杨子荣在追剿丁焕章残匪战斗中，因枪支故障哑火被敌匪击中牺牲。也许因为角色扮演太过逼真，导致杨子荣被山东同乡在东北街上误认成“土匪”，一度在家乡背负恶名。杨子荣因改名参军，部队上没人知道他在家里叫杨宗贵，加之行军和战事紧张、不及交流，就连曲波也只知道他是胶东人。家里也不知道他在部队的名字叫杨子荣。在紧张的侦察战斗中，他从没给家里写过信。家乡一度传闻他开小差当了土匪。在建设杨子荣烈士陵园和筹建纪念馆的过程中，海林成立了杨子荣英雄事迹联合调查小组，踏上了为英雄寻找亲人和家乡的艰辛路程，几经波折，最终确认杨子荣为山东省牟平县嵎峡河村人。真实的英雄，终于从硝烟中走来，先烈英魂得以告慰。

冰天雪地也是金山银山

山还是那座山，景却非当年景。“威虎山”，原是张广才岭东部一无名高地，当地群众称“大夹皮沟”，因小说而得名。“奶头山”，也确因形似“奶头”而得名。在东北，很多山峰的名字都因形而来，如帽儿山、

位于牡丹江市境内的大海林林业局有限公司依托雪乡景区，不断扩大、丰富亚雪公路沿线独特的冰雪资源，将堪称“一步一景、一景一奇”的“冰雪画廊”打造成赏雪玩雪的打卡地。图：新华社/张涛

大锅盔，只图具象生动、便于标寻。如今，这些小说中的“取景地”，成为游客的“打卡地”。

用绿色装满金饭碗，林海雪原也再次“精神焕发”。从伐木到看林护林、认养树木，越来越多的林区人明白，有了绿水青山，不愁金山银山。有了厚实的生态底子，生态优势才能转化为产业优势、经济优势和竞争优势。

北大荒，又“荒”了。林海雪原，也找回了勃勃生机。如今，人们更喜欢把小说中的这片“林海雪原”称为“中国雪乡”，游客慕名而来此穿林海、赏雪原，西伯利亚寒流和日本海暖流在此交汇，大自然的鬼斧神工造就了神态各异的雪塑奇观。

踏着过膝的积雪，听着寒风在耳畔呼啸，跨过木制的小桥，一袭红衣的游客正凭栏独照，原木仿制的哨塔和“威虎厅”静静矗立，俯瞰雪晶飘落，宛如一幅笔墨画，嵌入了那些岁月的回忆。如今，“剿匪”也成为一景，游人们戴着狗皮帽子，穿着皮大氅，在这里感受“穿林海、跨雪原”的旅拍……

绿水青山是金山银山，冰天雪地也是金山银山。描绘金山银山的，是那历史的如椽巨笔，也是每个奋斗者的雨雪风霜和跬步积聚。生活在林海雪原的人们，守卫着祖国最北边疆的生态屏障，也守护着心中的那份信仰。卧雪林海，舒神聆听，那些岁月如歌御风而来，雕刻在深浅的年轮中，又消逝在浩渺的光影烟波中。

（邹大鹏、张玥）

北大荒农垦集团九三分公司立足资源优势，积极打造以“七彩农业”为品牌的农文旅项目，加快构建农文旅商融合发展的新产业新业态。图：王胜

地图上找不到的“北大荒”

有三个字，南方人不一定知道，因为它从没出现在中国的地图里。而这三个字的背后，是面积不到5%的黑龙江，却养活了全国几亿的人口；是原来不产大米的黑土地，却被称为粮食安全的压舱石，助力端起了14亿国人的饭碗。

这三个字就是——“北大荒”。

70余年来，几代中国人在这里挥洒青春，用生命谱写可歌可泣的拓荒史诗，用汗水和热血，将偏僻、荒蛮、寒冷的“北大荒”变成富饶的“北大仓”，成为热滚滚的“中国饭碗”的代名词。

向亘古荒原开战

这是一片怎样的土地？

今天，我们说它是黑土厚度高达1米，有机质含量5%—7%，是大自然用两万年时间才积淀出的财富。可当年，垦荒者们面对的，是沼泽、草甸、野兽和杳无人烟的茫茫荒原。

在哈尔滨市的北大荒博物馆，有一幅版画，题为《第一道脚印》。画面里，乌云低沉，垦荒勘测队的几位战士扛着设备，拄着木棍，行进在茫茫雪原，身后留下一行行脚印。

这里，曾是苦寒蛮荒之地。北大荒的拓荒史，始于先驱者的第一道脚印。

1947年，按照党中央关于建立巩固的东北根据地的重要指示，一批解放军来到这片沉睡的荒原，“在北满创办一个粮食工厂”成为了历史大写加粗的重点。

从那一年起，一大批老兵，扛着锄头，千里迢迢北上，来到了这片《山海经》中所说的“大荒之北”。

从1947年宁安农场的垦荒第一犁开始，沉睡的黑土地苏醒了。

1948年，一个叫梁宝珍的18岁姑娘，有了当女拖拉机手的梦想，有人调侃她，说女孩干不了这个，她一咬牙剪了头发、收起了裙子，在黑龙江北安参加拖拉机手培训班，是班上70多名学员中唯一的女学员。

为学好驾驶技术，她咬牙搬起几十斤重的拖拉机零件，让男学员刮目

这是版画作品《第一道脚印》。图：新华社/王建威

相看。“别看我是女子，再苦再累都不怕，我向党保证，坚决完成学习任务”。

宝珍后来给自己改了个名字，叫梁军。她以坚韧的意志参加到北大荒的开发建设之中，成为全国各地无数青年的心中楷模。

我国第三套人民币“壹圆”上那位标志性人物——新中国第一位女拖拉机手，就是她。

1954年，苏联专家援助，在北大荒建立30万亩的大型谷物农场。

这座农场被取名为友谊农场，是“一五”计划的重点项目之一。1955

左：图为农业机械化学院学习的学生、全国农业劳动模范梁军给中学生们表演拖拉机犁田。图：新华社/时盘棋
右：第三套人民币一元纸币。

年，李富春和蔡畅的女儿李特特，带着刚出生的儿子参与了友谊农场的建设。至今，友谊农场仍被人们称“全国第一大农场”。

向广袤黑土地要粮

北大荒的大规模开发，还和一位将军有关。

时间回溯到1954年6月，王震将军来到黑龙江省汤原县，看望正在施工的铁道兵战士。当看到官兵们垦荒收获的粮食、蔬菜后，王震有了把大批复转军人留在黑龙江“办农场，为国家多产粮食”的想法。

王震将军找到当时的铁道兵副师长余友清，谈话后，余友清就背了一个小包，带了一个警卫员去踏查。他们在蒿草丛生、野狼出没、沼泽遍布的北大荒腹地，长途跋涉，风餐露宿。

于是，在中国军垦史上，出现了数万人徒步进军北大荒的震撼场面。

据说，王震将军讲话时刚好碰上日出，红彤彤的太阳从东方升起，当年军人聚集的火车站，也就被命名为“东方红”。

上：十万官兵开发北大荒。图：北大荒博物馆供

下：在八五〇农场，王震将军点燃第一把荒火的地方建起纪念雕塑。图：新华社

1955年1月，铁道兵部队的第一个农场——八五〇农场成立。

曾参加过西南剿匪、抗美援朝的李胜清，1958年来到八五〇农场。刚站稳脚跟，1959年初，李胜清就把远在河南老家的父母、妻子、兄弟以及岳父母接来，和他一起开发建设北大荒。如今，李胜清一家在北大荒已有几代人。

八五〇农场的建设，为复转官兵开发北大荒提供了经验，一批又一批官兵向荒原发起集团式进军。1958年，北大荒迎来开发高潮，当年10万复转官兵挺进北大荒。

向荒原要粮何其艰难。走在最前面的人永远不知道，自己的下一步，是深沟还是沼泽，也可能一脚下去，连命都没了。

八五〇农场副场长黄振荣的儿子黄黎听母亲讲述了一件事：一天，黄振荣接到指挥部通知，冒着零下40多摄氏度的极寒，走了50多千米，连夜赶回场部开会，脚指甲生生冻掉了9个。

“洗脚的时候，我母亲看见父亲的脚血肉模糊，都是肿的，脚上还粘着一块破布，撕都撕不下来。”黄黎说。

如今，在王震将军点燃第一把荒火的地方，当地建起了纪念雕塑。这里如今建成了全国水稻绿色高质高效创建示范区，粮食亩产从当年的100多斤提高到1200多斤。

到祖国最需要的地方去

南有袁隆平，北有徐一戎。

100个吃大米饭的人里，可能有99个不知道徐一戎是谁，但100个种水稻的农民，可能有99个认识他——“寒地水稻之父”，徐一戎。

喜温的水稻在东北曾经是稀罕物，在常年被冰雪覆盖的黑龙江只有零星种植。在20世纪五六十年代的北大荒，两三斤小麦才能换一斤大米。

1954年初夏，已在垦区干了几年的大学生徐一戎被分配到合江试验农场进行水稻研究。“当时啥也不会，书上也没有东北种水稻的内容，一切只能靠自己摸索。”他回忆说。

从此，徐一戎踏上了一条漫长的水稻栽培之路：春天，他卷起裤脚，在冰冷的水田里一站就是一天；夏天，他泡在田头观察水稻的生长变化，烈日剥去了他身上一层又一层皮……

我们已很难算清老人当年为了攻克一个个难关而付出的艰辛，数字记录了他探索的脚步：在50多年的时间里，他在稻田里累计走了8万多里路，相当于绕地球赤道一圈；他写的论文、笔记和资料共计2300万字，比四大名著的总字数还多出好几倍。

经过几十年的不懈努力，徐一戎攻破了寒地水稻种植的一系列难题：保证了寒地水稻能有计划地安全播种、抽穗、成熟，解决了水稻“旱育不旱、稀植不稀、跑粗走样”的问题，创造了寒地水稻亩产千斤的纪录……

关于开垦北大荒的“先锋”的故事还有很多很多。那时候，“到边疆去、到农村去、到祖国最需要的地方去……”就是那个年代最热血的“摇滚乐”。

北大荒不仅为中国生产粮食，还缔造了“自力更生、艰苦创业、勇于开拓、甘于奉献”的北大荒精神。

悠悠万事，吃饭为大。新中国成立之初，恢复农业生产、保障粮食供应任务极为紧迫。为解决全国人民的吃饭问题，14万转业复员官兵、10万大专院校毕业生、20万内地支边青年、54万城市知识青年陆续来到北大荒，铲地、培土、收割、打粮。

他们扶起了犁耙，唤醒了荒原。

他们也有了一个共同的名字：北大荒人。

当年一起开荒种地的伙计们，不知道如今身在何方。

聚是一团火，散作满天星。他们将人生中最好的年华献给了北大荒，北大荒也给了他们勇于开拓的精神力量。

曾在北大荒插队的敬一丹讲过一个故事，说北京有个知青纪念馆，门口种植着白桦树，还专门从东北运来黑土洒在树下。开馆第一天，许多老人带着子女来参观，一边看照片，一边流眼泪。晚上闭馆时，工作人员惊讶地发现，树下的黑土不见了，被老人们一捧一捧地全都带走了。

这就是北大荒的故事，一代又一代人，坚守在中国的北方，不辱祖国交给他们的使命。

黑土无声，却震耳欲聋。

打造“农业领域航母”

如今的北大荒，是我国最大的垦区，有整整齐齐的垦区新城。但不变的，是对土地的敬畏和对丰收的期许——中国人要把饭碗端在自己手里。

北大荒到底是什么？是几代人流血流汗，“献了青春献终身，献了终身献子孙”，是这个地图上不存在的名字，是中国农业领域的航母舰，是中国人的饭碗要端在自己手里的底气……

新时代，北大荒在农业供给侧结构性改革和农垦改革中，发挥着引领示范作用。

金色北大荒——宝泉岭分公司秋收整地联合作业。图：叶善民

北大荒第二代、王在邦的儿子王伟，如今是八五〇农场一家生物肥企业的董事长。他说，正是老一辈北大荒人的艰苦奋斗、勇于开拓的进取精神，激励着自己二次创业。

新一代北大荒人正奋发努力，为北大荒农业现代化贡献着力量。

种植大户“80后”袁志欣说：如今收割机装上北斗导航，可以实现24小时不间断作业，一天一夜可以收割2000多亩地。

经过60多年的艰苦创业，从第一个军垦农场八五〇农场到如今15个农场。无论是在探索中曲折前进，还是在改革大潮中破浪前行，军垦精神始终是牡丹江分公司代代传承的根与魂。

立足现代农业，北大荒努力打造“农业领域航母”的同时，一场深化农垦改革的战役也在攻坚。2015年底，中共中央、国务院印发《关于进一步推进农垦改革发展的意见》，北大荒迎来转型发展新契机。

体制机制改革的红利正加速释放。

2023年，北大荒农垦集团有限公司粮食播种面积4646.49万亩，总产量达到455.89亿斤，粮食生产实现“二十连丰”。据统计，自1947年开发建设以来，北大荒集团已累计生产粮食10478亿斤，累计为国家供应商品粮8978亿斤。北大荒成了名副其实的“中华大粮仓”。

北大荒，从来不止是黑龙江的北大荒，它更是全国人民的北大荒。

站在新的历史起点，北大荒再出发。

（于冰、黄腾）

相关链接

北大荒博物馆

这座以北大荒全面开发建设历程为主要陈列内容的博物馆位于哈尔滨市，浓缩了几代北大荒人用青春和生命创造的历史，展现了北大荒开发70多

在北大荒博物馆，工作人员介绍复转官兵开发建设北大荒的历史。图：新华社/王建威

年取得的物质和精神文明成果。北大荒博物馆作为一部真实记录北大荒开发建设的史书，发挥着缅怀先人、激励今人和来者，使北大荒精神得以弘扬和传承的作用。

“铁人”百年祭

黑龙江省大庆市中原路2号，铁人王进喜纪念馆静静矗立。2023年10月8日，是铁人诞辰百年纪念日。

纪念馆前，6.5米高的铁人石像英姿挺拔——王进喜头戴前进帽，身穿羊皮袄，眼神坚毅地看向远方。

在井场，钻机轰鸣打向数千米深的地下。迄今中国石油大庆油田累计生产原油逾25亿吨，占全国陆上原油总产量36%，陆相油田开发技术世界领先。

在大庆市铁人学校，一张张孩子的笑脸灿烂绽放。这个铁人一手创办的大庆油田第一所职工子弟小学，现在发展成当地的重点学校。

……

愿这盛景，如你所愿！

“北风当电扇，大雪是炒面。天南海北来会战，誓夺头号大油田。干！干！干！”

1959年的北京街头，经常能看见车顶背着大煤气包的公共汽车在行驶。

铁人，你第一次来北京，看了很好奇。有人说，因为没有汽油，烧的是煤气。

听了这话，你没有再问下去，一个人悄悄地躲在一边，闷着头抽烟。

后来你说，国家缺油，公共汽车背煤气包，是石油工人的耻辱。

新中国成立初期，石油是“卡脖子”难题。

1958年2月，党中央作出石油勘探战略东移的重大决策，广大石油、地质工作者满怀豪情从中国四面八方来到广袤的松嫩平原，展开艰苦的地质勘探。

1959年9月26日，依靠陆相生油理论创新，我国在松嫩平原发现了大油田。时值新中国成立10周年大庆前夕，喜上加喜，故取名“大庆”。

然而，一些外国专家断言，中国人靠自己开发不了这样复杂的大油田。

面对西方技术封锁、物资极度匮乏、缺少大油田开发经验等困难，1960年2月，党中央批准组织大庆石油大会战，数万中国人组成石油会战大军，挺进莽莽荒原。

你率队千里迢迢从甘肃玉门赶到了大庆。才下火车，一不问吃、二不

左：铁人王进喜在工作中。图：新华社

右：铁人王进喜用血肉之躯奋力搅拌泥浆。图：新华社

问住，先问了三句话：钻机到了没有？井位在哪里？这里的钻井最高纪录是多少？恨不得一拳头砸出一口井来，让乌黑发亮的原油“哗哗”地淌。

零下40多摄氏度的冬天，滴水成冰，没有遮挡的荒原上刮着刺骨的“白毛风”。几万人一下子从全国四面八方汇集到大荒原，面临着许多难以想象的困难。

“这困难那困难，国家缺油是最大的困难；这矛盾那矛盾，国家没油是最大的矛盾。”

在发生井喷的危机时刻，你不顾腿伤带头跳进泥浆池，手划脚蹬用身体来搅拌泥浆，压住了井喷。这个画面定格在几代中国人的记忆里。

“石油工人一声吼，地球也要抖三抖。石油工人干劲大，天大困难也不怕”“有条件要上，没有条件创造条件也要上”“干工作要经得起子孙万代检查”……一个个铮铮铁汉，爱的是石油，迷的是钻井，唯独忘的是自己。

当地的赵大娘看在眼里，心疼地对工人说：“你们的王队长可真是个铁人啊！”从此，铁人的称号传开了。

在极其艰苦困难的条件下，经过3年多奋战，老一辈石油人以战天斗地的精神赢得了世界瞩目的石油大会战，一举甩掉了我国“贫油”的帽子。

1963年12月，周恩来总理在第二届全国人民代表大会第四次会议上庄严宣布：“我国需要的石油，现在可以基本自给了。”

新中国具备了发展工业的最基本条件。

25亿吨！创造了世界稳产奇迹！

60多年来，大庆油田累计生产原油突破25亿吨，如果用60吨油罐车装满，可绕赤道15.6圈。

在大庆油田1205钻井队作业现场，工作人员前往作业区。图：新华社/张涛

1976年到2002年，大庆油田实现原油5000万吨以上连续27年高产稳产，创造了世界同类油田开发史上的奇迹。

2003年至今，大庆油田年产油气当量始终保持在4000万吨以上，是我国陆上最大油田。

……

一次次突破背后，是“爱国、创业、求实、奉献”的大庆精神（铁人精神）的生动写照。

在不同历史时期，大庆油田产生了铁人王进喜、“新时期铁人”王启民、“大庆新铁人”李新民等三代铁人，涌现了一批新时代英模群体。

大庆油田在开发初期采用国外技术，采收率一度不到5%。“人民楷模”国家荣誉称号获得者、第二代铁人王启民大胆质疑，提出“非均质”开发理论和“高效注水开采”方法，打破了国外认为的开采禁区，为油田实现年产5000万吨原油奠定基础。

1976年，大庆油田年产原油首次跃升至5000万吨。对照当时世界同类油田开发，短则稳产3年至5年，长则10年至12年，大庆油田的答案是：5000万吨以上27年。

第三代铁人李新民，“井打到哪里，铁人精神就带到哪里。人走到哪里，大庆精神就传播到哪里。”李新民说。目前，大庆油田海外市场已拓展至50多个国家和地区。

松嫩平原，1205钻井队高耸的井架上，“铁人队伍永向前”几个大字引人注目。铁人，1205钻井队是你曾经带过的队伍，1205钻井队是全国创造钻井纪录最多、钻井总进尺最高钻井队。

“时代在变，大庆石油人‘我为祖国献石油’的精神信念始终没变。”2021年“大国工匠”获得者、大庆油田采油工人刘丽说。

“尼克松之所以要访问北京多半是由于王进喜以及像他那样的中国人。”

1971年12月，美国总统尼克松筹备访华。合众国际社记者罗伯特·克雷布在《王进喜式人物正在使中国前进》中写道：“尼克松之所以要访问北京，多半是由于王进喜以及像他那样的中国人。”

铁人，成为中国人自豪感、自信心的响亮表达，成为世界认识中国的一张名片。

1960年的大庆，冬天寒风呼啸的荒原之上，出现了这样一个奇特的画面——一支100多人组成的运水大军，一盆盆、一桶桶、一担担，用“盆端桶提”的原始方式，在荒原上来来往往，把水运往数里外的井场。

原来是钻井所在地没有水源，但钻井却需要大量水配制钻井液。依然是“不能等”，为抢时间早开钻，你带领工人找到冻了厚厚一层冰的大水泡子，凿冰取水。

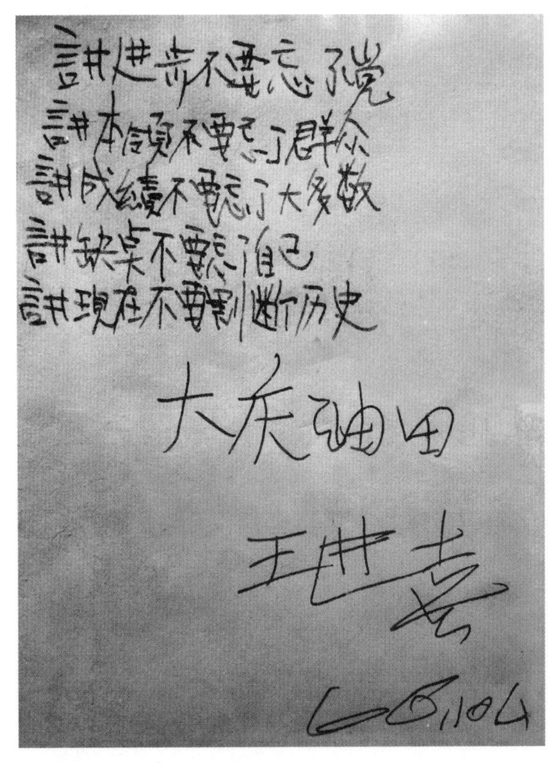
讲进步不要忘了党
讲本领不要忘了群众
讲成绩不要忘了大多数
讲缺点不要忘了自己
讲现在不要割断历史
大庆油田
王进喜
66.1.10

王进喜手书“五讲”。

“这样的方式，艰难程度超乎想象。”很多来油田的国内外参观者了解这个故事后，都惊呼“不可能”，但对于当时物资、财力极为匮乏的新中国而言，这正是最真实、最朴素的中国经验。

人拉肩扛运钻机、跳进泥浆池阻井喷、“五两三餐保会战”……这峥嵘岁月里一个个小小的片段，都是中国式现代化实践的生动注脚，传递出的是在任何时刻，中国人百折不挠，必能战胜一切困难挑战的坚韧和信心。

以大庆油田为基础，我国又陆续开发胜利、大港、辽河等油田，为探索中国特色新型工业化道路提供了重要实践基础。

新时代新征程，应该进一步发掘梳理铁人精神等根植于中国国情和实践的成功经验，坚定历史自信，更好给出中国答案，回应世界之问。

永远的铁人

铁人纪念馆的正面，是47级台阶；纪念馆主体建筑的高度，是47米。

铁人，“47”的数字，寓意着你47年短暂而不凡的一生。

铁人，你的学习笔记上写着这样一句话：“我是个普通工人，没啥本事，就是为国家打了几口井，一切成绩和荣誉都是党和人民的。我的小本本上只能记差距。”

铁人，虽然你文化程度低，但渴望学习和关心下一代教育。

你坚持刻苦学习，一边学文化，一边读毛主席著作。在你的笔记里，能看到各种形状的符号，不会写的字就画符号代替。

无论怎么忙，你每天都要挤时间认字。你说："我学会一个字就像翻一座山，我要翻山越岭去见毛主席。"

你把一生都交给了祖国的石油事业，甘愿为党和人民当一辈子老黄牛。

但铁人，你终究不是铁打的。

1970年，仅47岁的你被确诊为胃癌晚期，病魔无情地摧残着你的身体。

临终前，你嘱咐家人不要向组织提任何要求，还反复说，要回大庆再干20年。

大庆，那里有让你始终魂牵梦绕、祖国急需的"大油海"；那里有创业年代激情燃烧的生产生活；那里有你人生最为珍视、宝贵的10年。

铁人，你走了，但你又以另一种方式活着。

你把永恒的精神留给了时代，扎根在人们心里。在油田，在大庆，在神州大地，一代又一代新的铁人在成长。

这是夕阳下大庆油田一处采油平台。图：新华社/林进春

那不灭的，是对祖国始终不渝的无限热爱。

那活着的，是永远的精神永远的铁人。

（强勇）

相关链接

铁人王进喜纪念馆

纪念馆建筑外形为“工”“人”二字组合，顶部为钻头造型。正门台阶共47级，寓意铁人47年不平凡的人生历程。展馆真实生动地展示了铁人王进喜的生平业绩及终生实践的铁人精神。如今，这里已成为我国最具石油特色的文化景观，弘扬民族精神的神圣殿堂，石油工人的精神家园。

铁人王进喜纪念馆外景。图：新华社/王建威

大庆油田上扬"第二曲线"

大庆油田——我国陆上最大油田65岁了。

1959年，大庆油田的发现为新中国石油工业翻开了历史性的一页。

在累计产出25亿多吨原油后，加快推动页岩油效益开发，加紧布局四次采油技术，加强光伏、风电等新能源开发……大庆油田奋力描绘峰值更高、能源总当量持续向上的成长"第二曲线"，持续为中国式现代化"加油"。

延续稳产奇迹

湛蓝的天空下，视野所及满是深秋湿地芦苇的金黄，一台台抽油"磕头机"点缀其间、上下舞动，这是油城大庆的标志性风景。

"保持稳产是采油队的根本。"在大庆油田第一采油厂第三作业区中四采油队，班长王一伦白天"钉"在现场，晚上和技术骨干研究开采数据，量身定制最合理的注水采油方案，铆足劲抢产夺油。

截至目前，大庆油田累计生产原油25亿多吨，占全国陆上原油总产量的36%，如果用60吨油罐车装满依次排开，可绕赤道15.6圈。

在大庆油田第七采油厂，多个存储着液态二氧化碳的白色罐体依次排列，工作人员按下按钮向地下注入二氧化碳……这里正在进行致密油二氧化碳蓄能压裂技术试验，以解决致密油层的开采难题。

这是星空下的大庆油田采油九厂采油平台。图：新华社/刘巖

这是星空下的大庆油田古龙页岩油实验区压裂现场。图：新华社/刘巖

除了核心区，大庆油田外围区域多是开采难度较大的致密油层。致密油层区域石油储量达10亿吨，年产量约640万吨，占大庆油田年总产量超过20%，这是油田保持高质量稳产的一个重要领域。

看似废气的二氧化碳，在油田却正变废为宝。

为了突破致密油层采油难题，大庆油田井下作业分公司大型压裂项目实施向地下注入液态二氧化碳作为压裂液，其气化之后体积膨胀，就能推动地下原油流动，为原油开采增加动力。这项技术为提升外围油田产能和采收率再添“利器”。

对照世界同类油田，其稳产期一般在3至5年，多则十几年。

大庆油田首席技术专家伍晓林说，在长时间开发的情况下，国内外对大庆油田枯竭的论调一直在持续。大庆油田采用各种新技术、新手段、新方法，不断加大油气勘探开发力度，目前油气产量当量已经连续21年保持在4000万吨以上水平，延续着稳产奇迹。

一摸工具就知道规格型号、一看电流就能尽快判断出井下状况、一听声音就能辨别机械可能的故障，“大国工匠”刘丽常年坚持在生产一线，练就了自己的“金刚钻”，为油田多产油、稳产油解决了不少生产难题。

作为一名采油工人，刘丽获得国家及省部级奖项40项左右。去年9月，大庆油田授予刘丽等8人“新时代铁人式标兵”。“时代在变，大庆人‘我为祖国献石油’的精神信念始终没变。”刘丽说。

创新驱动增量

2021年，大庆油田古龙页岩油勘探获重大战略性突破，落实页岩油预测地质储量12.68亿吨，为大庆油田开辟出增储上产的“新战场”。

从2018年开始，研究团队在温度不到零摄氏度的岩心库里生了根，他们的研究深入到4纳米的页岩孔隙中，在页岩油等非常规油气勘探开发理论

认识上取得颠覆性突破。

大庆油田1205钻井队把古龙页岩油钻井周期从113天缩至目前最短9.98天，加快推动页岩油效益开发。

松辽盆地含油面积6000多平方千米，地下纵深几千米，常规油、致密油、页岩油等交错，采油难度与日俱增。几代大庆人以持续不断的科技创新，为筑牢国家能源安全科技根基贡献力量，3次问鼎国家科技进步奖特等奖，形成了世界领先的陆相砂岩油田开发技术。

2024年1月19日，在北京举行的“国家工程师奖”表彰大会上，大庆油田化学驱油技术研发团队被授予“国家卓越工程师团队”称号。

这是星空下的大庆油田古龙页岩油实验区压裂现场。图：新华社／刘葳

石油界把自喷采油称为一次采油，二次采油通过注水将油“挤”出，三次采油靠化学剂把油“洗”出来，即化学驱油。

化学驱油是世界石油界关注的重大科技难题，水驱采油仅能采出原始地质储量30%左右。面对三次采油“卡脖子”难题，伍晓林带领团队攻关，历经5600多次试验终于实现突破，使大庆油田采收率在二次采油技术基础上提高14至20个百分点。2022年，大庆油田又攻克三次采油2.0版表面活性剂核心技术，进一步提高了采收率。

目前，大庆油田建成全球规模最大的三次采油研发生产基地，三次采油产量累计突破3亿吨，年产量连续22年超千万吨，三次采油保持领跑地位。

中国工程院院士、大庆油田首席技术专家程杰成说，目前更加前沿的四次采油技术在大庆油田实现地质认识、驱油机理等突破，这为充分挖掘油藏潜力、延长油田生命周期进行了有益探索。

据测算，四次采油技术全面推广后，仅大庆油田即可增加可采储量2.78亿吨。

绿色发展新景

很多人不知道，油城大庆亦称“百湖之城”，拥有200多个大小湖泡。

在第一采油厂群英西泡及北站泡，一大片光伏板在水面上组成了“蓝色海洋”。2022年7月，大庆油田星火水面光伏示范工程并网发电，这是中国石油系统首个水面光伏项目，年均发电2750万千瓦时，可减排二氧化碳2.2万吨。

推进油气和新能源融合发展，离不开技术赋能。作为能源生产和消耗大户，大庆油田将新能源技术创新和应用作为突破点，为油田高产稳产、降本增效服务。

上：这是星空下大庆油田采油九厂采油平台。图：新华社/刘葳

下左：这是星空下大庆油田星火水面光伏电站。图：新华社/刘葳

下右：这是星空下大庆油田喇嘛甸油田低碳示范区的风电机组。图：新华社/刘葳

石油在开采和运输过程中易凝固结蜡，需定期用热水清洗设备和管道。传统的天然气加热方式能耗大、碳排放高，为解决这一问题，工程师们研发出了“光热+燃气”联合供热模式。

从“一油独大”向构建风、光、热、储、氢多能互补新格局加快转型的注脚。大庆油田实施“清洁替代、战略接替、绿色转型”三步走部署，迈向高质量发展新阶段。

百湖上，有新风。在大庆喇嘛甸油田低碳示范区，一期工程十几台巨大风机向阳而立，与油井间7万余块光伏板共同输出绿色电能。

地处敖古拉大风口的喇嘛甸油田，风电年利用小时数可达3000小时以上，光伏年利用1500小时以上。

2024年8月，喇嘛甸油田风光项目累计发电量突破1亿千瓦时。喇嘛甸油田新能源办公室主任张建军说，低碳示范区生产的绿电将接入油田电网，用于油田采油作业，仅风电一二期就将替代全厂三成电力消耗，风光制电量将节约电力成本4亿元。

喇嘛甸油田风光项目是大庆油田众多新能源场站的缩影。目前大庆油田已建成25座光伏场站、6座风电场站并投入运行，年累计发电5.8亿千瓦时、减排二氧化碳45万吨。

从“黑金”走向“绿电”，一台台白色风机在旷野里转动巨大叶片，一排排深蓝色的光伏板在阳光下反射熠熠光芒……老油田“追风逐日”，铺展开更多绿色发展的“新风景”。

（顾钱江、王春雨、强勇、孙晓宇）

痕检神探崔道植

他是一个传奇，屡破惊天大案，检验痕迹物证7000余件，无一差错；他是一个标杆，把对党的忠诚，浸润到每一起案件的侦破，从不计名利得失。

他是“七一勋章”获得者崔道植。从旧中国衣食无着的农家子弟成长为新中国首席痕迹检验专家，90岁高龄的崔道植对党和人民深怀感恩

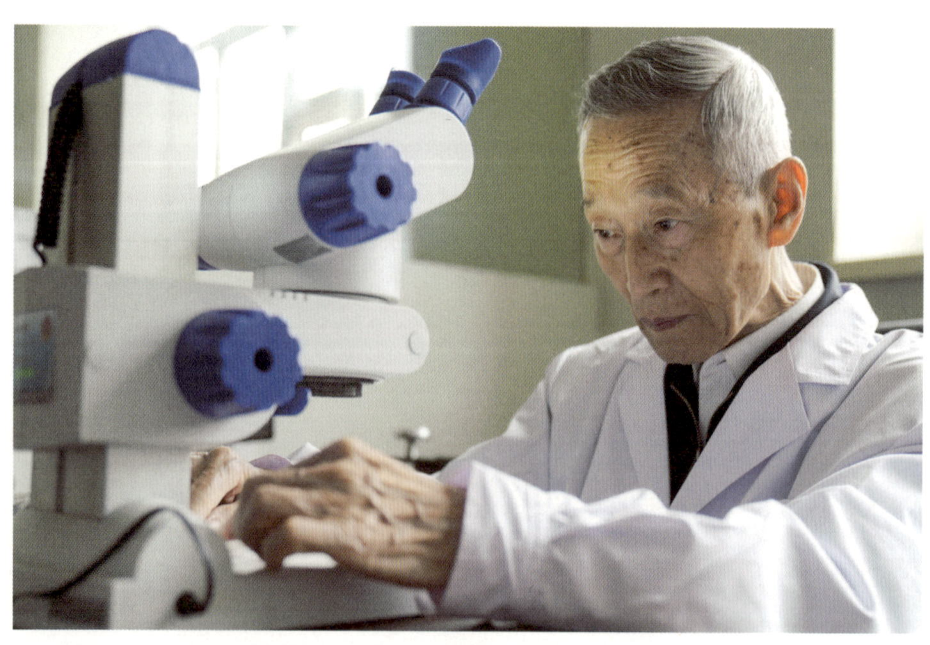

崔道植在进行痕迹检验实验。图：新华社

之心："只要我的眼能看、腿能动，我就要为党的刑侦事业工作到最后一刻！"

重大案件的"定海神针"

"我这60多年办理枪弹案子，在办案中，随时收集各种枪弹痕迹特征。这些经验会派上大用场。"崔道植说。

凭借超群的技术、多年的实战经验和严谨的作风，崔道植练就了一双"火眼金睛"，被公认为中国警界重大疑难刑事案件痕迹鉴定的"定海神针"。

袭击军警、持枪抢劫杀人……"白宝山案"曾经震惊全国。1996年和1997年，北京、新疆两地相继发生枪案，除了现场残留的几枚弹头和弹壳，别无线索。案件迷雾重重，社会上惶恐不安。

公安部急调崔道植赶赴乌鲁木齐。

作为中国最早研究枪弹痕迹的专家之一，崔道植在弹壳与弹头中辨别纤如发丝的弹道痕迹，练就了独门"绝招"。

对着案发现场遗留的弹壳和弹头，崔道植反复调试灯光角度，研究了一天一夜，终于，他在弹壳抛壳挺右下角发现了细小的横线。这是"八一式"步枪发射子弹留下的痕迹。

这个发现让案件的侦破峰回路转。

崔道植和同事最终得出结论：北京、新疆的弹壳为同一支步枪发射，可将两地案件并案侦查。疑犯很可能是曾在北京犯罪后被送往新疆的服刑人员。

犯罪嫌疑人白宝山的情况与刑侦专家的判断完全相符，案件最终告破。

"他能让疑难物证拨云见日，让悬案、积案起死回生！"崔道植的同事们这样评价他。

有大案或棘手问题难突破时，一句“请崔道植来”，成为一线刑警的“定心丸”。

2002年，黑龙江省一县城母子两人在家中遇害，现场只遗留下半枚带血的指纹，多家权威鉴定机关均得出“指印特征少，不具备认定条件”的结论，当地警方无奈向崔道植求助。

对这半枚血指纹，崔道植用自己研究的痕迹图像处理系统进行了修复处理。经反复观察检验，认定当时的嫌疑对象作案证据不足。

经排查，当地警方又向他提供了几十名嫌疑人的指纹。崔道植最终在一个嫌疑人的左拇指印中，发现数处特征点与现场物证符合。在证据面前，犯罪嫌疑人只能招供。

张君特大系列抢劫杀人案、甘肃白银连环杀人案、沈阳运钞车抢劫案……在崔道植的参与下，一个个惊天大案的谜团被解开，一张张罪恶的“画皮”被撕下。

追求极致的“神探”

1951年，崔道植参加中国人民志愿军，指导员把《钢铁是怎样炼成的》推荐给他。书中以保尔·柯察金为代表的英雄人物，影响了他的一生。

1955年，崔道植被从部队选调到黑龙江省公安厅。凭借忘我的工作精神，他从普通的刑事技术人员，逐步成长为刑事技术处处长，公安部首批特邀刑侦专家。

“刑事科学技术工作，来不得半点疏忽和草率。对待每个案件、每个痕迹、每个线索，我一定做到一丝不苟、小心谨慎、求真务实。”

崔道植看过的子弹、指纹数以万计，出过的现场不计其数，“看痕知枪”“观弹知人”的眼力和经验的背后，是超出常人多少倍的付出。

1991年发生的“贾文革特大杀人案”是黑龙江迄今最大的杀人案，41

人遇害。

崔道植带领同事，在艰苦恶劣的环境下连续工作20多天。他们将犯罪现场屋里的炕灰、院内的垃圾堆都仔细筛了个遍，不漏掉任何一个罪证，为搞清楚案发经过、查明受害者的数量和身份提供了重要依据。

退休后，崔道植被返聘到省公安厅刑侦总队。

2017年初，哈尔滨市公安局刑事技术支队副支队长李新明带着一份刑事案件的指纹样本登门求助。

崔道植那时刚刚做过白内障手术，他没有任何迟疑便接过任务。由于术后眼睛还没恢复，他一手拿着纸巾擦眼泪，一手扶着显微镜，花费大半天时间才看完所有指纹。

事后得知实情，李新明非常过意不去。崔道植安慰他："没关系，不要多想……"

有一年，崔道植接到公安部任务，去鉴定深圳发生的一起疑难案件。接受任务当天，崔道植笔记本电脑背包带子断裂，金属配件弹射到左眼，将白眼球打出一道伤口。

但时间紧迫，崔道植没有停止工作。儿子崔英滨来看望父亲时，崔道植已工作了三天，左眼严重充血。崔英滨强行带他去医院缝了四针。

"他是中国的刑警之魂"，多位公安人员在谈到崔道植时这样说，他们从这位老刑警身上看到了忘我奉献的精神。

凭着这种精神，在五大连池银行抢劫案中，他拿着放大镜贴着墙面一寸一寸地寻找蛛丝马迹，几个钟头后，从三根麻纤维中寻到线索，为案件成功侦破提供了重要证据。

凭着这种精神，70多岁时，他三天跑了三个现场，行程超过2000公里，现场勘查结束，他因血压升高被直接送进医院……

一辈子的忠诚告白

“没有中国共产党就没有我的今天。我始终心怀感恩、不忘初心，对党只有无尽的忠诚。”这是崔道植一辈子的告白。

1934年，崔道植出生在吉林省海龙县一个贫苦的朝鲜族人家。

他4岁没了爸爸，6岁没了妈妈，爷爷辛苦把他拉扯大。祖孙俩经常食不果腹。提起相依为命的爷爷，眼泪在崔道植眼圈里打转。

东北解放后，这个苦孩子的命运发生了改变。1951年，17岁的崔道植加入了中国人民志愿军，两年后加入中国共产党。

“我是有着近70多年党龄的老党员了。我加入党组织，就是要为党和人民奉献一切，这么多年从来没有改变。”

崔道植曾荣获全国公安科技突出贡献奖，得到40万元奖金。这笔钱他自己没留一分，给黑龙江省公安厅、哈尔滨市公安局添置了设备，还购买鉴定器材捐助兄弟省市公安机关。

然而，他对自己的生活要求却极低。一瓶矿泉水加上几块面包，就可以在实验室里工作一天。除了一身褪色的作训服，便装永远就是那么几件。

“在他看来，能吃饱穿暖就够了，剩下的就是回报国家。”儿子崔英滨说。

英雄暮年壮心不已。

崔道植退休后仍工作在刑侦一线。每年公安部、黑龙江省公安厅都多次抽调他参与疑难案件侦破工作。

退休后，崔道植和同事研究出的“弹头膛线痕迹自动识别系统”通过了部级专家鉴定。该系统中的“制模片”和“弹痕展平装置”已被全国近40家单位采用，破获了一批涉枪案件。

崔道植在进行痕迹检验实验。图：新华社/王松

他对刑事技术领域的新进展充满好奇，总是第一时间学习了解；现在，他的电脑操作水平不输年轻人，甚至能制作简单的动画。他每天都在整理资料，将多年案例做成PPT，留给年轻一代参考；还全力以赴推进非制式枪支建档课题攻关。

“我从来没有退休的概念，工作是我的乐趣，我觉得每破一个案子，就年轻了一次，每攻下一个难题就年轻了一回。”崔道植说。

（梁书斌、张玥）

雷达报国刘永坦

当白发苍苍的他登台领受2018年度国家最高科学技术奖时，“刘永坦”——这个名字才广为人知。

2020年8月，他将800万元奖金全部捐出，用于国家电子信息领域人才培养。

这一生，他只专注于一种国之重器——新体制雷达的研究。“只要国

这是在哈尔滨工业大学实验室拍摄的刘永坦。图：新华社/王松

家有需求，我的前行就没有终点。”刘永坦说。

从零开始，他干了一桩“惊天动地事”

1990年4月3日，某地雷达实验站。

时间仿佛在此刻静止。一个红色圆点，出现在一台设备的显示屏上。

红色圆点，代表着雷达监测条件下的目标。

人们开始忙碌起来：记录数据、核对信息、小声交谈或者大声惊呼……目标确认！

人群中央，那个戴着眼镜、脸晒得黝黑的人，热泪纵横。他身后，雷达天线阵迎风矗立。

他，就是主持这项科研工作的刘永坦。在这片满目荒芜的海岸线上，他带领团队奋战多年，终于使我国新体制雷达实验系统首次实现目标探测！

新体制雷达能突破传统雷达探测“盲区”来发现目标，是海防战线上决胜千里之外的“火眼金睛”。20世纪80年代初，少数几个掌握该技术的国家牢牢把持着对海探测的信息优势，中国始终难有突破。

“怕家国难安！怕人民受苦！怕受制于人！”

1981年从海外留学进修归来后，这“三怕”就重重地压在刘永坦心头。他深知，真正的核心技术，任何国家都不会拱手相让。

从零开始！45岁的刘永坦义无反顾，向中国的科研“无人区”进军。

10个月后，团队建起来了，一份20多万字的《新体制雷达的总体方案论证报告》出炉了！

“没有电脑，一页稿纸300字，报告手写了700多页，写废的纸摞一起就有半米高。”团队首批骨干成员之一、哈尔滨工业大学教授张宁回忆说，刘永坦带着他们没日没夜地写了几个月，一直写到手指发麻、手腕酸

刘永坦（前右）在哈尔滨工业大学实验室钻研雷达技术。图：新华社/王松

痛，连鸡蛋都捏不住。

一场填补国内空白的开拓性攻坚战正式拉开帷幕。

当时，雷达实验站的选址位于一片荒芜地带，批复的经费不足，发射机、接收机等模拟系统和操作系统也十分落后。选址地远离人烟，科研人员住在四面漏风的简易房子里，一天工作十几个小时，一干就是几个月。

生活不便，他们经常用冷面包充饥；交通不便，他们顶风冒雨，单程徒步3千米往返驻地和雷达站。每到天黑路过一片坟地，就用手电的光柱给自己壮胆。

1989年，新体制雷达实验系统建成，中国人用8年时间，赶完了西方国家二三十年的路。1991年，新体制雷达项目荣获国家科技进步一等奖，刘永坦当选为中国科学院学部委员（院士）。1994年，他又当选为中国工程院首届院士。

随后，刘永坦带领团队从实验场转战到应用场，着力解决新体制雷达实验系统的实际应用转化。

刘永坦已是两院院士，很多人劝他“歇歇吧”，他却坚持：“科研成果不能转化为实际应用，就如同一把没有开刃的宝剑，中看不中用。”

设计——实验——失败——总结——再实验……刘永坦领着团队进行了更加艰辛的磨炼，攻克了一个又一个难题。

2011年，具有全天时、全天候、远距离探测能力的新体制雷达研制成功并投入实际应用，攻克了处于国际领先地位的核心技术。

一生不悔，他为祖国“永坦”永不停歇

美丽的海滩，海鸥不时高亢鸣叫。挺立的雷达天线阵也像这聪明、勇敢的精灵，永不停歇捕捉着来自远洋的信号。

在刘永坦看来，它们仿佛早已有了生命，是团队中的“特殊成员”，凝结着很多人毕生的心血和梦想。他常跟人说：“我们团队的特点就是不服输、不低头、不怕别人‘卡脖子’，大胆往前走。”

这又何尝不是刘永坦自己的人生写照？

1936年，刘永坦出生在江苏南京一个知识分子家庭，父亲是工程师，母亲是教师。

他出生后的第二年，发生了惨绝人寰的南京大屠杀。父亲给他起名“永坦”，不仅是对他人生平安顺遂的祝愿，也是对国家繁荣昌盛的企盼。

从南京到武汉，从宜昌到重庆，刘永坦的幼时记忆，充满了飞机扔下的“茄子”（炸弹）、被血染红的江水、颠沛流离的逃难……

到了十一二岁，时局渐稳，刘永坦才有了一张安稳的课桌，开始如饥似渴地学习知识。

昏暗的菜油灯下，母亲常常教他诵读古诗词，陆游的《示儿》、岳飞

的《满江红》，刘永坦跟着母亲一字一句，抑扬顿挫。

父亲从不干涉他的志向，只一句话：“科学可以救国。”

那时他还不知，这种无法言说却令人血脉偾张的感受，就是日后影响他一生的“家国情怀”。

1953年，刘永坦以优异成绩考入哈尔滨工业大学，后作为预备师资被派往清华大学进修两年。1958年，刘永坦回到“哈工大”参与组建无线电工程系，挑起了教学科研两摊任务。

1965年，刘永坦主持并提出了国家“单脉冲延迟接收机”研制的总体设计方案，只可惜，“文革”打断了这项科研任务，这个醉心于科研的青年插队落户到当时的黑龙江省五常县。

1979年6月，刘永坦登上了飞往英国的航班。他是“文革”结束后，中国第一批公派出访的学者。

那时，在英国埃塞克斯大学、伯明翰大学的雷达技术实验室，中国学生大多做的是科研辅助工作。

“我是一名中国人，我的成功与否代表着中国新一代知识分子的形象。”

刘永坦心里不服，他铆足了劲，在实验室里度过了无数个不眠的日夜。

他的导师曾三次挽留这位来自中国的学生，因为“其科研成果无论在理论上还是实践上都很出色”。面对导师的劝说，刘永坦依旧淡淡一笑，微微颔首：“再次感谢您，人各有志。”

如今，耄耋之年的刘永坦，依然没有停下脚步。在他的设计推动下，“21世纪的雷达”将在航海、渔业、沿海石油开发、海洋气候预报、海岸经济区发展等领域大显身手，造福于民。

“一项任务完成了，就要开始下一项，只有研制出性能更好的产品，才能给国家交上满意的答卷。”他说。

一辈子一件事，他始终“燃着一把火”

从最初的6人发展到30多人，刘永坦在自己的母校——哈尔滨工业大学建起了一支“雷达铁军”，带出了新体制雷达领域老中青三代人才的“梦之队”。

他们中很多人，本可以站在讲台上成为教授，却甘愿跟着“坦院士”，扎根在偏僻清冷的海边。

同事们说，刘永坦个子高大，看起来更像个大侠。学生们说，刘老师身上有一把火，点燃了每个人的“内核”。

团队讨论，大家七嘴八舌，“坦院士”总是静静坐在一边，耐心倾

刘永坦（右）与学生交流。图：哈尔滨工业大学供

听，最后再总结发言，尊重并吸纳每个人的意见。

“他是干将，是帅才，更是父兄。我们敬重他，更不能辜负他。”张宁说，“坦院士”发自内心地深爱着这份事业，关爱着年轻人的成长，每当团队有人科研进步或职称晋升，他都会特别开心。

唯独对家人，刘永坦有太多说不出的亏欠：到农村插队，妻子毫无怨言相伴相随；长年在外地，妻子一人撑起整个家，不让他分心……

他们的家中，没有豪华家具，最多的就是各类书籍和科研资料。他的书房里，一块闪闪发光、刻有“金婚之喜”的银盘，赫然与那些奖章并列摆放着。那是2010年11月，学校送给刘永坦与冯秉瑞这对“哈工大”的“科学伉俪”相伴50周年的礼物。

40年前，他本可以像大多数人一样，选择“更好走的路”：沿着西方既有路线做更容易出成果的研究，或者直接“下海”赚钱。

他甘坐“冷板凳”，多少单位高薪聘请，都被他一一谢绝。即使在1991年和2015年两获国家科技进步奖一等奖后，他依然低调无名地奋斗在一线。

他将国家最高科学技术奖800万元奖金全部捐给“哈工大”，助力学校培养人才。

2021年9月，以他名字命名的本科“永坦班”迎来第一批“00后”新生，这是他寄予厚望的后辈……

刘永坦却并不在意这些盛誉。“我们那代知识分子都是这样，只想为国家做点事，国家的需要就是我们的需要，国家的需要就是我们个人的追求。”

（吴晶、陈聪、屈婷、杨思琪、王松、王鹤）

一生“听海”杨士莪

我国是一个海洋大国，海岸线长达3.2万多千米。中国工程院院士、哈尔滨工程大学教授杨士莪，是一个响彻中国水声界的名字。

作为我国水声工程学科奠基人和水声科技事业开拓者之一，杨士莪秉承“哈军工”优良传统，全力投身水声科学研究，带领团队攻克了一系列关键核心技术，推动实现了重大创新突破，完成了由我国科学家首次独立指挥和实施的大型深海水声综合考察任务，将毕生心血奉献给祖国。

2024年3月19日，杨士莪因病在哈尔滨逝世，享年93岁。“做人做事做学问，为船为海为国防”，一大批国家急需的水声人才在他的感召下，践行强国梦想，守卫万里海疆。

以身许国　为国“听海”

杨士莪于1931年出生。从小经历战乱、流离辗转，使他萌生出“读书是为了救国和报国”的强烈渴望。新中国成立后，在清华大学物理系学习的他毅然报名参军，后来到第一海军学校（现海军大连舰艇学院）任教。

1952年，中国人民解放军军事工程学院开始筹建，这是我国第一所综合性高等军事技术院校。因校址在哈尔滨，被称为“哈军工”，也就是哈尔滨工程大学的前身。杨士莪再度北上。

1957年，杨士莪被派往苏联进修。当时，我国水声学科亟须填补空

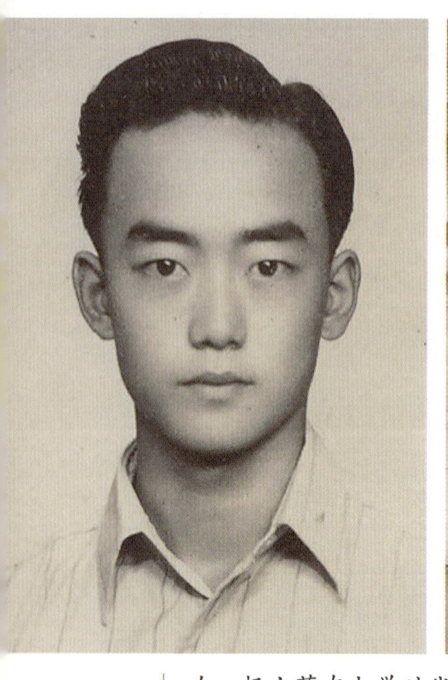

左：杨士莪在大学时代的留影。图：新华社
右：20世纪80年代中期，杨士莪（左）在实验室指导学生。图：新华社

白，他便从天文学改行研究水声。因为光波、电磁波等在水中“寸步难行”，声波可以远距离传播。

其间，杨士莪发现有两个关键技术实验室对他这样的外国人是紧紧关闭的。“真正尖端的东西，想从国外学、从国外买，都是不可能的，只能自己干。”他暗下决心：一定要让中国的“耳朵”，听懂大海的声音，这就是一个国家、一个民族的骨气。

1960年，杨士莪在回国后选择白手起家，在“哈军工”创建了我国第一个理工结合、配套完整、为国家战略服务的综合性水声工程专业。他挤出时间钻研理论，编写教材，推出了国际上最早集中论述水下噪声机理的著作《水下噪声原理》，国内最早的声学理论著作《声学原理》，以及

《水声传播原理》等课程和教材。

70年多来，中国水声学科从无到有、从弱到强、从常规到精专，杨士莪始终引领前行。无论是海洋矿产勘探、船舶导航、水下作业等海洋资源开发，还是海疆保卫重任，都离不开水声学，离不开他所打下的基础。

创新不止　迈向“深蓝”

南海，我国最深最大的海区和重要海上通道。1994年4月，一场中国水声界期盼已久的考察，终于出征了。这是我国首次具有战略意义的水声科学综合考察，堪称中国水声“从浅海迈向深海”的第一步。

两艘水声科学考察船悬挂着五星红旗，承载着近百名科研人员稳稳行进，杨士莪担任此次考察队队长和首席科学家。行至赤道附近，甲板温度接近70摄氏度，酷热难耐，加上淡水告罄，年过花甲的他便把船上漂着油花的压载水烧开了喝。

“要想‘下五洋捉鳖’，拼的就是那股劲儿，做科研就是打仗，该咬牙的时候一定得咬住。”回想当年与老师一同出海，同为中国工程院院士的杨德森仍难忘怀。

最早提出水声定位方法，为我国自主设计研发的“蛟龙号”载人潜水器奠定基础；主持设计并建造我国首个针对声学研究的“重力式低噪声水洞”；在制定我国水声发展规划、确定水声学科研究方向、指导重大水声科研和工程项目中，始终发挥重要作用……在我国水声科研领域，杨士莪总是走在前列。

2016年，国家海洋局为85岁高龄的杨士莪颁发“终身奉献海洋”纪念奖章，但他奋斗的脚步从未停下。试验设备研制、海洋水文条件监测、海试数据分析……他坚持参加科研海试和科学考察，很多项目都会过问、筹划。

“夕阳虽落苍山后，犹映晚霞满天红。”在90岁寿辰仪式上，杨士莪铿锵的话语振奋人心。

潜心治学　培育“后浪”

“海洋是我们的‘蓝色国土’，需要每个人爱护、保护、守护。”在数十年的教学和人才培养中，杨士莪热衷将海洋理念传递给人们。

直到耄耋之年，他依旧投身教学科研一线，坚持为本科生上课，并且几乎都是站着讲课，被称为“一站到底”的“90后院士”。

写工整的板书、讲前沿的知识，目光平和、声如洪钟，慢条斯理、充满睿智……每当课堂结束，不少学生起立鼓掌，还有的冲上讲台请教问

杨士莪为学生讲授开学第一课。图：新华社

题、与他合影，他都一一应下。

学生们说，请他审阅论文，一两天就能得到反馈，修改意见写得清清楚楚。有时他到外地开会，只要一回校，第一件事就是把耽误的课补上。

同事们说，几乎没见过他发脾气，但他不怒自威；也未见他流露疲态或者慌乱，他总是指挥若定、沉着果断。

据统计，杨士莪累计培养了110多名水声专业硕士、博士研究生，其中多数已经成长为科研及学术骨干，我国水声领域的三名中国工程院院士都曾受他指导。他曾获评“全国教书育人楷模”“全国优秀科技工作者”“龙江楷模”等称号。

“教育就是传道授业解惑，受过教训、栽过跟头的人应该帮助年轻人少走弯路”“要把理论研究与工程实际联系起来，要把个人的前途和国家的需要结合起来”……

如今，铭记他的初心，追寻他的脚步，一大批能挑大梁、担重任的科技人才乘风破浪、砥砺前行，为全面推进强国建设、民族复兴伟业作出新的贡献。

（杨思琪）

攻略 这些和龙江有关的歌你听过吗？

《太阳岛上》——“明媚的夏日里天空多么晴朗，美丽的太阳岛多么令人神往”

王立平作曲、郑绪岚演唱的这首歌让太阳岛第一次走进亿万国人心扉。1979年，电视风光艺术纪录片《哈尔滨的夏天》播出，片中《太阳岛上》《浪花里飞出欢乐的歌》等优美旋律迅速传遍神州。你知道吗？当时王立平和郑绪岚竟然都没到过太阳岛。

《松花江上》——“我的家在东北松花江上，那里有森林煤矿，还有那满山遍野的大豆高粱”

中学教师张寒晖在西安目睹九一八事变后东北军和东北人民流亡的惨状，创作了这首抗日歌曲。1936年12月西安事变前后，西安全城都可以听到《松花江上》的歌声。这首歌曲迅速传遍全国，强烈地触动了中国人的亡国之痛，成为全民族刻骨难忘的抗日歌曲之一。

演员在“松花江上——大型抗日歌曲演唱会”上表演。图：新华社

《乌苏里船歌》——“乌苏里江来长又长，蓝蓝的江水起波浪”

1962年，为了参加第二届“哈尔滨之夏”音乐会，词作家胡小石受歌唱家郭颂之托，到黑龙江省赫哲族居住区采风。在与赫哲人共同生活的日子里，他获得了创作灵感，并与作曲家汪云才磨了两三个月，在赫哲族民歌基础上进行艺术再创作，成就了这首《乌苏里船歌》。1980年代初，这首歌曲被联合国教科文组织选为国际音乐教材（亚太地区）。

《我为祖国献石油》——“我当个石油工人多荣耀，头戴铝盔走天涯”

1960年代，大庆油田的开发终于实现了我国石油的基本自给，国家发出了“工业学大庆”的号召，文艺工作者也纷纷来到大庆体验生活，这首歌应运而生。歌曲把石油工人豪迈、乐观的情绪和大无畏的精神描绘得淋漓尽致。2019年，该曲入选“庆祝中华人民共和国成立70周年优秀歌曲100首”。

《咱们工人有力量》——“咱们工人有力量，嘿！咱们工人有力量”

音乐家马可于1947年在佳木斯热电厂的车间创作了这首歌曲，被誉为“中国工人阶级迈向新中国时唱出的第一首高昂战歌”。简洁的填词、铿锵的曲调浸润着浓厚的黑土文化，歌曲用东北地区民间秧歌调与号子的节奏作为艺术表现形式，以坚实有力、豪迈热烈的旋律，鼓舞着一代又一代工人投身到火热的生产建设中去。

《松花江》——“这是我的家乡，美丽的地方。松花江水，我童年的海洋”

哈尔滨籍歌手李健曾谈及创作这首歌曲的背景：他偶然间看到昆明抚仙湖清澈的湖水之后，继而感叹家乡松花江的现状，期待母亲河重回原有的清澈，重拾儿时记忆中的美好。正如歌词中那句“远方的家是否无恙，江水日夜流淌”，游子用这首歌表达了对家乡的深情与祝愿。

《东北民谣》——“塞北残阳是她的红妆，一山松柏做伴娘”

黑龙江齐齐哈尔籍歌手毛不易创作并演唱的这首歌曲，加入了东北二人转的元素，具有强烈的地域特色。也有人评价这首歌：用了好多世界风的方式，

去诠释一个地方文化。网友听歌的反应是，“一下子就把我拉回雪花飘飘的大东北了”。

《一个真实的故事》——“走过那条小河，你可曾听说，有一位女孩她曾经来过”

这首动人的歌曲又名《丹顶鹤的故事》，讲述的主人公是因保护丹顶鹤而牺牲的女孩徐秀娟，歌手朱哲琴的演绎，十分动人。出生于黑龙江省齐齐哈尔市一个满族渔民家庭的徐秀娟，从小就跟随父亲徐铁林到扎龙自然保护区养鹤。1987年，在江苏盐城，为了救一只鹤场里受伤的白天鹅，年仅23岁的徐秀娟不幸溺水牺牲，成为我国环境保护战线第一位因公殉职的烈士。

这是徐秀娟与湿地中的鹤（资料照片）。

《尔滨的雪》——“每一个冬天都想起，尔滨和你在一起”

作为2025年哈尔滨亚冬会会歌，《尔滨的雪》于亚冬会倒计时100天正式发布，由易烊千玺和单依纯合唱。歌词紧扣“冰雪同梦 亚洲同心”主题，通过实景拍摄与AI技术相结合的MV创作方式，展现了哈尔滨的冰雪魅力和对亚冬会的期待。

冰雪激情澎湃

在这里，冰雪是节令的符号，也是生命力的沉淀和勃发，冰雪激起人们对生活的无限热爱和对梦想的执着追求。从尔滨的冰灯艺术到雪乡的“童话王国”，从齐齐哈尔的冰球情缘到七台河的短道速滑……生动地诠释了冰雪与人文的完美融合。你将见证冰雪如何塑造了黑龙江人的生活方式，如何激发他们对冰雪运动的热爱，如何将“苦寒之地”变成活力十足的梦想热土。

被冰照亮的城市

在中国东北的广袤大地上，有这样一座城市，它以冰雪为媒，以寒冷为友，将冬季的严酷转化为独特的文化魅力和艺术享受，也因此获得了“冰城”的美誉。这，就是哈尔滨。

哈尔滨的冬天最地道。作为中国纬度最高的省会城市，哈尔滨的冬季漫长而寒冷，温度多在零下20摄氏度以下。当寒冽的北风兜头兜脸地吹来，目之所及皆是银装素裹，立于琼楼玉宇之上，恍然分不清是天上，还是人间。

哈尔滨的冰雪很长情。大雪节气为江河带来了冰雪的讯息。松花江面上结了厚实的冰，晶莹剔透，像一面巨大的琉璃镜子，又像一整块天然水晶。屋檐上挂满了冰溜子，一根根垂下来，或长或短，清澈透明，像一行行凝固的诗。

谈及冰雪，这里的人们会表现出与“冷”相反的“热”——亲切、喜悦，还带着浪漫与骄傲。

冰雪对哈尔滨来说，到底意味着什么?

时间回溯到1963年。冰块中间掏个洞放上蜡烛制成“冰灯”的灵感，开启了哈尔滨冰雪文化的序章。

1963年2月7日，为了丰富群众精神文化生活，让哈尔滨的冬天不再寂寞，哈尔滨市第一届冰灯游园会在兆麟公园开幕了。消息传出，全城轰动，群众扶老携幼，呼喊着“看冰灯去啊”！一时万人空巷，盛况空前。

这是我国第一次出现成规模的冰灯游园活动，开创了现代冰雪文化的

游客在哈尔滨冰雪大世界园区内游玩。图：新华社/王建威

先河。2万立方米的冰雕琢出1500余件冰雕作品，艺术家们开始了对冰雪梦幻的描摹。

又一个标志性的变化，发生在1985年。

1985年1月5日，哈尔滨举办了首个以冰雪活动为主题的国际性节庆活动——哈尔滨国际冰雪节，并一直延续至今，此后每年的1月5日，也成为哈尔滨人独有的假日。“冰城”的名字从此叫响。

此后，每年12月上旬，当蜿蜒流淌的松花江按下休止符，声势浩大的采冰节拉开大幕。裁冰、运冰、砌冰、雕冰……晶莹的“天然水晶”在能工巧匠手中华美变身，为一年一度的冰雪胜景增添注脚。

1999年，为了迎接千禧年的到来，也为了更进一步提升哈尔滨大型冰雪艺术的水平和能力，哈尔滨最具有代表性的冰雪乐园——哈尔滨冰雪大世界开园了，成为哈尔滨的冬季地标，冰雪旅游名片。中国·哈尔滨国际冰雪节，也成为与日本札幌冰雪节、加拿大魁北克冬季狂欢节和挪威奥斯陆滑雪节齐名的四大冬令盛典之一。

那年，崔师尧13岁，他回忆说：“整个城市突然火爆了起来，没有人不知道‘冰雪大世界’。”

“冰雪已经融到每个哈尔滨人的心里，我觉得是一种精神信念。”崔师尧说。

2015年，崔师尧所在的哈尔滨工业大学建筑设计研究院承接了哈尔滨冰雪大世界的整个项目，包括从设计到布局规划，施工及后期建设的现场服务。

崔师尧的“冰雪梦”从那一年开始被具象化了。

从2015年接手至今，崔师尧以主创设计师的身份完成了近十届冰雪大世界的设计工作。10年来，年年岁岁冰相似，一雕一刻景不同。

2024年，正值甲辰龙年，团队在设计中也加入了“龙元素”：主塔“冰雪之冠”与串联园区的龙形冰面呼应，从冰面到主塔，从平面到立体，幻彩流光蜿蜒浮动，汇聚于主塔，如飞龙出水，直冲琼楼玉宇，寄托着龙江腾飞的美好寓意。

“以前，每一个冰雪景观都要手动开启电闸。2024年，我们从电脑端或移动端App实时、定时控制景观灯光效果的变化，实现整个园区冰建景观的灯光联动。”

崔师尧说，无论是他本人，还是整个团队，还是上万名在零下二三十摄氏度的天气里不舍昼夜辛苦建造的工人，无一不致力于将最美好的冰雪呈现给大家。这既是每个冰雪匠人对冰雪的热爱，也是作为哈尔滨人，为这座东北老工业城市重新焕发新活力所尽的绵薄之力。

如今，距1963年哈尔滨举办第一届冰灯游园会，已经过去60余年。从大冰坨里放蜡烛的“冰灯”，到日光灯管和LED灯带，再到智能程序控制灯效……冰灯技术的发展沿革，见证着冰雪文化的深厚底蕴，也给游客带来“变极寒为极美，化冰雪为神奇”的震撼。

“2024中国冰雪旅游发展论坛”上，哈尔滨冰雪大世界以园区面积成功挑战吉尼斯世界纪录，获得“世界最大的冰雪主题乐园”称号。

白天晶莹如玉，夜晚斑斓如画。日落时分，大地渐渐被夜色笼罩，零下20摄氏度的寒冷挡不住游客们的热情，属于冰天雪地里的喧嚣和欢乐才刚刚开始……

（张玥）

相关链接

哈尔滨冰雪文化博物馆

哈尔滨冰雪文化博物馆中“永不重复的冬日童话——哈尔滨冰雪大世界”展区模型。图：新华社/张涛

位于哈尔滨平房区的哈尔滨冰雪文化博物馆，是全国首家以冰雪文化为主题的专业博物馆，是哈尔滨冰雪文化的写真、冰雪艺术的集成、冰雪旅游的向导、冰雪运动的百科、冰雪知识的文库、冰雪群英的概览和城市精神的展示。

一块冰的升华之旅

我是一块冰。

正站在哈尔滨冰雪大世界40多米高的“冰雪之冠”冰塔上，和兄弟姐妹们一起快乐地享受着这次旅行。

听我来讲讲我们的故事。

本来我和兄弟姐妹不分彼此地沉睡在母亲河——松花江中。从11月份

在哈尔滨冰雪大世界园区内，冰雕作品《天鹅》和43米高的主塔“冰雪之冠”交相辉映。图：新华社/谢剑飞

到12月初，一睡就是将近一个月，天越来越冷，我们的身体也越长越结实。可我却越来越怕融化，怕这凝固的世界匆匆流走。

母亲说，不用担心，过不了多久，我们就会有一次不寻常的旅行。

在母亲河两岸，那座城市，她的名字里有我们的荣耀——“冰城”哈尔滨。每年冬天，南岸都会有许多冰景在街头绽放；而在北岸，一座冰雪王国将崛地而起。

“每年，哥哥姐姐们都会变成美丽的冰雕冰建，今年该你们啦！”母亲骄傲地说。

刚进12月，就有人清走我们身上的积雪，用电锯在上面划线，母亲身体被划出数不清的网格，我和兄弟姐妹们也逐渐有了轮廓。

大雪节气这一天，天还没亮，我就被采冰号子吵醒。

“一、二、三，起！”，电锯、冰锤、冰镩轮番作业和采冰人粗犷的号子交织，我的一个个兄弟姐妹，离开了母体，在岸上集结。

我问母亲，现在的风像刀子，谁还会到江面上干活?

母亲说，这些采冰人多是周边的农民，他们过去春种秋收，到冬天就“猫”起冬来，可近些年的冬天越来越多的人不再“猫冬”，他们出去打工，采上十几天冰也会有个几千块钱的收入。

在冰封的母亲河上，电锯割开的网格向远方延伸，仿佛阡陌纵横。采冰人在冰面上耕耘劳作，而我们就是他们沉甸甸的收获。

轮到我了，采冰人先用冰锤、冰镩把我和兄弟姐妹们彻底分离，再合力用冰钩一鼓作气把我拖上冰面。

这时的我，才算正式从母体中“分娩”。作为“新生儿”，身形长方的我有着1.6米的个头儿，0.8米宽，将近半米厚，体重嘛，估计也有五六百公斤。

在弥漫着采冰号子声、冰镩咔咔声和运冰车马达声的寒冷江面，我和一群兄弟姐妹被叉车装到了运冰车上，运到了哈尔滨冰雪大世界的建设现场。

工人在松花江哈尔滨段的采冰现场进行采冰作业。图：新华社/张涛

这里简直就是超级“冰工厂”，在近一个月的工期里，至少有30多万兄弟姐妹在这个占地面积近4个北京“鸟巢”体育场大小的园区里集合，几十辆巨大的吊车，不断攀高的脚手架，来回穿行的运冰车，还有近万名农民工忙碌的身影，构成了一幅壮阔的施工图景。

12月中旬，主体工程完工的冰雪大世界试开园迎客，就在这时，我也正式站在了园区内最高、体量最大的冰雪景观——“冰雪之冠”主塔之巅。

转年1月5日的哈尔滨国际冰雪节上，一个流光溢彩的冰雪世界闪耀出世，就在这一天，“冰城”一年一度的国际冰雪节也盛装启幕。

每天欣赏着冰雪世界月升日落的美景，观看世界级冰雕比赛，和兄弟姐妹争论大冰滑梯和冬泳哪个更刺激……迎客60多天，超过270万游客为我们而来。

就连我的诞生地也吸引了游客流连的目光：无数亲人们依偎在母亲身

在哈尔滨冰雪大世界园区内，游客在冰雕作品《中华福鹿》旁游玩、拍照。图：新华社/王建威

在封冻的松花江哈尔滨段，游客在“钻石海”欣赏日落美景。图：新华社/谢剑飞

游客在哈尔滨冰雪大世界园区内游玩。图：新华社/张涛

旁，化身一片晶莹剔透的“钻石海”，迎送着朝阳晚霞。

母亲说过，这些年，人们从这冰天雪地中找到了越来越多的致富道路，冰天雪地真的变成了金山银山。

龙年春节8天假期，1000万人次游客，超过164亿元的旅游收入……我感受到了这座“冰城”的腾腾“热气”。

听说，下个冰雪季，第二十六届哈尔滨冰雪大世界整体面积扩大到100万平方米，将有更多的弟弟妹妹来到这里，总用冰用雪量将达30万立方米，亚冬元素将在园区和这座城市里熠熠闪光。

春天的脚步渐行渐近，过不了多久，我将重回母亲怀抱。我已不再惧怕融化，这次旅行让我感受到了美妙的“升华”，我也将和我的兄弟姐妹一起，继续见证这座城的“升华”之梦。

（王建威、谢剑飞、张涛）

工人操纵机械在哈尔滨冰雪大世界存冰场码放冰垛。图：新华社/谢剑飞

相关链接

冰雪大世界的冰从哪里来？

哈尔滨冰雪大世界的存冰工作非常讲究技术和经验。每年都会在上一年度采冰建设期，额外挑选出一批“好冰”储存。这些冰将在户外储存近一年，即使经过炎热的夏季冰体也不会融化。冰块是采用传统储冰方式与现代多层保温技术相结合的方式储存，首先在地表和冰之间放置隔热层，同时盖上保温棉、稻草等足够的“保寒棉被”，让冰像盖在大棉被里似的保存起来。低温、避光、隔热、密封等适宜的储存条件让冰块始终保持在零摄氏度以下，即使在气温超过30摄氏度的夏天，也只会损耗一小部分。

为了保证存冰的品质能够达到建筑要求，存储期间还要注意很多细节，比如冰块的堆叠方式、底部的防潮、遮盖物的维护以及定期检查。等到第二年入冬，冰雪大世界的冰雕项目开始时，这些存冰能拿出来提前用。

冰城左右哥

姜可东小时候上课爱说话，到现在他都记得老师批评的话语：“你长大后能靠嘴赚钱吗？”

如今他终于可以回答这个问题了。2024年的冬天，全中国都知道了他的另一个名字：左右哥——哈尔滨冰雪大世界梦想大舞台的主持人。

“大家说来看我，其实是来看我的家乡。”“80后”的他对记者说。

路过哈尔滨冰雪大世界的主塔“冰雪之冠”时，他举起上臂、抬起右

“左右哥”在哈尔滨冰雪大世界梦想大舞台主持。图：姜可东供

脚，比划了一个老鹰腾飞的姿势。晚霞正好，他一语双关：“其实她一直很美，只是今年她被越来越多人看见了。”

2023—2024冰雪季，冰雪大世界游客破纪录。哈尔滨现象级爆火，创造了一个东北老工业基地始料未及的“文旅奇迹”。

冰雪一直是姜可东这样的东北孩子童年记忆最重要的一部分。“一到冬天，我们就抽冰尜、拉爬犁、吃冻梨、烤地瓜……”谈到这个话题，这个健谈的主持人打开了话匣子。

同很多在老工业基地长大的孩子一样，姜可东的父母都是工人，他上下学自己脖子上挂着钥匙，放学后，有时会去公园滑冰，刺骨的寒风中小脸冻得通红。天空的鸽哨和孩子们的笑声，是那个年代的背景音。

“左右哥”在哈尔滨冰雪大世界梦想大舞台主持。图：新华社/张启明

在姜可东的记忆中，哈尔滨的另一面是“洋气”：“我八九岁的时候，就在中央大街上见过外国人。”当时是20世纪90年代初，中国改革开放仅十余年。

然而，在中国高速发展的进程中，曾经被称为“共和国长子”的东北老工业基地遭遇挑战。1998年，他的母亲下岗了。

姜可东2006年参加工作，成为哈飞工业集团一名汽车生产工人。工厂不景气，他就做兼职，在婚礼乐队当鼓手。“但随着科技发展，没过多久，MP3打败了乐队。”他说。

这段不长的经历却让他与婚庆行业结了缘。2011年，他从工厂辞职，成了一名婚礼主持，还有了艺名——腾越。

梦想大舞台的项目总监是在一场婚礼上认识姜可东的，邀请他来冰雪大世界担任主持人。“可能是觉得我的声音适合这个舞台。”姜可东回忆说，“我当时的想法是，有活儿就干！”

这次偶然的机会成了他和冰雪大世界缘分的开始。在2012年成为梦想大舞台主持人之前，姜可东从未走进这个冰雪的世界。和很多哈尔滨人一样，他觉得家门口的“景点”以后有的是机会来看。

“我第一次走进冰雪大世界时，觉得那里真大啊。现在一年比一年规模大，科技感、体验感也都逐年提升。”姜可东说。

这些年，姜可东有过辉煌。2019年，他因为在冰雪大世界演出，社交平台粉丝数从5万涨到60万。他被亲切地称为“左右哥”，因为当时人太多了，他担心游客安全，就在互动环节喊出来“左脚、左脚，右脚、右脚”的口号，没想到被大家记住了。

他也经历过惨淡。2021年冰雪季，哈尔滨冰雪大世界开了19天，他和团队演出7天，人最少的时候，跟着跳舞的游客只有个位数。“2024年冰雪大世界一天的游客数量赶上了此前三年的总和。”他说。

“到后来园区关闭，没有人了，我也坚持到园区直播。这么大一个园区，那么多巧夺天工的冰雕艺术品，别人看不到可惜了。”姜可东坚持在园区带网友“云游”。

最难的时候，他开过网约车，卖过冰淇淋，也去过南方打工，但还是回来了。“我爸说过：‘不是因为有希望而坚持，是因为你坚持了才有机会看到希望’，再难的日子总能熬过去”。

“任何事情都有巅峰、有低谷。只要我们老老实实做人做事，总会被发现。”他说的不光是自己，也是这座城市。

2024年开年，哈尔滨火了，凭借冰雪旅游一跃成为“顶流”。姜可东感到高兴，他的家乡终于被更多人“发现”了。

在他看来，哈尔滨很有底蕴。除了冰雪，中央大街上悠扬的音乐、欧陆风情的建筑、橱窗里的表演都那样独特，再加上市民热心、服务暖心，一定能吸引人、留住人。

他自己也火了。“冰城左右哥”抖音账号粉丝数现在已经超过320万。而在一年前，这个数字还是57万。

聊天过程中，姜可东不断接到电话。他每天除了梦想大舞台的主持和直播，还有各种采访、会议、节目排练、短视频拍摄，不停为这座城市“代言”。

身边的朋友也都忙碌起来。“开车的朋友免费拉游客，开饭店的免费提供热水，做主持的朋友给游客介绍这座城市……”他说。

他希望更多人了解这座城市，了解东北人的热情，“了解以后爱上这里，如果可能就留在这里。”他说。

谈到哈尔滨的未来，他说，这次“爆火”不会是昙花一现：“哈尔滨的美不仅在冬天，迷人的哈尔滨之夏也会让你知道什么叫‘洋气’。”

“哈尔滨开发冰雪这条路已经走了60多年，相信还会走下去。”对于自己的未来十年，姜可东说，只要冰雪大世界在这里，他也会在这里。

（张玥、白旭、桂涛、王春雨、孙晓宇）

相关链接

哈尔滨冰雪大世界

扫码观看微纪录片《我是冰城“左右哥”》。

这座世界上最大的冰雪主题乐园，位于靠近松花江北岸的哈尔滨太阳岛上。第一届冰雪大世界适逢新千年庆典，哈尔滨人民以不凡的魄力和想象力，在松花江上建起一座冰雪主题乐园——哈尔滨冰雪大世界，至2024年已成功举办25届。冰雪大世界包含冰山馆、雪花摩天轮、四季游乐馆、冰雪美食馆、冰雪秀场及配套设施，是国际知名冰雪文化旅游品牌、国内冰雪旅游最热门景区、哈尔滨靓丽的城市名片。

游客在哈尔滨冰雪大世界园区内游玩、拍照。
图：新华社/王建成

“雪乡”蜕变记

曾经，这里怕下雪。如今，这里离不开雪。

这里是“中国雪乡”，位于黑龙江省牡丹江市的龙江森工集团大海林林业局有限公司双峰林场。

地处偏远山沟的双峰林场，过去一下雪，木材便运不出去，人们常望着漫天大雪愁眉不展。后来，凭借原生态自然美景，林场吸引了摄影爱好者和游客的目光，以林木为生的山里人便抓住机遇，大力发展生态旅游业，以此带动各产业发展。冰天雪地，在这里真正变成金山银山。

驱车从哈尔滨一路向东南方向行驶，平原变山丘，柏油路两侧的白雪越来越多，一个转弯进入山中，两侧的林木由绿变白，一弯绕一弯，似乎没有尽头。

这里是张广才岭，也是樊兆义的家。

第一次来这里的人，总会被冬日水墨画般的林海雪原美景吸引。“以前我们并不喜欢这景色，几个小时从哈尔滨开过来，进入山里全是雪，木头运不出去啊！”曾是林业工人的樊兆义说。

樊兆义就住在双峰林场，过去这里多数人都以伐木为生。但由于特殊的地理位置及气候特点，双峰林场每年积雪期长约半年，年平均降雪厚度超过2米，对木材采伐和运输极为不利。

“林业工人最怕的就是雪，后来木材减产，我和同事都去外面打工，离开了双峰林场，家里的房子卖500块钱都没人要。”樊兆义的邻居高秀丽清楚地记得当时的情景，她爱人也从林业工人转行干起了汽车维修。

这是“中国雪乡”景区被白雪覆盖的建筑群。图：新华社/张涛

山窝窝变得异常冷清，雪花依然静静落下，却甚少有来往脚印。林区人在外面打工的时候，一名摄影师偶然进入了被白雪覆盖的山中，拍下了雪花覆盖的民房和远处的雪山。林场美景经网络传播后受到很多人关注。樊兆义发现，渐渐地，越来越多外地人到他的家乡游玩。

这一变化引起了重视，当地开始鼓励林场职工搞旅游。

“开始很多人不敢尝试。一个月工资两三百块，开个民宿就好几万，最早不到十户职工转型开民宿，我是其中之一。”回忆起2000年，樊兆义记忆犹新。

“第一年我开了4个房间，70平方米，第二年民宿就见了收入。”樊兆义说，他们同批开民宿的几户人家起到了示范效应。

随着名气越来越大，游客也越来越多，“中国雪乡”逐渐取代双峰林场，成为樊兆义家乡的新名字。

“现在就怕不下雪”。如今，雪乡景区经营主体已超过200家，从林

这是“中国雪乡”景区夜景。图：新华社/刘昊东

场退休的樊兆义，冬天是民宿老板，夏天则和家人去外地旅游，上山砍木头的日子一去不复返。

2024年春节，天南海北的游客相聚雪乡，共度热闹、喜庆的欢乐中国年。夜幕降临，景区氛围更加火热。东北大秧歌“扭”出欢乐与活力，舞龙舞狮展示出热情与豪迈，激情四射的雪地蹦迪将气氛推向高潮……整个雪乡沉浸在浓浓的年味中。

“每天下午4点开始来客，一直要忙活到晚上9点左右。今年借着冰雪旅游的热度，我们这儿的客人明显增加不少，营业额比往年增加了近三成。感觉日子越来越有奔头。”樊兆义说。

为让游客有更好的体验，“中国雪乡”景区改造优化观光栈道沿途景观，丰富激光秀、花车巡游等活动，充分展现东北民俗文化魅力，让游客沉浸式体验特色冰雪文化。

在开发旅游资源的同时，雪乡还全面启动了雪乡国家森林公园生态环境整治工程，先后完成千余亩林地改造补植、数万亩生态功能区造林。同时，通过林地清理、病虫鼠害防治等工作，提高了森林质量。

一片雪花，讲述一段传奇，绘就一幅画卷。雪花不停落下，故事仍未写完。

（刘赫垚）

攻略 追冰逐雪 · 极北童话之旅（哈尔滨—牡丹江—伊春—黑河—大兴安岭）

“浪漫冰城”哈尔滨，是中国冰灯艺术的发源地。到世界最大的冰雪主题乐园哈尔滨冰雪大世界、太阳岛雪博会看极致浪漫的冰雪建筑，在松花江上的冰雪嘉年华体验冰雪游乐项目的奇趣。参观哈尔滨冰雪文化博物馆，体验食品级人造雪的嬉雪世界、类冰舞台、仿制冰雪大世界长滑梯、模拟冰壶运动赛道等项目。到亚布力滑雪旅游度假区体验速度与激情——**“梦幻雪城”牡丹江**，探访童话般的“雪乡”，走进充满历史韵味的百年小镇横道河子，在镜泊湖领略传承千年的渔猎文化，感受百年口岸绥芬河的独特风情——**“冰雪林都”伊春**，在茫茫林海中解锁冰雪奇景——**“冰雪边城”黑河**，拥有异域风情浓郁的冬天——**“冰雪极地”大兴安岭**，可以在此找北寻冷、邂逅极光。

游客在哈尔滨冰雪大世界园区内游玩。图：新华社/谢剑飞

亚布力的故事

清晨，阳光刚洒在漫山遍野的白雪上，亚布力就热闹了起来。成群结队的滑雪者全副武装地走上雪道，而远处的私家车和大巴源源不断地把更多人送到这个滑雪胜地。

距离黑龙江省会哈尔滨近200千米的亚布力滑雪旅游度假区位于长白山脉，冬季雪资源存留期长达170天，享有中国“雪之门”的美誉。这里曾承办过亚冬会、大冬会等国际赛事，见证了无数体育健儿雪场上的风采。

然而很少有人知道，这在30年前还是一片宁静的林场。

“那会儿外面来的人很少，看到的只有拉木材的车。”50岁的当地人金红兰说，当时那里没有楼房，都是平房。她记得那时坐火车到哈尔滨需要7个小时，白天出发晚上才到。“到了哈尔滨觉得总算到了大城市，我们会买很多东西。”她回忆说。

事实上，亚布力那时已经有了滑雪基地，只是不对外开放。

亚布力的滑雪场最早建于1974年，是当时的省体委为了竞技体育训练建造的，单条雪道最长可达5千米。选址于此的原因是这里降雪量大，海拔较高，雪道有足够的落差。

1996年，第三届亚洲冬季运动会在哈尔滨举行，亚布力也登上了中央电视台的《新闻联播》，不少人开始关注这个小镇。

金红兰记得那届亚冬会的盛况，“亚布力这个小地方第一次见到那么多人”。

这是亚布力滑雪旅游度假区。图：新华社/王建威

也正是那一年，她跟男友一起回到家乡亚布力的风车山庄工作。那是当时亚布力唯一的酒店。

“那时候别的地方基本上没有雪场，游客要体验滑雪就选择这里，但其实没什么人真正会滑。”她说。

那时来的很多是学生，没有器材，只能租。在亚布力工作久了，她也渐渐对滑雪产生了兴趣，但是当时教练少，她更多的时候是向当地的工人请教，或者自己摸索，常常滑不好撞在护网上。

在黑龙江亚布力体育训练基地，一位滑雪运动员在进行训练。图：新华社/谢剑飞

2009年，哈尔滨举办世界大学生冬季运动会，投资者在亚布力建设了运动员村和三座五星级酒店，这里的雪道和索道也得以升级，由此逐渐吸引外国游客。

而对于中国人来说，2022年北京冬奥会的举办，使“带动三亿人参与冰雪运动”的效应充分显现，让冬季运动走进了更多百姓的生活。

“很多家长意识到，孩子的冬季运动爱好应该从小培养。”金红兰说，他们这些年接待的游客有很多来自北京、上海、广东，带着孩子一住就是好几天，跟着教练学滑雪。

高锦添是在电视上看到冬奥会滑雪比赛时对此产生兴趣的。9岁的他已经学习滑雪3年多了。今年他报名了雪狼少年营的高级班。“我觉得最好玩的是急刹车和换刃。”谈到滑雪这个男孩打开了话匣子，说他的下一个目标是学习跳台。

雪狼少年营营长张永健说，他们从2016年在亚布力举办儿童滑雪冬令营至今，报名人数从最开始的每个雪季几十人增加到现在的上千人。

“有的孩子甚至一个雪季连着报。有一对双胞胎连报了四期，单板双板都到了中级水平。”他说。

亚布力阳光度假村山地运动学院总监王洋是退役越野滑雪运动员，她说今年雪场接待的游客比2019年增加了一倍多，年龄从3岁半到70多岁的都有。除体验式滑雪外，更多游客选择来这里度假滑雪，他们对滑雪技术更加向往，通常会滑上四五天。

滑雪热带动了亚布力的旅游。除了滑雪场，这里逐步建起了温泉度假酒店、水世界和中国最北的熊猫馆。当地政府希望这一滑雪胜地能够在夏天也吸引更多人来避暑。

金红兰希望随着亚布力的不断发展，更便捷的交通能大幅缩短游客的旅途时间，能把更多的游客带来亚布力。

“我一直觉得，这个地方一定会越来越好。”她说。

（杨轩、白旭、桂涛、王春雨、孙晓宇）

冰天雪地里的热爱与责任

初见王芳是在她的休息室中，高高的马尾束在脑后，一身厚重的滑雪服盖不住纤细的身材，脚步飞快，在狭小的休息室中来回穿梭。有意思的是，面对镜头的她和镜头外的她表现得截然相反。一面是简单爽快的东北大妞；一面是不善言辞、词不达意的采访对象。

“80后”的王芳在黑龙江亚布力滑雪旅游度假区做滑雪教练已有十几个年头，每个雪季，在各条雪道都能看到她飒爽的身影。作为一名黑龙江人，背靠着“家门口”的“雪山”，王芳成就了自己的热爱与责任。

我们在滑雪准备间遇到了王芳今天的第四位客人刘雨桐，也是一位女士。她没有跟着旅游团的大部队走，坚持自己来到了亚布力滑雪场，体验自己人生当中第一次高山滑雪。

在王芳面前，她显得格外地兴奋，一直同王芳讲述着自己在各地游玩的经历。但王芳似乎并没有很高的兴致，从身上的束带到脚上的雪鞋，王芳忙得抬不起头，厚重的雪鞋让她只能撑着椅子给顾客绑鞋。

作为中国大众旅游滑雪的肇兴之地，亚布力深耕黑龙江冰雪产业40年，中国第一家国际滑雪学校也诞生于此。

“打小就喜欢看滑雪的那股爽劲儿。”王芳说，她从小就热爱滑雪，看着过瘾，滑着兴奋。通过系统和成熟的培训、时间和实践的历练，王芳成为拥有正规资质的滑雪好手，也成为了一名滑雪教练。当爱好变身职业，热爱也化身责任。每逢雪季，王芳每天早出晚归，近5个月几乎没有一天节假日，和低温为伴，与寒风为伍，为游客提供细致、温暖的教练服务。

王芳（前）和来自常州的游客走出雪具大厅，走向缆车。图：新华社/王建威

王芳（右）在指导来自常州的游客学习单板滑雪。图：新华社/王建威

上山缆车上，背对着阳光，王芳说："这些年曾经的爱好变成了职业，热爱没有消减，但落下了一身职业病，腰椎间盘一到冬天就难受，腿上青一块儿紫一块儿的。"王芳侧头看着窗外的滑雪爱好者，阳光照在脸上，妆容掩盖不住眼角的细纹，眼睛不知是被冻得通红，还是回忆起了年轻得过往。

来到滑雪场上的王芳，面对初级滑雪爱好者，没有显现出一丝不耐烦的情绪。娇小的身躯常被顾客带倒。小到每一个步伐、大到每一次重心的移动，细腻、灵活淋漓尽致地体现在了这个东北女人的身上。

王芳在亚布力三锅盔山顶俯瞰。图：新华社/王建威

"王教练教得很好，其实我挺笨的，但我没想到教练如此好脾气，弄得我都不好意思了。"刘雨桐偏头笑看着王芳，拍了拍她的肩膀。在短短的两个小时内，这两个相距千里，来自中国南北两极的人成为了朋友。"我觉得特别值，从今天起我也'入坑'了滑雪，有机会我还会再来，我也加了王老师微信，下次想来尝试一下双板。"

"这些年滑雪的人越来越多，尤其这个雪季'尔滨'的火爆，为亚布力大幅加持了游客流量。"王芳说，"冰雪旅游热了，滑雪火了，我们的收入也在不断增加。哈尔滨马上要举办亚冬会，亚布力得火上加火。这里是我的家乡，山水美，雪质好，前景值得期待！"

（张启明、王建威、陈益宸）

在漠河市北极村，游客放飞自我，体验“泼水成冰”。图：新华社/才扬

畅玩“泼水成冰”

清晨，天刚亮，阵阵欢笑声响彻于林海雪原的上空。在黑龙江省大兴安岭地区腹地，漠河市北极村内，天南海北的游客一边尽享泼水成冰的乐趣，一边在写有“中国北极”字样的雪雕前合影留念，记录下这美好一瞬。

这是游客在K7041次“雪国列车”车窗的冰霜上留下的行程印记。图：张涛

每年入冬后，位于中国最北角的边城漠河都会迎来旅游热潮。独特的地理位置、丰富的冰雪资源和新颖的旅游产品，吸引不少游客一路北上到此打卡，在冰天雪地中享受“找北”“找冷”之旅。

伴着歌曲“漠河舞厅”的动人旋律，游人找寻到边城最北的村落——北极村，并在坐落于此的中国最北邮局，用文字传递温情。

来自湖北的大学生李持惟在明信片上写下自己的祝福，准备邮寄给远方的朋友。李持惟这次来漠河非常开心，虽然天气寒冷，但村民的热情好客、独特的北国风光和地道的东北美食让他感觉不虚此行，打算推荐朋友也过来看看。

每次冰雪季，当地都会推出冰雪乐园、北极村冰雪童话世界等各类景点，虽然置身村落，但游人们却能够体验滑雪、滑冰、冰爬犁等多种冰雪乐趣，尽享冰雪盛宴。

游人玩得酣畅淋漓，村民也忙得热火朝天。

“给你们预留了一个星期后的房间，来这儿的时候多穿点，别冻着！”北极村民宿老板娘史瑞娟接起一通通订房电话，细心地嘱咐外地游客一些旅游注意事项，带足保暖装备。

史瑞娟在北极村开民宿已有十余年。从最初的3间房，到现在的8间房，随着冰雪游持续走俏，她的民宿也规划经营得越来越好。

近几年，大家对冰雪游的热情越来越高。史瑞娟的电话天天响个不

游客在漠河市北极村乘坐马拉爬犁。图：新华社/徐率

停，“咨询订房的人太多啦，民宿几乎天天爆满，甚至有人开始预定春节期间的房间”。

夜幕降临，灯光亮起，北极村更添一份浪漫与梦幻。村民于涛经营的铁锅炖餐厅开始热闹起来。炖排骨、炖大鹅……推杯换盏间，人间烟火气在此升腾。来旅游的人多了，餐厅生意也越发红火，于涛说，他已经准备进一步扩大餐厅规模了。

冬季的漠河，是极寒之地，同时也是“火热之地”。不畏严寒、笑傲冰雪的漠河人，背靠冰天雪地，依靠自己勤劳的双手，在这里雕刻出一幅又一幅热情洋溢之作。

（刘赫垚、徐凯鑫、张涛）

极寒中的速度与激情

不畏严寒、笑傲冰雪的黑龙江人，又撬动起一座“金山银山”——寒区试车。

寒冬时节，在北部边陲黑龙江省黑河市的各大试车基地，漂移的车影、疾驶的车轮，卷起一阵雪雾……寒区“速度与激情”火热进行中。

多年来，黑河市凭借得天独厚的自然条件和地理位置，大力发展寒区试车产业。同时，黑河不断完善基础设施、提升服务水平、加快数字化

在黑河小乌斯力测试基地，车辆进行寒区试验。图：新华社/顾景坤

项目建设，推进寒区试车产业转型升级，着力将“冷资源”转化为“热产业”。

黑河地貌多样，冬季寒冷干燥，同时能为车企提供高质量服务，这些因素吸引越来越多汽车测试人员。

1989年，一汽集团的解放卡车率先在黑河开启寒区汽车测试。经过30多年的努力，黑河试车种类、试验范围不断扩大，试验单位、车辆、人员不断增加。每年，黑河市各大测试场都会云集国内和来自美、德、法、日、韩的知名车企。

目前，黑河现已成立8家寒区试验企业，16个试验基地，24个专属试验基地。正常年景试车季，约有国内外170家车企、4000余台车辆、7000余人来到黑河开展寒区试车。黑河被中国汽车工业协会授予“中国黑河汽车寒区试验基地”称号。

进入试车季，黑河不少酒店门口都悬挂着写有“欢迎试车客人回家”字样的红色横幅。酒店工作人员介绍，每到冬季，宁静的城市都会因为试车季变得热闹起来，来自全国各地的试车人员像候鸟一样，如期回到黑河。

为给前来试车的人员提供良好服务，黑河成立了试车企业接待服务中心。利用中心窗口、网络平台、移动终端等载体，为试车企业提供业务咨询、政策宣传、企业人员登记、绿色通行证发放、24小时救援、宾馆预订、餐饮推荐、旅游指导等相关服务。

与此同时，为加强基础设施建设，提升服务水平，黑河在爱辉区、北安市、嫩江市、孙吴县建成汽车试验场8处，各测试场地均建有ABS跑道、冰上环形跑道等，满足不同条件下的试车需求。

黑龙江红河谷汽车测试股份有限公司是当地规模最大、行业领先的汽车测试企业。对于一些因故不便来黑河进行测试的车企，公司提供委托试车服务。每年雇佣驾驶员参与试车工作，方便车企的同时，拓宽了当地劳动力增收渠道。

数据显示，每年试车季，黑河试车产业拉动宾馆、餐饮、零售业、交通运输等服务收入超过6亿元。

为了引领全国寒区试车产业发展，黑河集中力量建设集汽车测试、研发检测、智能网联及汽车文化、康养旅游等于一体的寒区试车高新技术产业园。项目建成后，将成为路谱全面、设施先进、功能完善的寒区试车综合性服务平台。

此外，占地78公顷的自动驾驶测试场项目已在黑河投入使用，测试场建有5G专网基站，这是5G技术在全国首次应用于高寒地区自动驾驶测试领域。

汽车测试产业向智能化方向发展，随着寒区试车高新技术产业园的建设，与科技企业、科研院所深化合作，黑河寒区试车产业将进一步提档升级。

（刘伟、刘赫垚）

相关链接

为什么寒地试车要到黑河?

工作人员在黑河市一处试车场进行汽车测试工作。图：新华社/刘赫垚

通常情况下，新车上市之前，都要通过“三高”［高温、高寒、高原］测试，来检测车辆在不同环境下的适应性及其质量。作为我国纬度最高、最北端的地级市，黑河市拥有得天独厚的寒地试车气候优势。除了自然因素之外，黑河的城市资源及当地政府的支持，使中国汽车整车及零部件研发寒地测试工作大都集中在此完成。因此，黑河被誉为“中国汽车寒地测试之都”。

七块金牌，这小城凭什么？

2022年11月，中国奥委会授予黑龙江省七台河市“奥运冠军之城”纪念奖杯，被誉为“冬奥冠军之乡”的七台河成为“奥运冠军之城”。

杨扬、王濛、孙琳琳、范可新……20世纪70年代以来，这里先后培养输送了10余位冬奥和世界冠军，打造了“冬奥冠军之乡”“冬奥冠军摇篮”的城市名片。中国在历届冬奥会获得的22枚金牌中，7枚和七台河有关。

七台河，凭什么？

在七台河体育中心，七台河职业学院短道速滑训练中心的孩子们在进行训练。图：新华社/张涛

寒冬中的热切期盼

七台河，位于中国东北边陲，一年有4个月气温低于零下20摄氏度，为开展各种冰上运动提供了得天独厚的条件。

隆冬时节，我第一次走进七台河，开始真正地了解她。

20世纪70年代，七台河市的短道速滑事业从市内一个简陋的体育场起步。

功勋教练孟庆余冬天和队员在体育场看台下的房间内住宿，在体育场旁的空地上浇冰训练。从这里“白手起家”，孟庆余将短道速滑从七台河人闲暇时的爱好推向竞技体育道路，奠定了这座城市短道速滑事业的基础。

孟庆余去世后，他在干事创业过程中磨炼出的不怕困难、奋勇拼搏的精神在其弟子中不断传承，赓续着七台河“敢为人先　勇争一流”的精神。

历经赵小兵、张杰、张利增等一代代教练员的无私奉献，杨扬、王濛、孙琳琳、范可新等10余位世界冠军从这座人口不到70万人的东北小城“滑”向世界。

时间回到2002年，美国盐湖城冬奥会。中国代表团获得短道速滑女子500米和1000米共2枚金牌，实现了自1980年首次参加冬奥会以来金牌“零”的突破，创造这一历史的就是七台河短道速滑运动员杨扬。

随后，王濛接过了接力棒。

2006年2月，王濛参加都灵冬奥会，以44秒345的成绩夺得短道速滑女子500米冠军。那届冬奥会，她摘得一金一银一铜。

四年后，温哥华冬奥会。王濛先后在500米赛事的预赛及半决赛两度刷新奥运纪录，并在决赛实现了对女子短道速滑500米金牌的蝉联，之后获得女子1000米以及3000米接力的冠军。这让她成为中国短道速滑历史上第一个冬奥会“三冠王”，开启了令七台河人倍感振奋的“濛时代”。

“月光洒落在冰上，点亮几代人心中的梦想……一个小城人的愿望，要让冠军长廊妆点北方……”

这首七台河市在北京冬奥会开幕前发布的歌曲，表达了当地人对冠军文化的理解和对北京冬奥会真挚的祝福，许多人都期盼七台河走出的运动健儿在北京冬奥会能再创佳绩、为国争光！

夜幕下，七台河市桃山区的冠军桥灯火通明，短道速滑冠军馆顶部火焰状的灯光流转升腾。

期盼着，期盼着，北京冬奥会终于来了。

北京冬奥会上的高光时刻

2022年2月4日，北京冬奥会开幕。

2月5日晚，当七台河籍运动员范可新走上冰面，准备参加短道速滑比赛时，一千多千米外，家乡的人们屏住了呼吸。

第一枪被召回、第二枪重发。范可新起跑排在第三位。

两圈半后曲春雨接棒一路狂追，第三棒任子威在交接时刻一举超到了领滑的位置。

10米，5米，1米……最后一棒的武大靖离终点越来越近……

2分37秒348！

范可新和队友以0.016秒的微弱优势战胜意大利队，获得2022年北京冬奥会短道速滑混合接力冠军，为中国代表团摘取首金！

在赛后媒体见面会上，范可新说：“短道速滑是一种传承，我希望以后有更多七台河的孩子，能接上我的这一棒。”

她以七台河为荣，七台河以她为傲。这一刻，七台河再次迎来高光时刻。

中国队选手范可新在北京2022年冬奥会短道速滑女子3000米接力决赛后亲吻冰面。图：新华社/李一博

2月13日晚，在北京冬奥会短道速滑女子3000米接力决赛中，范可新再次出征，与队友一起为中国队再得一枚宝贵的铜牌。比赛结束后，范可新在场地中心跪下亲吻了冰面。

在七台河体育中心的大屏幕前，我和范可新的家人、七台河的教练员以及运动员们共同见证了这一动人瞬间。范可新的哥哥范恩玉激动地说："妹妹在赛场上证明了自己，是家乡培养了她，照亮了她前行的路！"

回看来时路，几多艰辛。2014年，范可新21岁，是索契冬奥会中国队的女子500米夺金热门，但她在半决赛第二组开赛不久突然失去了平衡，摔出赛道。2018年平昌冬奥会，她25岁，在短道速滑女子500米半决赛中被判犯规出局，令人惋惜。2022年，北京。从懵懂、稚嫩到坚定、成熟，这个曾经在赛场上摔倒后哽咽的姑娘，已成长为经验丰富的老将，是短道速滑女队的领军人物。

波折、血泪、坎坷，始终与成功、喜悦、荣耀同行。一代代短道速滑健将，在洁白的冰面、激战的赛场上，续写着冬奥会与七台河不可分割的深厚渊源。

如今，七台河被称为“手握秒表的城市”。这里不仅有“金字塔尖”的荣耀，更有坚实的“基座”，为中国短道速滑事业源源不断地输送新的血液。

放眼当下，在资源型城市转型路上，“敢为人先　勇争一流”的冠军文化，正在为这座东北小城的振兴发展注入新的动能。

“后冬奥”时代的荣耀与规划

“冬奥会冠军”从“03”改为“04”，“冬奥会金牌”从“06”改为“07”，“世界级金牌”从“176”改为“177”。

北京冬奥会闭幕后，七台河市工作人员对短道速滑冠军馆内的金牌榜数据进行更新时，我在现场。

在金牌榜的另一边，则是一面“冰刀墙”——一千余双运动员们穿破的冰鞋排列整齐，见证着这些光环背后的来路坎坷。

有人说，这些鞋，或许比任何奖状、奖杯的分量更重，也更有说服力。

中午时分，11岁的杨秀铂和20多个同伴在七台河体育中心的冰面上练习滑冰。有的速度飞快，珍惜每一分每一秒；有的不小心摔倒，爬起来继续“奔跑”。

杨秀铂的家在贵州凯里，小时候喜欢轮滑，在轮滑教练的推荐下，他专程来到七台河学习短道速滑。“听说来这里能当冠军，我就来了。”

教导杨秀铂的教练正是张杰。2014年，张杰回到家乡七台河执教。在他们的努力下，七台河在2017年第11届世界冬季特奥会的速度滑冰项目中斩获4金2银，又在2019年第15届世界夏季特奥会的速度轮滑项目中获得3金2银2铜的好成绩，为“冠军之城”城市名片画下了浓墨重彩的一笔。

这是七台河短道速滑冠军馆内的冰刀墙，展示着数百双历年来运动员们用旧用破的冰刀。图：新华社/谢剑飞

如今，张杰担任七台河职业学院短道速滑训练中心教练。她的队伍中不仅有七台河当地的孩子，也有来自贵州、甘肃、河南、河北等其他省份的运动员。

自2021年以来，通过创建“省队市办”基地，黑龙江省短道速滑青年队落地七台河，使这里的短道速滑训练由地市级半专业队伍提升为省级专业训练队，开通了直接向国家队推送优秀运动员的通道，叩开了直通国际赛场的大门，再次实现历史性跨越。

在人才培养模式上，七台河市坚持“体教融合”，建立了“特色校–基础班–重点班–省队–国家队”的金字塔式培养体系，形成了从学校到专业队、从业余到职业的培养、输送和选拔机制。

“我的偶像就是范可新姐姐，我想像她一样，站在冬奥会的领奖台上，拿世界冠军！”李雪馨是七台河市第十五小学三年级学生，从小热爱滑冰，如今已是七台河市少儿短道速滑业余体校重点班的成员。和李雪馨一样，拿奥运冠军，是许多七台河运动员从小就种下的梦想。

站在七台河体育中心的室内冰场旁，头顶上方三面五星红旗高悬，一个个朝气蓬勃的身影脚踏冰刀从冰面上呼啸而过。呼啸而过的又何止他们？

从冰面再出发，这座曾以煤著称的资源型城市焕发出了别样生机。

（谢剑飞、杨思琪）

在七台河体育中心，张杰（右）在训练前和残障孩子交流。图：新华社/谢剑飞

运动员在七台河体育中心进行训练。图：新华社/谢剑飞

馁
永争第一

哈尔滨的冰雪运动底蕴

2023年开始，哈尔滨有了新昵称——“尔滨”。人们笑言，冰雪旅游的火爆让“冰城”火到连姓氏都不需要了。

作为中国纬度最高的省会城市，冬季寒冷的气候赋予哈尔滨丰富的冰雪资源，也造就了这里悠久的冰雪运动底蕴。

小朋友在哈尔滨冰雪大世界园区体验冰雪娱乐项目。图：王建威

2025年亚冬会是哈尔滨第二次承办亚冬会，人们相信，这将掀起当地又一轮冰雪旅游热潮。

悠久的冰雪运动底蕴

2023年2月，来自全国各地的冰雪专家围绕一张照片展开了热烈讨论。照片里一位脚上穿着高山雪板的滑雪者站在坡陡开阔的雪场上，背后则是滑雪场服务用房，照片档案备注上清晰写明了拍摄时间为1930年，地点在哈尔滨。

这张照片似在向人们讲述着近百年前哈尔滨的滑雪盛景，也展示着这座城市悠久的冰雪运动底蕴。

有关资料记载，中国近代滑雪运动开始于20世纪初，彼时，人们在中东铁路沿线修建了多个滑雪场，滑雪成为生活在那里的人们冬季重要的娱乐活动。

不仅是滑雪，20世纪初，哈尔滨城区内便修建了滑冰场。1953年哈尔滨举办了首届全国冰上运动会。此后，冰雪运动伴随着哈尔滨城市的发展，不断壮大。

1995年，时年45岁的大学教师王成背着来自国外的二手滑雪板，踏入了名为亚布力的山峦之中。那一年风车山庄在亚布力建立，标志着中国大众商业滑雪产业的诞生。1996年亚冬会在哈尔滨举办，是中国第一次举办国际冬季综合运动会，亚布力也随之声名远播，大部分没有滑过雪的中国人记住了亚布力这个名字。

2009年，第二十四届世界大学生冬季运动会在哈尔滨举办，这是中国第一次举办世界级综合性冬季运动会，彼时中国人通过这场大赛对冰雪运动有了更加深刻的认识。

辉煌的冰雪运动成就

2022年6月，中国奥委会授予哈尔滨市“奥运冠军之城”称号。哈尔滨作为中国冰雪运动的摇篮和全国冬季体育项目“领头雁”，为中国冬季体育项目输送了大量人才。

时间倒回北京冬奥会花样滑冰赛场上，一位老者在场边静静注视，他叫姚滨，是中国第一代双人滑运动员，也被人们称作中国花样滑冰的“教父”。

在哈尔滨太阳岛雪博会园区，游客经过“奥运冠军之城”雪雕。图：新华社/张涛

30余年的执教生涯，姚滨带出了申雪/赵宏博、庞清/佟健、张丹/张昊三对世界级双人滑组合，其中，申雪/赵宏博获得2010年温哥华冬奥会花样滑冰双人滑金牌，为中国花滑实现了冬奥会金牌“零的突破”。包括姚滨本人在内，他们都来自哈尔滨。

在哈尔滨市一家大型商场内，滑冰爱好者在冰场上练习。图：新华社/张涛

在2022年的北京冬奥会上，来自哈尔滨的隋文静/韩聪在花滑赛场上，再次为中国队捧回金牌，延续着哈尔滨这座“花滑之城”的传奇。

不仅是花样滑冰，来自哈尔滨的张虹在2014年索契冬奥会上获得速度滑冰女子1000米金牌，是中国在冬奥会速滑项目上的首枚金牌。随后任子威、张雨婷等一批哈尔滨健儿也在北京冬奥会等大赛上为中国队摘金夺银。

一枚枚沉甸甸的奖牌，一个个创造历史的花滑名将，不断扩大的群众基础，代代相传的优良传统，展现着中国的冰雪气魄。

浓厚的冰雪运动氛围

室外温度超过30摄氏度，室内却在零摄氏度以下，哈尔滨的冰雪运动不分冬夏。夏日走入哈尔滨热雪奇迹室内滑雪场，可见雪道上身着各种颜色滑雪服的人们顺坡而下，似在白色“画纸”上留下一抹彩虹。

哈尔滨热雪奇迹室内滑雪场设有8条不同坡度雪道，最高垂直落差80

米，可同时容纳上千人滑雪，雪场内温度常年低于零摄氏度，为广大滑雪爱好者提供了一年四季畅滑的良好条件。

在哈尔滨市名将冰上运动中心，教练杜冰洋常带着学员进行冰球训练，一旁等待的家长们身着棉衣，在夏日也可享受着室内“大冰箱”的惬意。哈尔滨目前有10座冰上运动气膜馆，分布在城市的多个区域。

到了冬季，哈尔滨大街小巷随处可见的室外冰雪设施，则掀起一年当中群众冰雪运动的最高潮。位于冰封松花江上的哈尔滨松花江冰雪嘉年华，每年冬季可以接待游客百万人次。

如今，第九届亚洲冬季运动会又将给这座城市带来新的发展良机，激发这里冰雪产业、冰雪经济快速发展。哈尔滨将进入一个以迎接亚冬会为牵动的加速发展期。

（王君宝）

游客在哈尔滨冰雪大世界园区内拍照。图：新华社/张涛

2024中国·齐齐哈尔鹤城国际冰球邀请赛U12组比赛中，上海队与齐齐哈尔队激烈争夺。图：张树

齐齐哈尔的冰球情缘

中国有一座北方城市，于1954年就成立了冰球队，坚持专业发展冰球运动已有70年。如今，冰球不仅带动了这座城市的发展，更融入到了当地人的生活里。这就是黑龙江省第二大城市——齐齐哈尔。

早上8点，齐齐哈尔市冬季运动项目中心的冰球馆里，齐齐哈尔市男子冰球专业一队和二队的教学比赛激烈开赛，身着蓝、白两色队服的运动员们飞速滑行、运球、挥杆击球。

齐齐哈尔兰迪队球员在比赛前加油打气。图：新华社/王大禹

“注意配合，手上动作跟上。”齐齐哈尔市男子冰球专业一队主教练周宇迪一边紧张关注着比赛中的细节，一边对换下场的运动员进行指导。

周宇迪从8岁开始，便和冰球结下了不解之缘，16岁进入专业队，20岁进入国家队，曾任国家冰球队队长。32岁退役后，他选择回到“中国冰球摇篮”齐齐哈尔成为市男子冰球专业队的教练。

在周宇迪眼里，发展冰球事业除了要有硬件设施，还要有深厚的文化底蕴。“齐齐哈尔人对冰球运动有着特殊的偏爱，外地人只要走进这座城市，立刻就会被这里浓浓的冰球氛围所包围。”

齐齐哈尔市是我国开展冰上运动较早的城市之一，先后被评为“亚洲最佳冰球城市”“全国冰雪交流积极城市”等称号，“冰球城市”名片已经享誉国内外。齐齐哈尔冰球队自1954年建立以来，累计获得30多个全国锦标赛、联赛冠军，4个全国冬运会冠军。

早在20世纪50年代，齐齐哈尔市的室外冰场上，就有人打冰球。60年代初期，齐齐哈尔冰球队在全国比赛中获得过冠军。此后几十年里，齐齐哈尔市的队员有多人入选国家队。

2017年1月，齐齐哈尔市通过人大立法将每年1月份第一个整周的星期六定为“齐齐哈尔冰球节”。此后，齐齐哈尔每年举办冬、夏“冰球季”系列冰球赛事活动，冰球成为这座城市的靓丽名片。

这座城市的冰球“情结”，早已种在孩子们心中。

齐齐哈尔有王嘉廉冰球希望工程学校和冰球基点校20所，搭建U10至专业一队六级梯队，通过鹤城国际冰球邀请赛、校际冰球联赛等青少年赛事，使得大量后起之秀脱颖而出。

很少有小学“将冰球运动的发展作为学校义不容辞的责任和义务”，二马路小学是个例外。

冰球小球员在冰球之城雕塑前举着奖杯拍照。图：张树

在齐齐哈尔市建华区的二马路小学，我们可以看到学校的大门被设计成冰球球杆的形状，教学楼内一楼大厅中央摆放着雕刻有冰球运动员的木质屏风，楼层提示也被赋予冰球元素。

早在1957年，这所小学就拥有了自己的冰球队。但冰球发展如此出众的二马路小学，在过去很长时间里，只有崔义文一个冰球教练。

“我是1955年生人，初中就开始打冰球。”崔义文初中毕业后进入专业队，25岁退役后，成为冰球教练，“最初是借二马路的地方教学，那时候有三四个二马路的孩子，后来学员里就都是二马路的，我也就扎下根了。”

崔义文记忆深刻，“学校有个七平方米的休息室，连暖气都没有，但

2000年冬季，崔义文在二马路小学校指导学生打教学比赛。图：新华社/周确

我们那时候天天训练，就大年初一放一天假，家长们很支持。”为了鼓励学生训练，崔义文搞各类评比，还给优秀的孩子买玩具。

当时崔义文住在学校的一间大约十平方米的屋子。他的学生中有三个孩子家庭条件不好，“家长没时间管，就住在我那小屋，我给他们做饭。”他说，后来其中的两个孩子进入了国家队。

“我受到父亲的影响比较多。” 崔义文的儿子崔志楠说，父亲对冰球的热爱和对冰球教学事业的坚持，从小就在他心中扎了根。

崔志楠进入二马路小学读书后，也进入了校冰球队，冰球也成为他成长过程中不可或缺的一部分。崔志楠以出色的成绩进入齐齐哈尔市队，2004年进入国家队，2011年从国家队退役后，他回到二马路小学，和父亲一样成为一名冰球教练。

“三岁开始学滑冰，退役后去省外有更好的发展，但还是觉得应该留在二马路小学。”崔志楠觉得，自己有责任像父亲一样，做好基层冰球人才培养工作。

目前，二马路小学翼虎冰球队队员总数都保持在60人左右，从幼儿园到六年级阶梯分布，组建了U6、U8、U10、U12、女冰等多支队伍。学校共输送运动员600余名，其中为国家队培养队员87人，国少队85人，被授予“冰球摇篮”称号。

如今，这座城市有冰球主题的广场、酒店、咖啡馆、烧烤酒吧、冰上艺术馆，冰球主题文创产品实现线上线下“双线热卖”，这座与冰球相依相伴的城市，也成为了冰球文化的重要集散地——冰球主题电影《飞吧·冰球》《冰上魅影》，冰雪专题电视节目《冰雪鹤城》，国内首本讲述城市冰球发展历史的图书《冰球：一座城市的记忆》……

在冰雪资源得天独厚、冬季运动多元发展的中国东北，齐齐哈尔这座“中国冰球之城”为冰球运动后备人才培养搭建了广阔的舞台，也让越来越多的人在这里圆了“冰球梦”。

（张玥）

这是第九届亚冬会相关主题活动现场的无人机表演。图：新华社/谢剑飞

“冰雪同梦　亚洲同心”

“冰雪同梦，亚洲同心”——2025年第九届亚冬会响亮的口号。这是哈尔滨继1996年之后，与亚冬会第二次相遇。

从会徽内涵到火炬主题，从项目设置到场馆建设，从赛会组织到办赛理念……中国“冰城”哈尔滨向世人展示无与伦比的冰雪魅力，全力奉献一场中国特色、亚洲风采的冰雪体育盛宴。

“超越”之美

名为“超越”的本届亚冬会会徽，由主体图形、文字标志、亚奥理事会太阳标志三部分组成，短道速滑运动员灵动飘逸的身姿，体现了亚洲冰雪健儿奋力拼搏、不断超越自我的体育精神，也是哈尔滨“奥运冠军之城”的荣耀之证；盛开的丁香，展现了哈尔滨开放包容的城市文化；舞动的飘带为会徽增添了欢庆的视觉感受，既是对过往的致敬，也是对未来的憧憬；左上角太阳图标是亚奥理事会的象征符号，代表着亚洲各国共同追求繁荣进步与和平的夙愿。

“同梦同心”

本届亚冬会的主题口号为“冰雪同梦，亚洲同心”（Dream of Winter, Love among Asia）。冰雪同梦，寓意亚冬会为亚洲各国各地区运动员展现冰雪运动魅力、实现人生梦想搭建了广阔舞台；体现人类不断超越自我、对奥林匹克精神的不懈追求；寄托激励更多人积极投身冰雪运动的热切期待。亚洲同心，展现亚洲各国各地区人民以真诚和热情增进团结和友谊，以交流和尊重推动文明互鉴和进步的共同期许，表达追求和平发展、共建人类命运共同体的美好愿景。

“澎湃”力量

2024年10月30日，主题为“澎湃”的亚冬会火炬，在倒计时100天之际发布，火炬整体高度约735毫米，顶部直径约115毫米，手持部位直径约

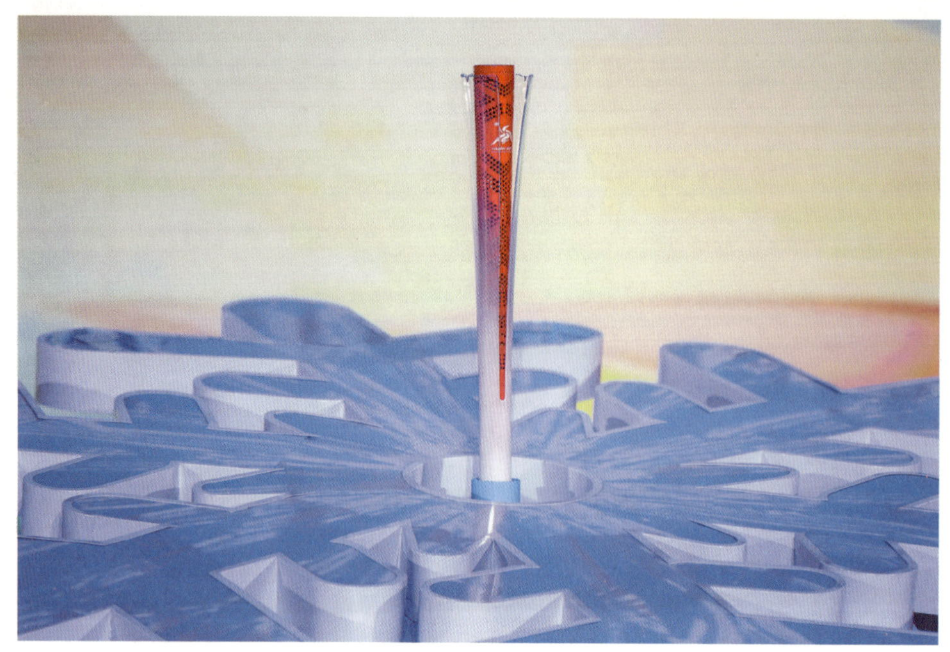

这是在第九届亚洲冬季运动会倒计时100天主题活动现场拍摄的亚冬会火炬。本届亚冬会火炬主题为“澎湃”，寓意着本届亚冬会将充满活力与激情。图：新华社/张涛

50毫米。作品外形设计具有国际化审美特征和中国古典与现代艺术相结合的美感，整体造型似绽放的丁香，采用中国红、丁香紫、冰雪白等色彩，表达真诚豁达、热情洋溢、开放包容的黑龙江和举办城市哈尔滨的冰雪和人文特色。

火炬顶部出火口位置采用花蕊镂空造型与丁香造型结合，形成具有立体感的出火口；上部燃烧舱外壁选取镂空雪花作为造型元素；外壳设计为一朵蓬勃盛开的丁香，采用透明冰晶到雪花白的渐变；内芯色彩采用中国红到丁香紫的渐变。火炬在点燃时呈现出冰与火交融的效果，突出冰雪运动在挑战与激情中迸发的光彩。

“竞速精神”

亚冬会奖牌“竞速精神”正面融合赛道流线和亚冬会会徽，以动态冲击力凝练出运动健儿驰骋赛场的矫健身姿，展现出竞技体育的力与美；赛

道的曲线造型融入哈尔滨大剧院的形象，具有独特的城市美学特征。

奖牌背面以亚布力雪上赛区的山峦与树林景色，结合大小兴安岭的地形地貌绘就地域特色的山水画卷，展现了黑龙江大地的美丽富饶。亚奥理事会标志中心镶嵌龙江瑰宝——逊克北红玛瑙，使其犹如红日当空，照耀着生机勃勃的黑龙江大地。奖牌顶端的绶带挂造型则借鉴了哈尔滨太阳岛风景区的太阳门形象元素，使奖牌更具城市特点。

演员在第九届亚洲冬季运动会倒计时100天主题活动现场展示亚冬会奖牌“竞速精神”的背面。图：新华社/张涛

“尔滨的雪”

“一路雪花相拥来，有微笑，天地开……”本届亚冬会会歌《尔滨的雪》娓娓道出“尔滨”与冰雪的故事。会歌由词作家、导演王平久作词，知名音乐制作人常石磊作曲。词曲紧扣“冰雪同梦，亚洲同心”主题，表达了亚洲各国和地区人民团结友爱，追求和平发展，共建人类命运共同体的美好愿景。

“滨滨”“妮妮”

东北虎“滨滨”和“妮妮”是本届亚冬会的吉祥物。“滨滨”名字取自“哈尔滨”，“妮妮”取自“您”的谐音，两个名字寓意“哈尔滨欢迎

哈尔滨市民晨跑从第九届亚冬会吉祥物旁经过。图：新华社/王建威

您”，传递了哈尔滨对亚洲各国各地区友人的热切期盼和诚挚欢迎。“滨滨”和“妮妮”以2023年9月出生于黑龙江东北虎林园的两只小东北虎为原型设计创作，将虎头虎脑的可爱形象与哈尔滨独特的冬季冰雪文化特色、民俗风情巧妙融合在一起。

新意满满

第九届亚冬会设冬季两项、冰壶、冰球、滑雪登山等6个大项、11个分项和64个小项。哈尔滨赛区举办冰上比赛，亚布力赛区举办雪上赛事。

本届亚冬会所设项目中有31%的小项首次进入亚冬会，其中，滑雪登山涉及的3个小项被确定为2026年米兰-科尔蒂纳丹佩佐冬奥会的新增项目，将成为运动员备战米兰冬奥会的重要检验。

参赛国家和地区上，中日韩三国全项参赛，柬埔寨和沙特阿拉伯是首次报名。16个国家和地区报名冰壶项目，创历届亚冬会之最。高山滑雪项目有25个国家和地区报名，是报名最踊跃的项目，其中不乏新加坡、泰国、马来西亚、科威特、阿联酋等一些热带地区国家。这些体现了近几年来，特别是北京冬奥会后，亚洲冰雪运动的快速发展。

对冬季项目国家队备战米兰冬奥会周期而言，哈尔滨亚冬会是一次重要练兵，中国国家队选派参加全部64个小项的比赛，在发现人才、锻炼队伍、检验备战成效等方面具有重要作用。

绿色理念

绿色理念是本届亚冬会办赛的亮点。2023年以来，亚冬会执委会加紧编制低碳办赛方案，并确定在场馆供暖方面采取绿色能源，电力供应也采

这是黑龙江省冰上训练中心速滑馆。图：新华社/张涛

用超低能耗技术，达到低碳环保的效果。

哈尔滨国际会展体育中心是第九届亚冬会的开闭幕式场馆，在设计阶段，设计师充分践行绿色理念，馆内看台的钢结构，将采用装配式施工工艺，通过工厂加工、现场组装的方式，不仅减少了现场施工焊接产生的焊烟污染，还大大缩短了工期，既保护了环境，又有效利用了资源。

冰上项目全部利用现有场馆及设施，在制冷、除湿、照明、采暖、网络等功能方面提升改造；雪上项目按照赛事需要对原有雪道进行必要升级，对大跳台、坡面障碍技巧两个专项场地进行改扩建。本届亚冬会后，各场馆将以更高标准、更好环境、更完善的功能向社会开放。

（戴锦镕）

攻略 黑龙江“雪国列车”指南

（哈尔滨→齐齐哈尔）从哈尔滨出发，乘坐高铁动车组最快一个半小时就能抵达齐齐哈尔，沿途经过肇东、安达、大庆、杜尔伯特等重要牧区，冬日的草原白雪皑皑，是摄影爱好者的天堂。

（K5165哈尔滨→黑河）从哈尔滨向北去往黑河的这趟K5165，夕发朝至，堪称通往文艺之都的专列。黑河与俄罗斯只有一条黑龙江之隔，建筑风格多样，静静走在马路上，仿佛置身于欧洲的某个艺术小城，是文艺青年一定要来打卡的边城。

（K7065哈尔滨→抚远）从哈尔滨出发向东北方向，一路经过佳木斯到达祖国的最东端，这里是最早把太阳迎进中国的地方——抚远，也是很多人心心念念想要去的远方。

（哈尔滨→绥芬河）从哈尔滨出发一路向东，经过尚志、亚布力、横道河子、牡丹江等地，最终到达绥芬河。在这条专线上，每一站下车都有值得看的风景。

（K7041哈尔滨→漠河）从哈尔滨出发向西北行驶的雪国列车。这条线几乎穿起了黑龙江值得一去再去的地方：大庆、齐齐哈尔、加格达奇……还有最北端的塔河与漠河。

这是在黑龙江省漠河市拍摄的由哈尔滨开往漠河的K7041次列车。图：新华社/才扬